공단기/하희정

교육행정직

단원별 + 맞춤형

동형 모의고사

목차

문학편(하)

문 1. 다음 중 주된 서술 방식이 가장 이질적인 것은?

① 안개는 마치 이승에 한(恨)이 있어서 매일 밤 찾아오는 여귀(女鬼)가 뿜어 내놓은 입김과 같았다. 해가 떠오르고, 바람이 바다 쪽에서 방향을 바꾸어 불어오기 전에는 사람들의 힘으로써는 그것을 헤쳐 버릴 수가 없었다. 손으로 잡을 수 없으면서도 그것은 뚜렷이 존재했고 사람들을 둘러쌌고 먼 곳에 있는 것으로부터 사람들을 떼어 놓았다.

② 첫눈에 비치는 만산의 색소는 홍(紅)! 이른바 단풍이란 저런 것인가 보다 하였다. 만학천봉(萬壑千峰)이 한바탕 흐드러지게 웃는 듯, 산색(山色)은 붉을 대로 붉었다. 자세히 보니, 홍(紅)만도 아니었다. 청(靑)이 있고, 녹(綠)이 있고, 황(黃)이 있고, 등(橙)이 있고, 이를테면 산 전체가 무지개와 같이 복잡한 색소로 구성되었으면서, 얼른 보기에 주홍만으로 보이는 것은 스펙트럼의 조화던가!

③ 노승은 미소 띤 얼굴로 경암과 나를 맞아 주었다. 나는 말이 통하지 않으므로 노승 앞에 발을 모으고 서서 정중히 합장을 올렸다. 어저께 진기수 씨 앞에서 연거푸 머리를 수그리던 것과는 달리, 이번에는 한 번만 머리를 수그려 절을 했다.

④ 노처녀인 그의 주름 잡힌 이마라든지 숱이 적어서 법대로 틀어 올리지 못하고 엉성하게 그냥 빗어 넘긴 머리가 뒤통수에 염소똥만하게 붙은 것이라든지, 벌써 늙어가는 자취가 완연했다. 뾰족한 입을 앙 다물고 돋보기 너머로 쌀쌀한 눈이 노려볼 때에는 보는 이들이 오싹하고 몸서리칠 만큼 매서웠다.

문 2. 〈보기〉와 관련한 사자성어로 가장 적절한 것은?

> ───── 〈보 기〉 ─────
>
> "그런데 뭣 하러 우리 어머니를 두둔하셨죠?"
>
> "나 미스 허한테 반한 때문 아닙니까. 아내가 고우면 처갓집 말뚝에도 절을 한다지 않아요. 장모님이 되실 지도 모르는 분인데 어떻게 안 든다고 말을 함부로 합니까?"
>
> ─ 박완서, 〈휘청거리는 오후〉

① 朝雲暮雨(조운모우)

② 屋烏之愛(옥오지애)

③ 梅妻鶴子(매처학자)

④ 糟糠之妻(조강지처)

문 3. 다음 소설의 서술자에 대한 설명으로 적절하지 않은 것은?

> 하루는 밤에 아저씨 방에서 놀다가 졸려서 안방으로 들어오려고 일어서니까 아저씨가 하이얀 봉투를 서랍에서 꺼내어 내게 주었습니다.
>
> "옥희, 이거 갖다가 엄마 드리고 지난간 달 밥값이라구, 응?"
>
> 나는 그 봉투를 갖다가 어머니에게 드렸습니다. 어머니는 그 봉투를 받아 들자 갑자기 얼굴이 파랗게 질렸습니다. 그 전날 달밤에 마루에 앉았을 때보다도 더 새하얗다고 생각되었습니다. 어머니는 그 봉투를 들고 어쩔 줄을 모르는 듯이 초조한 빛이 나타났습니다. 나는,
>
> "그거 지나간 달 밥값이래."
>
> 하고 말을 하니까, 어머니는 갑자기 잠자다 깨나는 사람처럼 "응." 하고 놀라더니, 또 금시에 백지장 같이 새하얗던 얼굴이 발갛게 물들었습니다. 봉투 속으로 들어갔던 어머니의 파들파들 떨리는 손가락이 지전을 몇 장 끌고 나왔습니다. 어머니는 입술에 약간 웃음을 띠면서 후 하고 한숨을 내쉬었습니다. 그러나 그것도 잠시 다시 어머니는 무엇에 놀랐는지 흠칫하더니, 금시에 얼굴이 새하얘지고 입술이 바르르 떨렸습니다. 어머니의 손을 바라다보니 거기에는 지전 몇 장 외에 네모로 접은 하얀 종이가 한 장 접혀 있는 것이었습니다.
>
> 어머니는 한참을 망설이는 모양이었습니다. 그러나 무슨 결심을 한 듯이 입술을 악물고, 그 종이를 차근차근 펴 들고 그 안에 쓰인 글을 읽었습니다. 나는 그 안에 무슨 글이 씌어 있는지 알 도리가 없었으나, 어머니는 그 글을 읽으면서 금시에 얼굴이 파랬다 발갰다 하고, 그 종이를 든 손은 이제는 바들바들이 아니라 와들와들 떨리어서 그 종이가 부석부석 소리를 내게 되었습니다.
>
> 한참 후에 어머니는 그 종이를 아까 모양으로 네모지게 접어서 돈과 함께 봉투에 도로 넣어 반짇고리에 던졌습니다. 그리고는 정신 나간 사람처럼 멀거니 앉아서 전등만 쳐다보는데 어머니 가슴이 불룩불룩합니다. 나는 혹시 어머니가 병이나 나지 않았나 하고 염려가 되어서 얼른 가서 무릎에 안기면서
>
> "엄마 잘까?"
>
> 하고 말했습니다.

① 어머니와 사랑 손님의 심리를 통속화하지 않은 시선으로 보여주는 역할을 한다.

② 서술자의 눈에 비친 세계만을 다루고 있으며, 그 서술의 폭이 매우 제한적이다.

③ 어머니와 사랑 손님의 매개자이며, 관찰자이자 객관적인 해설자의 역할을 하고 있다.

④ 관찰의 대상이 되고 있는 등장인물의 섬세한 감정까지는 해석하지 못하고 있다.

문 4. 〈보기1〉의 [A]와 〈보기2〉의 주제 의식이 유사하다고 할 때, 둘을 비교 감상한 결과로 적절하지 <u>않은</u> 것은?

> ─── 〈보기 1〉 ───
>
> 　민 영감은 한꺼번에 여러 가지 질문을 받았지만, 그의 대답은 언제나 메아리처럼 빨랐다. 끝내 아무도 그를 골탕 먹이지 못했다. 그는 자기 자신을 자랑하기도 하고, 기리기도 했으며, 곁에 앉은 사람을 놀리기도 하였다. 사람들이 모두 허리를 잡고 웃어도, 민 영감은 얼굴빛 하나 변하지 않았다. 어떤 사람이
>
> [A]
> 　┌　"해서 지방에 황충(蝗蟲)이 생겨서, 관청에서 백성들더러 잡으라고 감독한답디다."
> 　│　하고 말하자, 민 영감이 물었다.
> 　│　"황충을 잡아서 무엇한다우?"
> 　│　"이 벌레는 누에보다도 작은데, 알록달록한 빛에 털이 돋쳤지요. 이놈이 날면 명(螟)이 되고, 붙으면 모(蟊)가 되어서 우리 곡식을 해치는데 거의 전멸시키지요. 그래서 잡아다가 땅속에 묻는답니다."
> 　│　민 영감이 말했다.
> 　│　"이 따위 조그만 벌레를 가지고 걱정할 게 무어람. 내 보기엔 종로 네거리에 한길 가득히 오가는 것들이 모두 ▢황충▢일 뿐입니다. 키는 모두 일곱 자가 넘고, 머리는 검은 데다 눈은 빛나지요. 입은 주먹이 드나들 만큼 큰 데다 무슨 소린지 지껄여 대고, 구부정한 허리에 발굽이 서로 닿고 궁둥이가 잇달아 있습니다. 이놈들보다 더 농사를 해치고 곡식을 짓밟는 놈들이 없다우. 내가 그놈들을 잡고 싶은데, 큰 바가지가 없는 게 한스럽구려."
> 　└
> 　마치 이런 벌레가 참으로 있는 것처럼 생각하고, 그 자리에 있던 사람들이 모두 크게 두려워했다.
>
> 　　　　　　　　　　　　　 – 박지원, 〈민옹전(閔翁傳)〉

> ─── 〈보기 2〉 ───
>
> 　제비 한 마리 처음 날아와/지지배배 그 소리 그치지 않네/말하는 뜻 분명히 알 수 없지만/집 없는 서러움을 호소하는 듯/"느릅나무 홰나무 묵어 구멍 많은데/어찌하여 그 곳에 깃들지 않니?"/제비 다시 지저귀며/사람에게 말하는 듯/"느릅나무 구멍은 황새가 쪼고/홰나무 구멍은 뱀이 와서 뒤진다오."
>
> 　　　　　　　　　　　　　 – 정약용, 〈고시(古詩) 8〉

① [A]와 〈보기〉 모두 문제가 되는 상황을 우의적(寓意的)으로 표현하고 있다.

② [A]의 ▢황충▢ 이 가지는 의미는 〈보기〉의 '황새'와 '뱀'이 가지는 의미와 비슷하다.

③ [A]의 '종로 네거리에 한길 가득히 오가는 것들'은 〈보기〉의 '제비'와 그 처지가 유사하다.

④ [A]의 '농사를 해치고 곡식을 짓밟는' 행위와 〈보기〉의 '홰나무 구멍을 뒤지는' 행위가 갖는 의미가 비슷하다.

문 5. (가)와 (나)를 비교하여 감상한 결과로 적절하지 <u>않은</u> 것은?

> (가)
>
> | | |
> |---|---|
> | 새로 거른 막걸리 젖빛처럼 뿌옇고 | 新蒭濁酒如渾白 |
> | 큰 사발에 보리밥, 높기가 한 자로세. | 大碗麥飯高一尺 |
> | 밥 먹자 도리깨 잡고 마당에 나서니 | 飯罷取枷登場立 |
> | 검게 탄 두 어깨 햇볕 받아 번쩍이네. | 雙肩漆澤翻日赤 |
> | 응헤야 소리 내며 발 맞추어 두드리니 | 呼耶作聲擧趾齊 |
> | 삽시간에 보리 낟알 온 마당에 가득하네. | 須臾麥穗都狼藉 |
> | 주고받는 노랫가락 점점 높아지는데 | 雜歌互答聲轉高 |
> | 보이느니 지붕 위에 보리티끌뿐이로다. | 但見屋角紛飛麥 |
> | 그 기색 살펴보니 즐겁기 짝이 없어 | 觀其氣色樂莫樂 |
> | 마음이 몸의 노예 되지 않았네. | 了不以心爲形役 |
> | 낙원이 먼 곳에 있는 게 아닌데 | 樂園樂郊不遠有 |
> | 무엇하러 벼슬길에 헤매고 있으리요. | 何苦去作風塵客 |
>
> 　　　　　　　　　　　　 – 정약용, 〈보리타작〉
>
> (나)
>
> 　보리밥 풋나물을 알마초 머근 後(후)에
> 　바횟긋 믈가의 슬카지 노니노라
> 　그 나믄 녀나믄 일이야 부러워할 줄이 이시랴
>
> 　　　　　　　　　　　　 – 윤선도, 〈만흥(漫興)〉 중에서

① (가)와 (나)의 '보리밥'은 모두 현실에 만족하는 삶의 모습을 표현한 것이다.

② (가)의 '마당'은 노동(勞動)의 공간이고, (나)의 '믈가'는 풍류(風流)의 공간이다.

③ (가)의 '노랫가락'에서는 흥겨움이, (나)의 '노니노라'에서는 여유로움이 느껴진다.

④ (가)의 '벼슬길'과 (나)의 '녀나믄 일'은 모두 화자가 이루고자 하는 목표를 나타낸다.

(6~7) 다음 글을 읽고 물음에 답하시오.

> [이전 줄거리] 철호는 계리사 사무실에서 일하며 근근이 살아가는 샐러리맨이다. 그는 전쟁의 충격으로 "가자!"라는 말만 되풀이하는 병든 노모와 만삭의 아내, 부상을 입고 제대한 아우 영호, 그리고 양공주가 된 누이동생 명숙 등 부양가족에 대한 책임과 걱정 속에서 살아간다. 그러나 그는 묵묵히 주어진 현실에 순응하면서 양심을 지키며 성실하게 살아가려는 인물이다. 반면, 동생 영호는 은행 강도를 하다가 체포되어 수감되고 아내는 난산으로 인해 죽게 된다. 철호는 치통으로 이를 뽑기로 작정한다.
>
> S# 115. 설렁탕집 안 / 휘청거리고 들어온 철호가
>
> 철호: 설렁탕! / 하고 의자에 쓰러진다. 철호가 또 휴지를 꺼내다가 힘없이 일어나 밖으로 나간다.
>
> S# 116. 그 집 앞
>
> 　그 집 옆 골목으로 비틀거리고 나온 철호가 시궁창에 가서 쭈그리고 앉는다. '왈칵' 쏟아져 나오는 피. 그는 저고리 소매로 입술을 닦으며 일어선다. 눈앞이 빙글빙글 돌기 시작한다. 그는 휘청거리고 나가서는 지나가는 자동차를 세우고 던져지듯 털썩 차 안에 쓰러지자 택시는 구르기 시작한다.
>
> S# 117. 자동차 안
>
> 조수: 어디로 가시죠? / 철호: 해방촌! / 자동차가 원을 그리며 돌자 / 철호: 아냐. 동대문 부인 병원으로. / 이번엔 반대로 커브를 돌리자 / 철호: 아냐. 종로서로 가아! / 운전수와 조수가 못마땅해서 힐끗 돌아본다.
>
> S# 118. 동대문 부인과 산실
>
> 　아이는 몇 번 앙! 앙! 거리더니 이내 그친다. 그 옆에 허탈한 상태에 빠진 명숙이가 아이를 멍하니 바라보며 앉아 있다. 여기에 W되는 명숙의 소리.
>
> 명숙: 오빠 돌아오세요 빨리. 오빠는 늘 아이들의 웃는 얼굴이 세상에서 젤 좋으시다고 하셨죠? 이 애도 곧 웃을 거예요. 방긋방긋 웃어야죠. 웃어야 하구 말구요. 또 웃도록 우리가 만들어 줘야죠.
>
> S# 119. 경찰서 앞 / 택시가 와 선다.
>
> S# 120. 자동차 안 / 조수가 뒤를 보며
>
> 조수: 경찰섭니다. / 혼수상태의 철호가 눈을 뜨고 경찰서를 물끄러미 내다보다가 뒤로 쓰러지며 /
>
> 철호: 아니야. 가!
>
> 조수: 손님 종로 경찰선데요.
>
> 철호: 아니야. 가!
>
> 조수: 　어디로 갑니까?
>
> 철호: 글쎄 가재두……
>
> 조수: 참 딱한 아저씨네.
>
> 철호: ……
>
> 　운전수가 자동차를 몰며 조수에게 /
>
> 운전수: 취했나?
>
> 조수: 그런가 봐요.
>
> 운전수: 어쩌다 오발탄 같은 손님이 걸렸어. 자기 갈 곳도 모르게. / 철호가 그 소리에 눈을 떴다가 스르르 감는다. / 밤거리의 풍경이 쉴 새 없이 뒤로 흘러간다. / 여기에 철호의 소리가 W한다.
>
> 철호: E 아들 구실, 남편 구실, 애비 구실, 형 구실, 오빠 구실, 또 사무실 서기 구실, 해야 할 구실이 너무 많구나. 그래 난 네 말대로 아마도 조물주의 오발탄인지도 모른다. 정말 갈 곳을 알 수가 없다. 그런데 지금 나는 어딘지 가긴 가야 하는데…….
>
> 　이 때 네거리에 자동차가 벨 소리와 함께 선다.
>
> 조수: (돌아보며) 어딜 가시죠? / 철호가 의식이 몽롱해진 소리로 / 철호: 가자…….
>
> S# 121. 하늘 / 도시의 소음이 번져 가는 초저녁 하늘. 유성(流星)이 하나 길게 꼬리를 문다.
>
> S# 122. 교차로 / 때르릉 벨이 울리자 ── 신호가 켜진다. 철호가 탄 차도 목적지를 모르는 채 꼬리에 꼬리를 물고 행렬에 끼어서 멀리멀리 사라져 간다.
>
> 　　　－ 이범선 원작 / 나소운·이종기 각색, 〈오발탄〉

문 6. 윗글에 대한 이해 중 적절하지 <u>않은</u> 것은?

① '철호'의 치통은 절망적인 상황에서 느끼는 인물의 고통을 상징한다.

② '철호'의 '가!'라는 외침은 처절한 현실에서 부르짖는 감정의 표출이다.

③ '해방촌'은 '철호'와 '그 아내'가 평소 꿈꾸었던 행복한 삶이 실현되는 공간이다.

④ '철호'를 '오발탄'으로 설정한 것은 삶의 방향 감각을 상실한 인물을 부각시키기 위한 문학적 장치이다.

문 7. 위 글의 촬영을 위해 연출가가 지시할 만한 내용으로 적절하지 <u>않은</u> 것은?

① S# 116: 카메라맨은 철호를 클로즈업 한 후, 철호의 어지러움을 표현하기 위해 카메라를 상하 좌우로 움직여 주세요.

② S# 117: '철호'의 방황하는 심리를 부각할 수 있도록 자동차가 방향을 자주 바꾸는 모습을 보여 주세요.

③ S# 118: '명숙'의 소리는 오빠를 기다리는 간절한 심정이 드러나도록 하세요.

④ S# 120: '운전수'는 '철호'에 대한 따뜻한 정감이 느껴지도록 시선을 처리해 주세요.

(8~9) 다음 글을 읽고 물음에 답하시오.

　　광문이는 한 비렁뱅이다. 종루 네거리를 쏘다니며 빌어먹었다. 비렁뱅이 아이들이 광문이를 우두머리로 추대하여 그들의 보금자리인 구멍집을 지키게 했다. 진눈깨비가 내리던 날이었다. 아이들이 모두들 밥을 빌러 나가고, 다만 한 아이만이 병에 걸려 구멍집에 남았다. 그 아이의 신음하는 소리가 유달리 구슬펐다. 광문이는 불쌍히 여기다가 끝내 견디지 못해서 구멍집을 나와서 밥을 빌다가 돌아왔다. 그 병든 아이에게 먹이려 했으나, 그 아이는 이미 숨지고 말았다.

　　이윽고 아이들이 구멍집으로 몰려 왔다. 그들은 광문이가 그 동무를 죽인 것이라 의심하여 광문이를 두들겨 구멍집에서 몰아냈다. 광문이는 하는 수 없이 도망하여 밤중에 엉금엉금 기어서 동네 집으로 들어가서 그 집 개를 놀래 깨웠다. 개 소리에 잠을 깬 그 주인 영감이 밖으로 나와서 광문이를 잡아 묶었다. 광문이는, “나는 원수들을 피해 온 놈이유. 조금도 도둑질할 뜻은 없어유. 주인 영감이 기어코 내 말을 믿지 않는다면, 밝은 아침 나절에 종루 저자에서 밝혀 드리겠어유.”하고 하소연했다. 그의 말씨는 꾸밈없이 순진했다. ㉠주인 영감은 광문이가 도적이 아님을 알아채고는, 이튿날 새벽에 풀어 주었다. 광문이는 감사를 드리고, 거적때기를 얻어 가지고 가 버렸다.

　　주인 영감은 괴이히 여겨서 그의 뒤를 밟았다. 마침 비렁뱅이들이 한 시체를 끌고 수표교에 이르러서 다리 아래 던져버리고 갔다. 광문이가 다리 밑에 숨었다가 그 시체를 거적때기에 싸서 남몰래 지고 가서 서문 밖 무덤 사이에 묻고 나서 울면서 무슨 말을 중얼거렸다. 그것을 본 주인 영감은 광문이에게 물었다. 광문이는 그제야 그의 앞서 한 일과 어제 한 일들을 숨김없이 다 밝혔다. ㉡주인 영감은 마음속으로 광문이의 일을 의롭게 여겨서, 그와 함께 집으로 돌아와서 옷을 갈아입히고 모든 것을 우대하였다. 그리고 광문이를 어떤 약방 부자에게 추천하여 고용살이를 시켰다.

　　어느 날 부자가 문밖에 나섰다가 자꾸만 돌아와서 다시금 방에 들어 와 자물쇠를 살피고, 문밖을 나서면서도 얼굴엔 몹시 좋지 않은 기색을 띠었다. 그는 이윽고 돌아와서 깜짝 놀라더니, ㉢광문이를 눈독 들여 보며 무엇을 말할 듯하다가 얼굴빛이 변한 채 그만 그치고 말았다. ㉣광문이는 실로 그러는 이유조차 모르는 채 날마다 잠자코 일만 했을 뿐 감히 하직하고 떠나버리지도 못했다. 며칠이 지났다. 부자의 처조카가 돈을 갖고 와서 부자에게 드리며, “앞서 제가 아저씨께 돈을 꾸러 왔더니 마침 아저씨께서 계시지 않으시기에 제 스스로 방에 들어가서 갖고 갔습니다. 아마 아저씨께선 모르셨겠죠.”라 한다. 그제야 부자는 광문이더러, “나는 소인이야. 이 일로 부질없이 점잖은 사람의 뜻을 수고롭게 하였네그려. 내 이제

무슨 낯으로 자네를 대하겠나.” 하고 사과하였다. 그리고 부자는 그의 모든 친구들에게는 물론이요, 다른 부자와 큰 장사치들에게까지, “광문이야말로 정의를 지닌 인간이지.” 하고 널리 칭송하였다.

[후략]

－ 박지원, 〈광문자전(廣文者傳)〉

문　8. 윗글에 대한 설명으로 가장 적절한 것은?
　　① 주요 인물 간의 갈등이 점차 고조되는 양상을 대화를 통해 보여주고 있다.
　　② 몇 개의 사건을 치밀하게 연결하는 방식으로 이야기를 엮어 나가고 있다.
　　③ 상황에 따라 변화하는 중심인물의 양면적인 성격을 보여주고 있다.
　　④ 비극적 상황을 희극적으로 과장함으로써 독자의 웃음을 유발하고 있다.

문　9. 윗글을 희곡으로 각색하는 과정에서 ㉠~㉣의 상황을 방백으로 바꿀 때, 적절하지 않은 것은?
　　① ㉠ : ‘말하는 태도를 보니 이 아이가 나를 속이려는 것 같지는 않군.’
　　② ㉡ : ‘역시 이 아이는 내가 생각했던 대로 의로운 성품을 지니고 있구나.’
　　③ ㉢ : ‘아니야. 저 아이는 믿을 만한 사람이 소개했으니 돈을 훔쳤을 리 없어.’
　　④ ㉣ : ‘주인이 나를 보는 얼굴빛이 심상치 않네. 왜 저러시지?’

(10~12) 다음 글을 읽고 물음에 답하시오.

(가) 글을 잘 쓰는 자는 병법을 아는 것일까? ⊙ 글자는 비유컨대 병사이고, 뜻은 비유컨대 장수이다. 제목이라는 것은 적국이고, 전장(典掌), 고사(故事)는 싸움터의 진지이다. ⓒ 글자를 묶어 구절이 되고, 구절을 엮어 문장을 이루는 것은 부대의 대오(隊伍) 행진과 같다. 운(韻)으로 소리를 내고, 사(詞)로 표현을 빛나게 하는 것은 군대의 나팔이나 북, 깃발과 같다. ⓒ 조응이라는 것은 봉화이고, 비유라는 것은 유격의 기병이다. 억양반복이라는 것은 끝까지 싸워 남김없이 죽이는 것이고, 제목을 깨뜨리고 나서[破題] 다시 묶어주는 것은 성벽을 먼저 기어 올라가 적을 사로잡는 것이다. ② 함축을 귀하게 여긴다는 것은 반백의 늙은이를 사로잡지 않는 것이고, 여음이 있다는 것은 군대를 떨쳐 개선하는 것이다.

(나) 대저 장평의 군사가 그 용감하고 비겁함이 지난날과 다름이 없고, 활, 창, 방패, 짧은 창의 예리하고 둔중함이 전날과 변함이 없건만, 염파(廉頗)가 거느리면 제압하여 이기기에 족하였고, 조괄(趙括)이 대신하자 스스로를 파묻기에 충분하였다. 그런 까닭에 병법을 잘 쓰는 자는 버릴 만한 병졸이 없고, 글을 잘 짓는 자는 가릴 만한 글자가 없는 것이다. 진실로 그 장수를 얻는다면 호미, 곰방메, 가시랭이, 창 자루로도 모두 굳세고 사나운 군대가 될 수 있고, 천을 찢어 장대에 매달아도 정채가 문득 새롭다. 진실로 그 이치를 얻는다면 집안사람의 일상 이야기도 오히려 학관(學官)에 나란히 할 수 있고, 어린아이들의 노래나 마을의 상말도 또한 《이아(爾雅)》에 넣을 수 있다. 그런 까닭에 글이 좋지 않은 것은 글자의 잘못이 아니다.

(다) 저 글자나 구절의 우아하고 속됨을 평하고, 편(篇)과 장(章)의 높고 낮음을 논하는 자는 모두 합하여 변하는 기미[合變之機]와 제압하여 이기는 저울질[制勝之權]을 알지 못하는 자이다. 비유컨대 용감하지도 않은 장수가 마음에 정한 계책도 없이 갑작스레 제목에 임하고 보니, 아득하기 굳센 성과 같은지라, 눈앞의 붓과 먹은 산 위의 풀과 나무에 먼저 기가 꺾여 버리고, 가슴속에 외웠던 것들은 벌써 사막 가운데 원숭이와 학이 되고 마는 것과 같다. 그런 까닭에 글을 잘하는 자는 그 근심이 항상 혼자서 갈 길을 잃고 헤매거나, 요령을 얻지 못하는 데 있다.

(라) 대저 갈 길이 분명치 않으면 한 글자도 내려쓰기가 어려울 뿐 아니라 항상 더디고 껄끄러운 것이 병통이 되고, 요령(要領)을 얻지 못하면 두루 헤아림을 비록 꼼꼼히 하더라도 오히려 그 성글고 새는 것을 근심하게 된다.

비유하자면 음릉(陰陵)에서 길을 잃자 명마인 추(騅)도 나아가지 않고, 굳센 수레로 겹겹이 에워싸도 여섯 마리 노새가 끄는 수레는 이미 달아나 버린 것과 같다. 진실로 능히 말이 간단하더라도 요령만 잡게 되면 마치 눈 오는 밤에 채(蔡)성을 침입하는 것과 같고, 토막말이라도 핵심을 놓치지 않는다면 세 번 북을 울리고서 관(關)을 빼앗는 것과 같게 된다. 글을 하는 도가 이와 같다면 지극하다 할 것이다.

– 박지원, 〈소단적치인(騷壇赤幟引)〉

문 10. (가)~(라)에 대한 설명으로 바르지 <u>않은</u> 것은?
① (가): 글쓰기의 방법을 병법에 비유하는 것으로 화제를 도입하고 있다.
② (나): 보충 설명을 통해 화제에 대한 독자의 이해를 심화하고 있다.
③ (다): 비유적 설명을 통해 제기된 문제의 원인을 밝혀 설명하고 있다.
④ (라): 제기된 문제를 해결하기가 쉽지 않은 이유를 밝혀 설명하고 있다.

문 11. 다음 글쓰기 방법에 대한 견해 중, 윗글의 글쓴이가 주장하는 바와 거리가 먼 것은?
① 모두(冒頭)에서 간략하게 제목의 의미를 분석적으로 제시하는 것도 글을 시작하는 좋은 방법 중의 하나이다.
② 고전에서 논거를 찾아 제시하거나 고사를 인용하여 논지를 전개하는 것은 글의 설득력을 높이는 좋은 방법이다.
③ 시시콜콜하게 하고 싶은 말을 다하기보다는 함축적 표현을 통해 읽는 이에게 여운을 남겨 두어야 좋은 글이 된다.
④ 아무리 이치에 맞는 글이라고 해도, 글이라면 훌륭한 주제, 참신한 글감, 뛰어난 문장력이 더 중요시되어야 한다.

문 12. 〈보기〉와 뜻이 가장 잘 통하는 구절을 위 글에서 찾으면?

> ───── 〈보 기〉 ─────
> 송나라 휘종 황제가 '난산장고사(亂山藏古寺)'라는 시 구절
> 을 골라 화제(畵題)로 내놓았다. 대부분의 화가들은 무수한
> 어지러운 봉우리와 계곡, 그리고 그 구석에 자리 잡은 고색창
> 연(古色蒼然)하게 퇴락한 사찰의 모습을 그리는 데에 관심을
> 집중했다. 그런데 정작 일등으로 뽑힌 그림은 숲 속에 조그만
> 길이 나 있고, 그 길로 중이 물을 길어 올라가는 장면을 그렸
> 다. 중이 물을 길러 나왔으니 그 안 어디엔가 분명히 사찰이
> 있을 터. 화제에서 요구하고 있는 '장(藏)'의 의미를 이 화가
> 는 이렇게 포착했던 것이다.

① ㉠   ② ㉡   ③ ㉢   ④ ㉣

(13~15) 다음 글을 읽고 물음에 답하시오.

> [앞부분의 줄거리] 선귤자에게 예덕 선생이라는 벗이 있다.
> 그는 분뇨를 져 나르는 역부의 우두머리 엄 행수다. 선귤자의
> 제자 자목은 사대부와 교유하지 않고 비천한 엄 행수를 벗하
> 는 스승에 대해 불만의 뜻을 표시한다. 그러자 선귤자는 진정
> 으로 벗을 사귀는 도에 대하여 이야기한다.
>
> 옷과 갓을 차리라고 권하면 넓은 소매를 휘두르기에 익숙
> 지도 못하거니와 새 옷을 입고서는 짐을 지고 다닐 수 없다고
> 대답하네. 해가 바뀌어 설이 되면 이른 아침에 처음으로 갓
> 쓰고 웃옷 입고 띠를 띠고 신도 새로 신고, 이웃 동네 어른들
> 에게 두루 돌아다니며 새해 인사를 하지. 그리고 돌아와서는
> 헌 옷을 도로 꺼내 입고 발채를 지고 마을 안으로 들어서거
> 든. 엄 행수와 같은 분은 더러운 상일(常-)로 높은 덕을 가리
> 고서는 세상을 크게 숨어사는 분이 아닌가?
>
> ㉠ 옛글(논어)에 이르기를 부자와 귀인의 처지에 있어서
> 는 부자와 귀인으로 지내고 가난하고 미천한 처지에 있어
> 서는 가난하고 미천한 대로 지낸다고 했네. 대체 처지란
> 것은 이미 정해져 버린 것이야. 또 ㉡ 시경(詩經)에 이르
> 기를, 아침저녁 공무를 같이 보는 데도 분복이 저마다 다
> 르다고 했네. 분복이란 것은 타고 난 것이란 말이지. 대체
> 모든 사람이 세상에 태어날 때 각기 정해진 분복이 있는
> 것이니 제 분복을 가지고 누구를 원망하겠는가? 새우젓을
> 먹게 되니 달걀찌개가 생각나고, 갈옷을 입게 되니 모시옷
> 이 부럽게 되는 것일세. 천하가 여기서부터 어지러워지고
> 백성들이 와 하고 들고일어나서 논밭을 서로 빼앗으며 이
> 에 밭이랑이 황폐해지네. 진승, 오광, 항적의 무리가 그 해
> 농사일이나 하는 데만 만족하고 말 사람들이었는가? ㉢ 주
> 역(周易)에서 짐질 것도 있고 탈 것도 있어서 도적을 불러

들인다고 한 것이 바로 이것을 두고 이른 말일세. 그렇기
때문에 굉장한 벼슬자리에는 깨끗하지 못한 구석이 있으며
제 힘으로 번 것이 아니고는 부호가 재산가의 칭호도 더러
운 것일세.

 본래 사람의 숨이 떨어지면 입안에 구슬을 넣어 주는 것도
깨끗이 가란 뜻일세그려. 저 엄 행수는 똥과 거름을 져 날라
서 스스로 먹을 것을 장만하기 때문에, 그를 '지극히 조촐하
지는 않다'고 말할는지 모르겠네. 그러나 그가 먹을거리를 장
만하는 방법은 지극히 향기로웠으며, 그의 몸가짐은 지극히
더러웠지만 그가 정의를 지킨 자세는 지극히 고항(高抗)했으
니, 그의 뜻을 따져 본다면 비록 만종의 녹(祿)을 준다고 하
더라도 바꾸지 않을 걸세. 이런 것들로 살펴본다면 세상에는
깨끗하다면서 깨끗하지 못한 자도 있고, 더럽다면서 더럽지
않은 자도 있단 말일세. 내가 먹고 입는 데서 견디기 어려운
처지에 다다르면 항상 나만도 못한 처지의 사람을 생각하게
되는데 엄 행수에 이르러는 견디기 어려운 처지란 것이 없네.

 진심으로 도적질 할 마음이 없기로 말하면 엄 행수 같은
분이 없다고 생각하네. 이 마음을 더 키워 나간다면 성인(聖
人)도 될 수 있을 것일세. 대체 선비가 좀 궁하다고 해서 궁
기(窮氣)를 떨어도 수치스러운 노릇이요, 출세한 다음 제 몸
만 받들기에 급급해도 수치스러운 노릇일세. 아마 엄 행수를
보기에 부끄럽지 않을 사람이 거의 드물 것일세. 그렇기 때문
에 나는 엄 행수를 선생으로 모시려고 하고 있단 말일세. 어
떻게 감히 벗으로 사귀겠다고 할 것인가? 그렇기 때문에 나는
엄 행수를 감히 그 이름을 부르지 못하고 예덕 선생이라고 일
컫는 것일세.

문 13. '선귤자'가 자목에게 궁극적으로 말하고자 하는 바로 가장 적
절한 것은?
① 분수에 맞는 삶의 태도와 참다운 교우(交友)의 도(道)
② 하층민의 고달픈 삶과 부국강병(富國强兵)의 필요성
③ 신분 질서의 붕괴로 인하여 혼란에 빠진 사회상 폭로
④ 사회 질서 유지의 중요성과 올바른 인재 등용의 필요성

문 14. 〈보기〉의 화자와 '엄 행수'의 공통적인 태도를 나타내는 말로 가장 적절한 것은?

> ─── 〈보 기〉 ───
> 　無狀(무상)흔 이 몸애 무슨 志趣(지취) 이스리마는, 두세 이렁 밧논를 다 무겨 더뎌 두고, 이시면 粥(죽)이오 업시면 굴물망졍, 남의 집 남의 거슨 젼혀 부러 말렷노라. 늬 貧賤(빈천) 슬히 너겨 손을 헤다 물너가며, 남의 富貴(부귀) 불리 너겨 손을 치다 나아오랴.
> 　　　　　　　　　　　　　　　　　　　　　　　　　– 박인로, 〈누항사〉

① 안분지족(安分知足)
② 금의야행(錦衣夜行)
③ 득롱망촉(得隴望蜀)
④ 주지육림(酒池肉林)

문 15. 윗글에 인용된 글 ㉠–㉢에 대해 다음에 제시된 예상 독자가 보일 반응으로 적절하지 <u>않은</u> 것은?

	인용 글	예상 독자	반응
①	㉠옛글(논어)	오늘 날의 독자	작가의 실학사상이 개혁적이었으되, 신분제 철폐에는 이르지 못한 것이 분명해.
②	㉡ 시경	당대의 독자	잘 알지만, 살기 힘들거나 부귀한 양반을 보면, 부러운 마음이 드는 걸 어떻게 하나요.
③	㉡ 시경	오늘날의 독자	맞아요. 여유가 있음에도 요즘 사람들은 너무 욕심을 부리는 경향이 있어요.
④	㉢ 주역	당대의 독자	그렇죠. 먹고 살기 힘들어 도둑질하는 것이지, 그러고 싶은 사람이 있겠어요.

(16~17) 다음 글을 읽고 물음에 답하시오.

> 형님 온다 형님 온다 분고개로 형님 온다.
> 형님 마중 누가 갈까 형님 동생 내가 가지.
> 형님 형님 사촌 형님 시집살이 어떱데까?
> ㉠이애 이애 그 말 마라 시집살이 개집살이.
> 앞밭에는 당추 심고 뒷밭에는 고추 심어,
> ㉡고추 당추 맵다 해도 시집살이 더 맵더라.
> 둥글둥글 수박 식기(食器)　　밥 담기도 어렵더라.
> 도리도리 도리 소반(小盤)　　수저 놓기 더 어렵더라.
> ㉢오 리(五里) 물을 길어다가 십 리(十里) 방아 찧어다가,
> 아홉 솥에 불을 때고 열두 방에 자리 걷고,
> 외나무다리 어렵대야 시아버니같이 어려우랴
> 나뭇잎이 푸르대야 시어머니보다 더 푸르랴
> 시아버니 호랑새요 시어머니 꾸중새요
> 동세 하나 할림새요 시누 하나 뾰족새요,
> 시아지비 뾰중새요 남편 하나 미련새요,
> 자식 하난 우는 새요 나 하나만 썩는 샐세.
> ㉣귀먹어서 삼년이요 눈 어두워 삼년이요
> 말 못해서 삼년이요 석 삼년을 살고 나니,
> 배꽃 같던 요내 얼굴 호박꽃이 다 되었네.
> 삼단 같던 요내 머리 비사리춤이 다 되었네.
> 백옥 같던 요내 손길 오리발이 다 되었네.
> 열새 무명 반물치마 눈물 씻기 다 젖었네.
> 두 폭 붙이 행주치마 콧물 받기 다 젖었네.
> 울었던가 말았던가 베개 머리 소(沼) 이겼네.
> 그것도 소이라고 거위 한 쌍 오리 한 쌍
> 쌍쌍이 때 들어오네.

문 16. 윗글에 대한 설명으로 적절하지 <u>않은</u> 것은?

① 유사한 어구의 반복을 통하여 리듬감을 살리고 있다.
② 언어유희를 구사하여 해학적 분위기를 조성하고 있다.
③ 대조적 표현을 사용하여 화자의 처지를 부각하고 있다.
④ 종결어미를 빈번하게 생략하여 여운의 묘미를 살리고 있다.

문 17. 윗글과 〈보기〉의 공통점으로 적절하지 <u>않은</u> 것은?

> ─── 〈보　기〉 ───
>
> 　시어머님 며늘아기 나빠 부엌바닥 구르지 마오
> 　빚에 받은 며느린가 값에 쳐 온 며느린가 나무 썩은 등걸에 회초리 난이같이 앙살피신 시아버님, 볕 뵌 쇠똥같이 되종고신 시어머님, 삼 년 결온 노망태에 새 송곳부리같이 뾰족하신 시누이님, 당피 같은 밭에 돌피 난이같이 샛노란 외꽃 같은 피똥 누는 아들 하나 두고
> 　건 밭의 메꽃 같은 며느리 어디를 나빠하시는고

① 부녀자의 고달픈 삶을 진솔하게 그려내고 있다.

② 화자 자신의 고통스러운 처지를 한탄하고 있다.

③ 시집 식구에 대한 반감의 정서를 드러내고 있다.

④ 시집 식구의 성격을 다른 대상에 빗대어 말하고 있다.

(18~20) 다음 글을 읽고 물음에 답하시오.

> (가)
> 　거미 새끼 하나 방바닥에 나린 것을 나는 ㉠ <u>아무 생각 없이 문밖으로 쓸어버린다</u>
> 　차디찬 밤이다
>
> 　어니젠가 새끼 거미 쓸려 나간 곳에 큰 거미가 왔다
> 　나는 가슴이 짜릿한다
> 　나는 또 큰 거미를 쓸어 문밖으로 버리며
> 　찬 밖이라도 새끼 있는 데로 가라고 하며 ㉡ <u>서러워한다</u>
>
> 　이렇게 해서 아린 가슴이 싹기도 전이다
> 　어데서 좁쌀알만 한 알에서 가제 깨인 듯한 발이 채 서지도 못한 ㉢ <u>무척 작은 새끼 거미</u>가 이번엔 큰 거미 없어진 곳으로 와서 아물거린다
> 　나는 가슴이 메이는 듯하다
> 　내 손에 오르기라도 하라고 나는 손을 내어 미나 분명히 울고불고할 이 작은 것은 ㉣ <u>나를 무서우이 달아나 버리며</u> 나를 서럽게 한다
> 　나는 이 작은 것을 고이 보드라운 종이에 받아 또 문밖으로 버리며
> 　이것의 엄마와 누나나 형이 가까이 이것의 걱정을 하며 있다가 쉬이 만나기나 했으면 좋으련만 하고 슬퍼한다
> 　　　　　　　　　　　　　　 - 백석, 〈수라(修羅)〉
>
> (나)
> 관(棺)이 내렸다.
> 깊은 가슴 안에 밧줄로 달아 내리듯.
> 주여
> 용납하옵소서.
> 머리맡에 성경을 얹어 주고
> 나는 옷자락에 흙을 받아
> 좌르르 하직(下直)했다.
>
> 그 후로
> 그를 꿈에서 만났다.
> 턱이 긴 얼굴이 나를 돌아보고
> 형님!
> 불렀다.
> 오오냐 나는 전신으로 대답했다.
> 그래도 그는 못 들었으리라
> 이제
> 네 음성을
> 나만 듣는 여기는 눈과 비가 오는 세상.

[A]〈너는 어디로 갔느냐.

그 어질고 안쓰럽고 다정한 눈짓을 하고

형님!

부르는 목소리는 들리는데

내 목소리는 미치지 못하는

다만 여기는

열매가 떨어지면

툭 하고 소리가 들리는 세상.〉

－ 박목월, 〈하관〉

문 18. (가)와 (나)의 공통점에 대한 설명으로 가장 적절한 것은?

① 명사로 끝맺은 시행을 반복함으로써 시적 여운을 느끼게
　한다.

② 시간의 경과에 따라 순차적으로 화자의 심리 변화를 그
　려내고 있다.

③ 상상과 현실을 대비하는 시상전개로 현실의 부조리를 강
　조하고 있다.

④ 과거와 현재를 대비하는 시상전개로 대상에 대한 그리움
　을 강화하고 있다.

문 19. 〈보기〉를 바탕으로 (가)의 시어를 이해한 내용으로 적절하지
　않은 것은?

＜보 기＞

학생: 〈수라〉의 화자는 거미 가족을 밖으로 내보내며 슬픔과
서러움을 느끼고 있어요. 하지만 이것은 너무 감상적인 태도라
는 생각이 듭니다. 거미는 한낱 미물에 불과한데 말이에요.

선생님: 이 시의 화자가 감상에 사로잡힌 것은 화자 자신의
처지를 투사했기 때문이 아닐까? 실제로 백석은 가족과 고향
을 떠나 낯선 이방을 떠돌아다니는 삶을 살았어. 당연히 가족
이나 고향에 대한 그리움도 컸겠지. 많은 사람들이 가족 해체
와 탈향을 강요받고 낯선 이방을 떠돌았던 식민지 시대 우리
민족의 처지를 떠올렸을 수도 있겠지.

① ㉠은 화자가 아직 '거미'라는 대상에 감정을 이입(移入)
　하기 이전의 상태임을 보여주는군.

② ㉡은 화자가 새끼 거미와 어미 거미의 처지를 통해 가족
　과 떨어져 사는 자신의 처지를 떠올리기 시작했음을 암
　시하는군.

③ ㉢은 가족의 해체로 가장 큰 피해를 입을 생명체로서,
　불행한 처지에 놓인 고향과 가족에 대해 연민을 느끼게
　되는 계기라고 할 수 있어.

④ ㉣은 화자를 원망하는 새끼 거미의 움직임을 그려낸 것
　으로서, 고향의 가족이 화자에게 원망하고 있음을 암시
　하는군.

문 20. 〈보기〉를 바탕으로 (가)와 (나)를 이해한 내용으로 적절하지
　않은 것은?

＜보 기＞

　인간은 시간과 공간의 좌표 속에서 자신의 존재를 이해한
다. '지금'(현재)의 시간 속에서 기억을 통해 과거를 떠올리거
나 예기(豫期)를 통해 미래를 끌어당김으로써 시간 속의 존재
가 되고, '이곳'의 공간 속에서 '이곳'이 아닌 다른 곳을 떠올
림으로써 공간 속의 존재가 된다. 서정시의 경우, 시인은 특정
한 시간이나 공간에 묶여 있는 화자와 대상을 다양한 이미지
로 그려냄으로써 인간의 삶과 존재에 대한 독특한 인식을 드
러내게 되는 것이다.

① (가)는 '차디찬 밤'이란 시간 이미지를 통해, (나)는 '관'
　이 내려진 어두운 무덤 속 공간을 통해 대상이 처한 불
　행한 상황을 암시하는군.

② (가)에서 '거미' 가족이 재회하는 순간을 예상하는 화자
　의 모습에서 '지금－이곳'의 고통스러운 상황을 극복할
　수 있다는 화자의 기대감을 엿볼 수 있군.

③ (나)의 '꿈'은 '이곳'에 속한 화자와 '이곳'이 아닌 다른
　세상에 속한 대상 간의 만남이 상상 속에서도 완전히 실
　현될 수 없음을 보여주는군.

④ (나)의 '열매' 떨어지는 소리는 화자가 상상에서 벗어나
　'이곳'의 세계로 돌아와서 깊은 상실감과 슬픔에 빠져드
　는 계기가 되고 있어.

11회

문 1. 다음 중, 어휘 사용의 측면에서 문장을 다듬은 결과가 자연스럽지 못한 것은?

① 경기가 끝나자 관객들이 봇물(洑-) 이루듯이 경기장을 쏟아져 나왔다.
　→ 경기가 끝나자 관객들이 봇물(洑-) 터지듯이 경기장을 쏟아져 나왔다.

② 그곳은 지역적 특성 때문에 물고기의 군락(群落)은 불가능한 상태이다.
　→ 그곳은 지역적 특성 때문에 물고기의 서식(棲息)은 불가능한 상태이다.

③ 암벽을 탈 때에는 걸음마다 주위(周圍)를 기울이지 않으면 안 된다.
　→ 암벽을 탈 때에는 걸음마다 주의(注意)를 기울이지 않으면 안 된다.

④ 회의에서 그는 정곡을 찌르는 말로 원로 정치인의 면모(面貌)를 과시하였다.
　→ 회의에서 그는 정곡을 찌르는 말로 원로 정치인의 면모(面貌)를 발휘하였다.

문 2. ㉠~㉣의 예시로 적절하지 <u>않은</u> 것은?

<보 기>

　부정의 의미를 갖는 문장은 흔히 부정소라 불리는 요소를 갖는다. '교회에 안 갔다.'의 '안'이나, '학교에 못 갔다.'의 '못'이 부정소이다. 그러나 이런 방식 말고도 여러 가지 방식으로 부정문이 만들어진다. 먼저 ㉠부정의 접두사를 이용하여 부정의 의미를 갖는 문장을 만들 수도 있고, ㉡부정의 의미를 갖는 서술어를 사용하여 부정의 의미를 갖는 문장을 만들 수도 있다. 물론 이들은 통사적인 의미에서는 이른바 부정문으로 분류되지 않는 것이 통설이다. 나아가 ㉢부정의 의미를 내포하지만 부정소를 포함하지 않는 경우도 있고, ㉣의미상으로는 긍정이지만 부정소를 포함하고 있는 경우도 있다. 부정문을 의미적인 기준으로 정의한다면 전자가 부정문이지만, 통사적인 기준으로 보면 후자가 부정문이 된다.

① ㉠: 부하 직원의 공로를 슬쩍 자기 것으로 삼는 것은 몰염치하다.

② ㉡: 이제까지 그가 그 회사의 실제적인 사장인 줄을 아무도 몰랐다.

③ ㉢: 학생인 제가 어찌 감히 그 일을 할 수 있겠습니까?

④ ㉣: 내가 그를 쏜 것은 권총으로가 아니었다.

문 3. 밑줄 친 단어의 발음이 모두 올바른 것은?

① <u>밭이랑[반니랑]</u>의 보리들이 <u>야들야들[야들랴들]</u> 생기가 돌기 시작했다.

② 오늘 그녀가 입은 <u>겉옷[거톧]</u>은 <u>값있는[가빈는]</u> 옷으로 보이지 않았다.

③ 할머니께서는 <u>망막염[망마겸]</u>에 걸리셔서 하루 종일 집에 <u>계신다[게ː신다]</u>.

④ <u>만날 사람[만날싸람]</u>이 있어서 다친 곳에 <u>반창고[반창꾀]</u>를 붙이고 나갔다.

문 4. 〈보기〉의 밑줄 친 단어 중, 표준어가 <u>아닌</u> 것은 모두 몇 개인가?

<보 기>

ㄱ. 이번 일에 자꾸 <u>딴지</u>를 걸지 마라.
ㄴ. 아내는 허물을 나무라면 어린애처럼 <u>삐지곤</u> 한다.
ㄷ. 그는 겉으로만 <u>굽신하는</u> 체할 뿐이다.
ㄹ. <u>구안와사(口眼喎斜)</u>는 입과 눈이 한쪽으로 틀어지는 병이다.
ㅁ. 나뭇잎이나 돌, 흙도 아이들에게는 훌륭한 <u>놀이감</u>이 된다.
ㅂ. 그녀는 너무 울어 <u>눈두댕이</u>가 퉁퉁 부었다.
ㅅ. <u>보통내기</u> 같으면 그 상황에서 벌써 포기했을 것이다.

① 1개　　② 2개　　③ 3개　　④ 4개

문 5. 〈보기〉와 같은 의미 관계를 이루는 예로 가장 적절한 것은?

<보 기>

- 의미 관계를 이루는 어휘 항목을 동시에 부정하는 것이 가능하다.
- 한 항목을 포함한 진술은 다른 항목을 포함한 부정 진술을 함의하나 그 역은 성립하지 않는다.
- 양 항목은 모두 정도부사의 수식을 받을 수 있고 또 비교 표현도 가능하다.

① 길다/짧다　　　　② 있다/없다
③ 살다/죽다　　　　④ 스승/제자

문 6. 다음 속담의 풀이로 가장 적절한 것은?

― <보 기> ―
내 일 바빠 한댁 방아.
[기사지망(己事之忙) 대가지춘촉(大家之春促)]

① 오늘 할 일을 내일로 미루지 않고 서둘러 처리함.
② 자기 일을 하느라고 남의 일을 돌볼 여유가 없음.
③ 사람들에게 말은 바쁘다고 하면서 실상은 여유를 부림.
④ 내 일을 하기 위하여 부득이 다른 사람의 일부터 해 줌.

문 7. <보기>의 조건에 가장 잘 부합하는 문장은?

― <보 기> ―
- 대등적으로 이어진문장에 해당하는 것으로 볼 수 있다.
- 문맥에 따라 중의적이며, 홑문장으로 볼 여지도 있다.

① 철수와 영희가 오늘 결혼한다.
② 인생은 짧고 예술은 길다.
③ 봄이 오면 꽃이 핀다.
④ 토끼가 앞발이 짧다.

문 8. <보기>를 고려할 때, 띄어쓰기가 부적절한 것은?

― <보 기> ―
접두사 중 명사 앞에 놓이는 것은 관형사와 비슷한 성질을 가진다. 그러나 접두사는 관형사와 달리 자립성이 없어서, 독자적으로 문장 성분이 될 수 없다. 또한 그 분포에 있어서도 관형사는 그 뒤에 놓이는 단어에 큰 제약을 받지 않음에 반해 접두사는 큰 제약을 받는다. 또 접두사와 관형사는 후속하는 명사와의 사이에 다른 단어를 개입시킬 수 있느냐 없느냐에서도 차이를 보인다. 즉 관형사와 명사 사이에는 제3의 단어가 들어갈 수 있지만, 접두사와 명사 사이에서는 그렇지 못하다. 이러한 연유로 맞춤법에서도 관형사와 그에 이어지는 명사는 띄어 쓰고, 접두사와 그에 이어지는 명사는 붙여 쓰도록 한 것이다.

① 그는 자기 일 밖의 **다른V일**에는 관심이 없다.
② 그로서는 **맨V주먹**으로 시작해서 이만큼 성공한 것이 꿈만 같다.
③ 할머니는 방 안에서도 꼭 알록달록한 **덧버선**을 신고 계셨다.
④ 풋나무는 갈잎나무, **새나무**, 잡목이나 잡풀을 베어서 말린 땔나무 따위를 통틀어 이르는 말이다.

문 9. 밑줄 친 단어의 외래어 표기가 모두 올바른 것은?

① <u>함부르그(Hamburg)</u>는 <u>도이칠란드(Deutschland)</u>의 대표적인 무역항이다.
② <u>말레이지아(Malaysia)</u>의 수도는 <u>쿠알라룸푸르(Kuala Lumpur)</u>이다.
③ <u>산타클로스(Santa Claus)</u>는 지금의 <u>터어키(Turkey)</u>에서 태어났다고 전한다.
④ <u>마오쩌둥[毛澤東]</u>과 <u>덩샤오핑[鄧小平]</u>은 중국의 대표적인 정치인이다.

문 10. ㉠과 가장 관련이 깊은 한자성어는?

광해군 시절에 한효순(韓孝純)이란 사람은 좌의정까지 올랐는데, 세간에서는 그가 임금에게 더덕을 넣은 꿀떡[蜜餅]을 바쳐서 정승 자리를 얻었다고 수군댔다. 도대체 얼마나 맛있는 떡이길래 그 높다는 정승 자리까지 얻을 수 있었을까? 한편 이충(李沖)이란 사람은 요리를 얼마나 잘했는지 광해군은 꼭 그가 만든 반찬이 상에 올라야만 수저를 들었다고 한다. 특히 신선한 각종 채소를 섞어서 만든 잡채 요리가 그의 주된 메뉴였다고 한다. 요리 솜씨 덕분에 이충은 광해군의 총애를 무던히도 많이 받았고 벼슬이 호조 판서까지 이르렀지만, 백성들은 그를 '잡채 판서'라 부르며 조롱했다.
더덕 정승이든 잡채 판서든 간에 이들이 임금을 잘 보좌하여 어진 정치로 인도했다면 사람들의 뒷공론도 그리 크지 않았을 것이다. 하지만 그러지 못했기에 이들은 결국 후대에 이런 불명예스러운 이름으로 남고 말았다. 광해군은 임진왜란으로 불탄 도성의 여러 궁궐을 중건(重建)하기 위해 무리하게 토목 공사를 벌였다가 인심을 많이 잃었는데, 이때 호조 판서로 있던 이충이 공사비용을 마련하기 위해 앞장서서 백성들을 수탈했다고 한다. 옛말에 "㉠백성을 수탈하는 신하를 곁에 두느니 차라리 도둑질하는 신하를 곁에 두는 게 낫다.[與其有聚斂之臣, 寧有盜臣.]"라는 말이 있을 정도이니, 광해군이 요리 솜씨에 현혹되어 사람을 몹시 잘못 고른 셈이다.

① 군자표변(君子豹變)
② 가렴주구(苛斂誅求)
③ 엄이도령(掩耳盜鈴)
④ 양금택목(良禽擇木)

문 11. 〈보기〉에 대한 이해로 적절하지 <u>않은</u> 것은?

<보 기>

믈근 ᄀᆞ롮 ᄒᆞᆫ 고비 ᄆᆞᄋᆞᆯᄒᆞᆯ 아나 흐르ᄂᆞ니

긴 녀름 江村(강촌)애 일마다 幽深(유심)ᄒᆞ도다.

㉠절로 가며 절로 오ᄂᆞ닌 집 우흿 져비오,

서르 親(친)ᄒᆞ며 서르 갓갑ᄂᆞ닌 믌 가온딧 ᄀᆞᆯ며기로다.

㉡늘근 겨지븐 죠히ᄅᆞᆯ 그려 쟝긔파ᄂᆞᆯ 밍글어늘,

져믄 아ᄃᆞᆯᄂᆞᆫ 바ᄂᆞᆯ를 두드려 고기 낫골 낙ᄉᆞᆯ 밍ᄀᆞᄂᆞ다.

㉢한 病(병)에 엇고겨 ᄒᆞᄂᆞᆫ 바ᄂᆞᆫ 오직 藥物(약물)이니,

져구맛 모미 이 밧긔 다시 므스글 求(구)ᄒᆞ리오.

– 두보, 〈강촌(江村)〉

① 전체적으로 세상을 호탕(豪宕)하게 살려는 의지를 담고 있다.

② ㉠: 제비와 갈매기의 모습을 통해 그윽한 자연 경관을 그리고 있다.

③ ㉡: 인물들의 행동을 통해 한적한 강촌에서의 생활 모습을 그리고 있다.

④ ㉢: 시적 화자가 처한 신산(辛酸)한 상황과 삶의 태도가 드러나 있다.

(12~15) 다음 글을 읽고 물음에 답하시오.

모임을 파한 후에 토끼 뒤에 따라가며 한 번 불러, "여보, 토생원(兔生員)." 토끼의 근본 성품 무겁지 못한 것이 겸하여 몸집도 작으니 ⓐ온 산중이 멸시하여 누가 대접하겠느냐. 쥐와 여우, 다람쥐도 '토끼야, 토끼야.' 아이 부르듯 이름 불러 어른대접 못 받다가 천만뜻밖 누가 와서 생원이라 존칭하니. 좋아 아주 못 견디어. "게 뉘랄게. 게 뉘랄게, 날 찾는 게 뉘랄게." 요리 팔팔 조리 팔팔 깡장깡장 뛰어오니, 별주부(鼈主簿)가 의뭉하여 토끼의 동정 보자 긴 목을 옴뜨리고 가만히 엎뎠으니 토끼가 주부 보고 의심을 매우 하여, "이것이 무엇인고? 쇠똥이 말랐는가. 이 산중에 무슨 솥 깨어진 부등감*이 어찌 저리 묘하게 깨져. 애고, 이것 큰일났다. 사냥 왔던 총(銃)장이가 질음승** 끌러 놓고 똥 누러 갔나 보다. 바삐바삐 도망하자."

주부가 생각한즉 그대로 두어서는 ⓑ저리 방정맞은 것이 <u>이리저리 한없이 내달리겠거든</u> 또 한 번 크게 불러, "여보 토생원." 토끼가 가다 듣고. "누가 나를 또 부르노?" 아장아장 도로 오며 주부를 바라보니, 아까 없던 목줄기가 돌담 틈에 배암같이 슬금이 나오거든. 의심 나고 겁이 나서 멀찍이 서서 보며 문자(文字)로 수작 내어, "내가 이 산중에 생어사(生於斯) 장어사(長於斯) 유어사(遊於斯) 노어사(老於斯)하여 몇 해가 되었으되 오늘 처음 보는 터에 나를 어찌 알고 무엇 하

러 불렀느뇨?" 주부가 대답하되, "(㉠)가 공자님 말씀인데. 어이 그리 무식하여 처음 본다 괄시하니 인사가 틀렸는데."

토끼가 들어본즉 ⓒ생긴 것과 말하는 게 만만히 볼 수 없거든. 옆에 와 썩 앉으며, "뉘라 하시오?" "예, 나는 수궁(水宮)에서 주부 벼슬하여 먹는 자라요." "산수(山水)가 서로 다른데 산중은 어찌 왔소?" "우리 용왕 장한 가르침 팔천 리를 다스리니 하루에도 수없이 몸소 일을 하옵는데 신하가 재주 없어 찬양하기 어렵기로, 용왕의 분부 모시어 임금 보좌할 인재를 구하기로, 천하 명산 다니다가 오늘날 모족(毛族) 모임 천만다행 만났기로, 자리를 다 보아도 임금 보필할 인물은 곰도 아니요 범도 아니요 선생 하나뿐이기로 선생을 모셔 가자 뒤를 따라 왔사오니, 바라건대 선생은 나를 따라 가사이다."

토끼가 제 인물에 ⓓ하 감사한 말이어든, 제 소견에도 의심하여, "어떻기에 내 형용이 곰보다도 나을 테요? 범보다 나을 테요?" 주부가 대답하되. ㉡"곰의 몸이 비록 크나 눈이 작고 털이 덮여 태양 정기 부족하니 미련하여 못 쓸 테요, 범이 비록 용맹하나 코 짧고 줄기 없어 얼굴 가운데가 움푹하니 단명(短命)하여 못 쓸 테요, 몸이 작고 발이 빨라 산도 넘고 물도 뛰어 따라갈 이 없을 테니, 민첩한 저 구변(口辯)이 소진(蘇秦)의 합종(合縱)인지. 가끔가끔 조는 것이 공명(孔明)의 춘수(春睡)런지.*** 볼수록 모두, 짐승 중 제일이니, 우리 수궁 같사오면 출장입상, 부귀공명 따라갈 이 뉘 있을까?"

토끼가 들어 본즉 주부의 하는 말이 저 생긴 형용하고 낱낱이 똑같거든. 가만히 생각한즉 형용은 무던하나 속에 글이 없었으니, 수궁에 글하는 이 있는지 알아야 할 테여든. 또 물어 "수궁의 조관(朝官) 중에 문장이 몇이 되오?" "문장 조관 있으며는 영덕전(靈德殿) 지을 적에 상량문을 못 지어서 인간 세상까지 나와 구했겠소?" 또 물어, "수궁에 훨썩 키 큰 조관 있소?" "영덕전 상량할 제, 키 큰 조관 가리는데 내가 상량하였지요. 그리 큰 수궁에서 나만한 키도 없소. 선생이 들어가면 거인이 들어왔다 모두 깜짝 놀라지요."

토끼가 생각한즉. '너른 의사(意思) 좋은 구변 내 속에 흠뻑 들고, 글 잘하고 키 큰 조관 수궁에 없다 하니, 나 지닌 신언서판(身言書判) 눌릴 데가 없건마는 땅에 안주하여 옮기기 어려우니 이 형편에 썩 떠나기가 어렵구나.'

– 신재효, 〈토별가(兔鼈歌)〉

* 부등감: 질그릇 깨진 조각으로, 아궁이의 불을 담아낼 때 부삽대신 쓰는 것.

** 질음승: 화약의 심지

*** 소진의 합종, 공명의 춘수: 토기의 말솜씨와 조는 모습을 각각 소진의 위업과 제갈공명의 여유에 비긴 말.

문 12. 윗글에 나타난 토끼의 태도에 대한 설명으로 적절하지 <u>않은</u> 것은?

① 자라가 칭찬하는 말을 반신반의(半信半疑)하고 있다.

② 다른 짐승의 위세를 빌려 호가호위(狐假虎威)하고 있다.

③ 처음 만난 자라에게 허장성세(虛張聲勢)를 부리고 있다

④ 자신의 학식에 대해 자격지심(自激之心)을 가지고 있다.

문 13. ㉠에 들어갈 말로 가장 적절한 것은?

① 有朋 自遠方來 不亦樂乎.

② 人不知而不慍 不亦君子乎.

③ 里仁爲美. 擇不處仁, 焉得知.

④ 貧與賤是人之所惡也, 不以其道得之 不去也.

문 14. ㉡에 대한 설명으로 적절한 것은?

① 동물의 외모를 현실감 있게 그리고 있다.

② 동물의 동적인 모습을 포착하여 묘사하고 있다

③ 동물의 외양으로부터 그 특성을 이끌어 내고 있다.

④ 동물을 인간에게 주는 효용에 따라 구분하고 있다.

문 15. ⓐ~ⓓ 중, 등장인물의 생각이 <u>아닌</u> 것은?

① ⓐ   ② ⓑ   ③ ⓒ   ④ ⓓ

(16~17) 다음 글을 읽고 물음에 답하시오.

(가)

나의 지식이 독한 회의를 구하지 못하고
내 또한 삶의 애증을 다 짐지지 못하여
병든 나무처럼 생명이 부대낄 때
저 머나먼 아라비아의 사막으로 나는 가자

거기는 한번 뜬 백일(白日)이 불사신같이 작열하고
일체가 모래 속에 사멸한 영겁의 허적(虛寂)에
오직 알라의 신만이
밤마다 고민하고 방황하는 열사(熱沙)의 끝

그 ㉠열렬한 고독 가운데
옷자락을 나부끼고 호올로 서면
운명처럼 반드시 '나'와 대면케 될지니
하여 '나'란 나의 생명이란
그 원시의 본연한 자태를 다시 배우지 못하거든
차라리 나는 어느 사구(沙丘)에 회한 없는 백골을 쪼이리라
                        ― 유치환, 〈생명의 서〉

(나)

나는 시방 위험(危險)한 짐승이다.
나의 손이 닿으면 너는
미지(未知)의 까마득한 어둠이 된다.

존재(存在)의 흔들리는 가지 끝에서
너는 이름도 없이 피었다 진다.
눈시울에 젖어드는 이 무명(無名)의 어둠에
추억(追憶)의 한 접시 불을 밝히고
나는 한밤내 운다.

㉡나의 울음은 차츰 아닌 밤 돌개바람이 되어
탑(塔)을 흔들다가
돌에까지 스미면 금(金)이 될 것이다.

……얼굴을 가리운 나의 신부(新婦)여,
                ― 김춘수, 〈꽃을 위한 서시(序詩)〉

문 16. (가)~(나)의 공통점으로 가장 적절한 것은?

① 명사형으로 시행을 마무리하여 여운을 자아낸다.

② 공간 이동과 관련된 표현들로 현장감을 살려 낸다.

③ 특정한 시어들을 반복하여 화자의 고조된 감정을 나타낸다.

④ 화자 자신과 관련된 상황을 초점으로 하여 삶의 태도를 드러낸다.

문 17. ㉠과 ㉡에 대한 설명으로 가장 적절한 것은?

① ㉠과 달리, ㉡에는 자아를 인식하려는 화자의 욕망이 내포되어 있다.

② ㉠은 부정적인 것으로, ㉡은 긍정적인 것으로 화자에게 인식되고 있다.

③ ㉡은 화자가 현실에서 타자로 인해 어떤 개인적 상실감을 지니게 되었음을 나타낸다.

④ ㉠과 ㉡은 모두, 화자에게는 그가 지향하는 바에 도달하려면 필요로 할 수밖에 없는 방법과도 같다.

(18~19) 다음 글을 읽고 물음에 답하시오.

　　새말이란 ㉠이미 있었거나, 새로 생겨난 개념 혹은 사물을 표현하기 위해 지어낸 말, 그리고 ㉡이미 있던 말이라도 새 뜻이 주어진 것을 통틀어 일컫는다. 다른 언어로부터 사물과 함께 차용되는 외래어도 여기에 포함된다.

　　새말은 민중에 의해서 자연 발생적으로 만들어져 쓰이는 것과 언어 정책상 계획적으로 만들어져 보급되는 것이 있다. 자연 발생적으로 만들어지는 새말들은 새로운 사물을 표현하기 위한 실제적인 필요에 의해 생겨나는 것과, ㉢언어 표현이 진부해졌을 때 그것을 신선한 맛을 가진 새 표현으로 바꾸려는 대중적 욕구 때문에 생겨나는 것이 있다. 여기에는 고유어, 한자어. 외래어 등이 모두 재료로 쓰인다.

　　정책적인 계획 조어의 경우는 대개 국어 순화 운동의 일환으로 진행되기 때문에 주로 고유어가 사용되며, 한자말일지라도 아주 익어서 고유어처럼 된 것들이 재료로 쓰인다. '한글, 단팥죽, 꼬치안주, 가락국수, 덮밥, 책꽂이, 건널목' 등은 계획 조어로서 생명을 얻은 것들이며. '덧셈, 뺄셈, 모눈종이, 반지름, 지름' 등의 용어들은 학교 교육에 도입되면서 자리를 굳혔다. 그러나 '불고기, 구두닦이, 신문팔이, 아빠, 끈끈이, 맞춤, 병따개. 비웃' 등과 같이 누가 먼저 지어냈는지 모르지만 생명을 얻은 말들도 많다.

　　이렇게 해서 새로 나타난 말들은 민중들의 호응을 받아서 기성 어휘로서의 지위를 굳히는 것과 잠시 쓰이다가 버림을 받는 것, ㉣처음부터 별로 호응을 받지 못하여 일반화되지 못하는 것 등이 있다. 잠시 쓰이다가 버림을 받게 되는 말은 대개 어느 한 사회 계층이나 특정 지역에서만 호응을 받았을 뿐 널리 일반화할 기회를 얻지 못한 것들이다.

문 18. 윗글의 내용과 일치하는 것은?

① 자연 발생적으로 만들어진 새말은 고유어로만 구성된다.

② 표현의 참신성을 위해 생겨난 새말이라면 누가 지어냈는지 알 수 있다.

③ 언어 정책상 계획적으로 만든 새말은 민중으로부터 선별적으로 호응을 받는다.

④ 새로 나타난 말들이 기성 어휘로 굳어지면 절대로 그 생명력을 잃지 않게 된다.

문 19. ㉠~㉣의 구체적인 예로 적절하지 않은 것은?

① ㉠: 새로 생겨난 개념을 표현하기 위해 지어낸 '미시족'

② ㉡: 일부 사람들이 나이 어린 여자 점원을 부를 때 쓰는 '언니'

③ ㉢: '몰래'와 '아르바이트'를 결합하여 만든 '몰래바이트'

④ ㉣: '결벽(潔癖)'의 순화어로 제시되었으나 버려진 '깨끗버릇'

문 20. <보기>의 문장에 담긴 문법적인 정보에 따라 화자의 심리적인 태도를 추론한 내용으로 적절하지 않은 것은?

─── < 보　기 > ───
㉠ 네가 합격하였다니 여간 반갑지 않구나.
㉡ 길을 건너던 강아지가 차에 치였어!
㉢ 아버지는 출장을 떠나서 집에 없습니다.
㉣ 어머니가 아기에게 예방주사를 맞혔다

① ㉠: 부정법을 사용한 것은 상대가 합격했다는 사실이 반갑지 않음을 뜻하는 것이군.

② ㉡: 피동문을 사용한 것으로 보아 자동차보다는 차에 치인 강아지에 더 주목한 것이군.

③ ㉢: 압존법을 사용한 것으로 보아 청자가 아버지보다 윗사람이어서 언어적인 대접을 한 것이로군.

④ ㉣: 사동문의 사용은 피사동주인 '아기'보다는 사동주인 '어머니'에 관한 정보 전달에 주된 목적을 둔 것 같아.

12회

문 1. 한글 맞춤법 규정에 맞게 고쳐 쓴 것으로 보기 어려운 것은?

① 그는 발을 헛디뎌서 하마트면(→하마터면) 넘어질 뻔했다..

② 어머니께서는 밀가루 반죽을 홍두깨로 넓적하게(→넙적하게) 펴셨다.

③ 그 선생님은 성격이 까탈스럽기로(→까다롭기로) 소문이 났다.

④ 늙은이는 구슬프고 애닯은(→애달픈) 가락으로 뱃노래를 불렀다.

문 2. 〈보기〉를 바탕으로 한글 맞춤법에 대해 탐구한 내용으로 적절하지 않은 것은?

〈 보 기 〉

제5항

㉮ 한 단어 안에서 뚜렷한 까닭 없이 나는 된소리는 다음 음절의 첫소리를 된소리로 적는다.

　예 해쓱하다/가끔/거꾸로/산뜻하다/잔뜩/살짝/훨씬/움찔/몽땅

㉯ 다만, 'ㄱ, ㅂ' 받침 뒤에서 나는 된소리는, 같은 음절이나 비슷한 음절이 겹쳐 나는 경우가 아니면 된소리로 적지 아니한다.

　예 국수/깍두기/딱지/색시/싹둑/법석/갑자기/몹시

제27항

㉰ 둘 이상의 단어가 어울리거나 접두사가 붙어서 이루어진 말은 각각 그 원형을 밝히어 적는다.

　예 꺾꽂이/끝장/낮잡다

---

① ㉮를 보니 모음 뒤나 'ㄴ, ㄹ, ㅁ, ㅇ' 받침 뒤에서 나는 된소리가 소리 나는 대로 표기되어 있군.

② '시꺼멓다'에서 된소리 표기를 한 것은 ㉮의 '해쓱하다'를 표기할 때 적용된 규정을 따른 것이군.

③ '쌉살하다'가 아니라 '쌉쌀하다'로 적는 것은 ㉯의 비슷한 음절이 겹쳐 나는 경우에 해당하기 때문이군.

④ '싫쯩'이 아니라 '싫증'으로 적는 것은 ㉰의 규정에 따라 각각 그 단어의 원형을 밝히어 적었기 때문이군.

문 3. 〈보기2〉는 〈보기1〉을 토대로 한 발표이다. 이에 대한 평가로 가장 적절한 것은?

〈보기 1/ 그림1〉

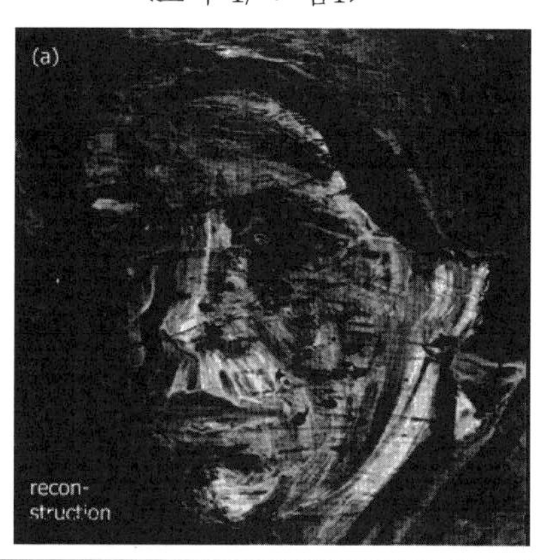

〈보기 1/ 그림2〉

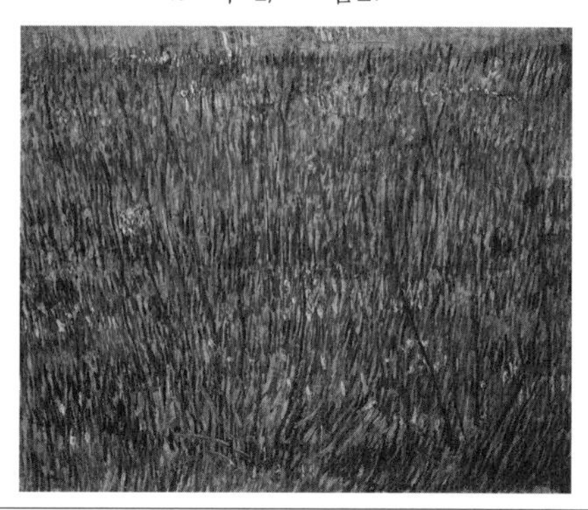

〈보기 2〉

　여러분은 엑스선이라 하면 흔히 의학 분야에 활용된다고 생각하실 겁니다. 하지만 저는 엑스선이 미술 작품 연구에도 활용된다는 것을 여러분께 알려 드리려고 합니다.

　(화면으로 '그림1'을 보여 주며) 먼저 인물화를 하나 보시죠. 이 인물화는 고흐가 그린 것으로 알려져 있지만 고흐 작품 전시회에서도 직접 보기는 어렵습니다. (화면으로 '그림2'를 보여 주며) 이 그림은 여러분이 잘 아시는 그림일 것입니다. 우리 기관 복도에도 사진으로 걸려 있고, 올해 우리 기관 달력 제작에도 활용한 바 있는 고흐의 '잔디밭'이라는 작품입니다. 이 두 그림의 관계를 밝혀내는 데 엑스선이 사용되었다고 합니다.

　('그림1'과 '그림2'가 나란히 배치된 화면을 보여 주며) 이 인물화가 그려진 캔버스 위에 고흐가 다시 물감으로 덧칠을 해서 이 '잔디밭'을 그린 것입니다. 이 사실을 과학자들이 엑스선을 이용해서 밝혀낸 것이지요. 그래서 이 인물화를 전시회에서 직접 보기 어렵고 이렇게 컴퓨터로 복원한 이미지로만 볼 수 있는 것입니다.

　이처럼 미술 작품을 연구하는 데 엑스선이 이용되기도 합니다. 놀랍죠? 그럼 저의 발표를 마치도록 하겠습니다.

---

① 도입부에서 반복적으로 질문을 던져 청중이 호기심을 갖고 발표에 집중하도록 하였다.

② 도입부에서 화면을 통해 발표 순서를 안내하여 청중이 내용을 예측하며 듣도록 하였다.

③ 전개부에서 대상과 관련한 청중의 경험을 상기하여 청중의 관심이 지속되도록 하였다.

④ 정리부에서 핵심을 강조하는 비유적 표현으로 마무리하며 청중에게 강한 여운을 남겼다.

문 4. '사물놀이'에 관한 영상물을 제작하려고 한다. 제작 계획서 내용 중, 〈보기〉의 제작 회의 결과가 제대로 반영되지 <u>않은</u> 것은?

———— 〈보　기〉 ————

제　　목: 사물놀이 체험의 기록임을 드러낼 것.

주 대상층: 사물놀이에 무관심한 젊은 세대를 예상 시청자로 함.

내　　용: ㅡ사물놀이에 대한 관심을 새롭게 불러일으킬 것.
　　　　　ㅡ실제 경험을 통해 사물놀이에 친해지는 과정을 보여주면서, 사물놀이에 관련한 기초적인 정보를 제공할 것.

구성 방식: 간단한 이야기 형식으로 구성할 것.

전달 방식: 정보들을 다양한 방식으로 제시할 것.

〈영상물 제작 계획서〉

제　　목: '기획 특집ㅡ 사물놀이 속으로 떠나는 10일간의 여행' ···①

제작 의도: 젊은 세대에게 우리 고유의 문화유산인 사물놀이에 대한 관심을 새롭게 불러일으킨다.

전체 구성: ㅡ 대학생 4명이 문화 체험을 위해 사물놀이가 전승되는 마을을 방문하는 상황을 설정한다. ···············②
ㅡ 사물놀이를 각각 배워서 마지막 날 합동 공연으로 마무리한다는 줄거리로 구성한다.

추가 구성: ㅡ 사물놀이가 매우 오랫동안 이어져온 전통 문화임과 그것에 대한 학문적 평가가 다양하게 이루어지고 있음을 학자들과의 인터뷰를 통해 보여준다. ··················③
ㅡ 사물놀이에 대한 정보를 간단한 시각 자료를 통해 보여주고, 사물놀이의 실제 공연 장면을 현장감 있게 보여준다. ···④

문 5. 〈보기〉는 '우리나라 종자 산업의 문제점과 해결 방향'을 주제로 지역 신문에 실을 글을 쓰기 위해 작성한 개요이다. 구체화 방안으로 적절하지 <u>않은</u> 것은?

———— 〈보　기〉 ————

1. 국내 작물 종자의 자급 현황
　1-1. 곡물·채소의 낮은 자급률 ·················㉠
　1-2. 외국 기업에 양도된 종자 소유권
2. 낮은 종자 자급률의 문제점
　2-1. 종자 수입 및 로열티 지급으로 인한 비용 증가
　2-2. 식량 안보에 위협 요인이 될 가능성 농후 ········㉡
3. 낮은 종자 자급률의 원인
　3-1. 외국 기업의 국내 종자 기업 인수
　3-2. 종자 산업의 육성에 소홀한 당국 ········㉢
4. 낮은 종자 자급률의 해결 방향
　4-1. 종자 산업의 정책적인 육성
　4-2. 다양한 종자 확보에 노력
5. 국내 종자 산업을 육성하기 위한 노력 촉구 ··········㉣

① ㉠: 곡물·채소의 자급률을 정확히 보여주기 위해 공신력 있는 기관의 통계 자료를 인용해야겠어.

② ㉡: 해외 사례 등을 제시하며 낮은 종자 자급률이 왜 식량 안보에 위협이 될 수 있는지 설명해야겠어.

③ ㉢: 외국의 종자 산업에 대한 투자 현황을 알 수 있는 자료를 첨부해서 우리나라의 경우와 비교해야겠어.

④ ㉣: 결론을 도출하기 위해, '국내 종자 산업을 육성하지 않으면 초래될 문제점'을 언급하며 글을 마쳐야겠어.

문 6. ㉠~㉣에 대한 이해로 적절하지 <u>않은</u> 것은?

> ─── <보 기> ───
>
> [중세 국어] ㉠부톄 三삼界갱 ㉡옛 尊존이 ᄃᆞ외야 겨샤 衆
> 즁生ᄉᆡᆼ을 너비 濟젱渡똥ᄒᆞ시ᄂᆞ니 그지업서 몯내 혜ᅀᆞᆸ볼 功
> 공과 ㉢德득괘 사ᄅᆞᆷ돌콰 하ᄂᆞᆯ돌히 내내 기리ᅀᆞᆸ디 몯ᄒᆞᅀᆞᆸ논
> ㉣배시니라.
> [현대 국어] 부처가 삼계의 존이 되어 계시어, 중생을 널리 제
> 도하는 것이 그지없어서, 못내 헤아릴 공과 덕이 사람들과 하
> 늘[天神]들이 내내 기리지 못하는 바이시니라.

① ㉠: 모음으로 끝나는 체언에 주격 조사 'ㅣ'가 결합했다
　　는 점에서 현대 국어와 차이가 있다.

② ㉡: 부사격 조사로 '예', 관형격 조사로 'ㅅ'이 쓰였다는
　　점에서 현대 국어와 차이가 있다.

③ ㉢: 접속 조사 '과'가 그것이 이어 주는 앞 체언과 뒤 체
　　언 모두 붙을 수 있다는 점에서 현대 국어와 차이가
　　있다.

④ ㉣: 주체를 높이는 선어말어미로 현대 국어의 주체 높임
　　선어말 어미와는 다른 것이 사용되었다.

문 7. <보기1>을 참조하여 <보기2>의 빈칸을 채울 때, [A]~[C]에 들
어갈 말을 바르게 배열한 것은?

> ─── <보기 1> ───
>
> 단어는 문맥에 따라 여러 가지 뜻을 가진다. 그래서 반의어
> 도 여럿이 될 수 있다. 예를 들어 "철수가 뛰었다."에서 '뛰다'
> 의 반의어는 '걷다'이지만, "물가(物價)가 뛰었다."에서는 '뛰
> 다'의 반의어는 '떨어지다'가 된다.

> ─── <보기 2> ───

표제어	예 문	뜻		반의어
깊다	바다가 깊다.	수면에서 바닥까지 거리가 멀다.	↔	[A]
	역사가 깊다.	시간이 오래다.	↔	짧다
	병환이 깊다.	병환이 오래되어 더욱 심하다.	↔	가볍다
	[B]	빛깔이 짙다.	↔	옅다
	마당이 깊다.	주위보다 바닥이 낮거나 패어 있다.	↔	[C]

	[A]	[B]	[C]
①	얕다	산 그림자가 깊다.	높다
②	얕다	그녀는 그림에 조예가 깊다.	얕다
③	얇다	그는 사려가 깊다.	높다
④	얇다	그 우물은 매우 깊다.	얕다

문 8. ㉠에 대해 대립적 입장의 글로 가장 적절한 것은?

> ─── <보 기> ───
>
> 　A라는 사람이 스트레스(늑긴장)로 병에 걸렸고, B도 스트
> 레스로 병에 걸렸다면 이런 개별적인 사례들로부터 '스트레스
> 가 병의 원인이다.'라는 일반적인 인과를 도출할 수 있다. 이
> 때 개별적인 사례에 해당하는 인과를 '개별자 수준의 인과',
> 그것을 일반화한 인과를 '집단 수준의 인과'라 한다.
> 　㉠개별자 수준의 인과와 집단 수준의 인과가 연관된다고
> 주장하는 사람들은, 병의 여러 요인들이 있다 하더라도 여전
> 히 인과의 필연성이 성립한다고 본다. 개별적인 사례들에서
> 스트레스와 그 외의 모든 요인들을 함께 고려할 때 여전히 스
> 트레스가 병의 필수적인 요인이라면, 개별자 수준 인과의 필
> 연성은 훼손되지 않으며, 이에 따라 집단 수준 인과의 필연성
> 도 훼손되지 않는다는 것이다.

① 집단 수준의 인과는 개별자 수준의 인과의 필연성을 통
　해 충분히 설명이 가능하다.

② A와 B의 병이 다른 요인들에 의해서 비롯될 수 있음에
　도 불구하고, 스트레스가 병에 걸리게 하는 필수적인 요
　인임은 변함이 없다.

③ A와 B의 병은 유전적 요인, 환경적 요인, 개인의 생활
　습관 등에서 비롯될 수 있으므로, 병의 원인을 스트레스
　로 단언할 수 없다.

④ 스트레스를 받은 A와 B가 병에 걸리지 않았다고 하더라
　도, 스트레스가 병의 원인이라는 집단 수준의 인과를 훼
　손하지 못한다.

문 9. ㉠의 '으로'와 쓰임이 가장 가까운 것은?

> ─── <보 기> ───
>
> 　그건 너무 잔인한 처사가 아니냐? 어린 아이를 어떻게
> 그렇게 때릴 수 있는가? 인간<u>으로</u> 어떻게 그럴 수가 있는
> 가?

① 나는 너를 손님<u>으로</u> 대접해 왔다.

② 가족 모임 날짜를 이달 중순<u>으로</u> 정했다.

③ 지구 환경 오염에 관해 사진<u>으로</u> 설명을 했다.

④ 그렇게 얌전하던 우리 반 학생이 말썽꾼<u>으로</u> 변했다.

문 10. ㉠과 가장 관련이 깊은 사자성어는?

> ───── 〈보 기〉 ─────
>
> 기술 혁신의 과정은 과다한 비용 지출이나 실패의 위험이 도사리고 있는 험난한 길이다. 그렇지만 그러한 위험을 감수하면서 기술 혁신에 도전했던 기업가와 기술자의 노력 덕분에 산업의 생산성은 지속적으로 향상되었고, 지금 우리는 그 혜택을 누리고 있다. ㉠우리가 기술 혁신의 역사를 돌아보고 그 의미를 되짚는 이유는, 위험 요인들을 예측하고 적절히 통제할 수 있는 능력을 갖춘 자만이 앞으로 다가올 기술 혁신을 주도할 수 있으리라는 믿음 때문이다.

① 反面教師
② 後生可畏
③ 季布一諾
④ 前車可鑑

문 11. ㉠~㉣을 의미하는 한자어를 바르게 연결한 것은?

> (가) 학교는 교실을 병실로 ㉠ 고쳐 만들었고, 교무실과 교장실이 응급 처치실과 수술실로 바뀌었다.
>
> (나) 언어는 그 의사 전달 기능이나 문화 저장의 수단으로써 인류의 ㉡ 수준이 높아지는 데에 결정적인 역할을 수행해 왔다.
>
> (다) 적과 주민을 ㉢ 분별하여 알아볼 방법이 없어서 누구에게 미소를 짓고 누구에게 총을 겨누어야 할지를 모르는 처지였다.
>
> (라) 병을 ㉣ 핑계로 내세워서 남모르는 깊은 암자 속에서 몸을 풀었다는 거요.

	㉠	㉡	㉢	㉣
①	向上	退步	識別	狼藉
②	改造	進步	識別	憑藉
③	改善	改變	分類	憑藉
④	改革	促進	分類	狼藉

문 12. 〈보기〉를 참고할 때, ㉠~㉣의 예로 적절하지 <u>않은</u> 것은?

> ───── 〈보 기〉 ─────
>
> 단어가 의미 변화를 겪고 난 후의 결과는 대체로 범위의 변화와 가치의 변화로 나누어 볼 수 있다. 의미 변화의 결과로 단어가 지시하는 범위에 변화가 일어난 경우는 의미의 확대·축소·전이가 있다. 단어가 지시하는 범위가 원래보다 넓어지는 경우는 ㉠ 의미의 확대라 한다. 반면 본래 단어가 지시하던 범위보다 좁아지는 경우는 ㉡ 의미의 축소라 한다. 그리고 단순히 제3의 다른 의미로 바뀐 것을 ㉢ 의미의 전이라 한다.
>
> 사회구조가 바뀌거나 사람들의 취향이 변하면 그에 따라 평가에도 변화가 일어날 수 있다. 어떤 단어에 대한 평가가 원래 가지고 있던 평가보다 낮게 변화하는 것은 ㉣ 의미의 하락이라고 하고, 반대로 높게 변화하는 것은 의미의 향상이라고 한다.

① ㉠: ‘암산왕(暗算王)’, ‘광산왕(鑛山王)’에서의 ‘왕’은 제1인자를 뜻하고, ‘왕방울’, ‘왕거미’에서의 ‘왕’은 ‘크다’는 의미를 지니게 된다.

② ㉡: 중세국어 ‘싁싁하다’는 본래 ‘엄하다’는 뜻을 가지고 있었으나, 지금은 전혀 다른 ‘씩씩하다’의 의미로 쓰인다.

③ ㉢: 중세국어에서 ‘빋쓰다’는 값어치를 의미하는 ‘빋’과 ‘값이 나가다’는 의미의 ‘쓰다’가 결합한 말이었으나 ‘쓰다’에서 온 말인 ‘싸다’는 현재 ‘비싸다’의 반의어이다.

④ ㉣: ‘외도(外道)’는 불교 용어로서 불교 이외의 다른 종교를 말하지만 일반사회에서는 정도에 어긋나는 일이나 배우자가 아닌 다른 사람과의 성적 관계를 가리킨다.

문 13. ㉠을 보충하여 설명하는 예로 가장 적절한 것은?

> ─────────── <보 기> ───────────
>
> 　나는 손가락을 베였을 때 느끼는 아픔을 "아야!"라는 말이나 움츠리는 행동을 통해 나타낸다. 그래서 다른 사람도 그러하리라 전제하고는, 다른 사람이 나와 같은 말이나 행동을 하면 '저 친구도 나와 같은 아픔을 느끼겠군.'하고 추론한다. 말이나 행동의 동일성이 느낌의 동일성을 보장한다는 것이다. 그러나 이러한 ㉠유추의 결정적인 단점은 내가 아는 단 하나의 사례, 곧 나의 경험에만 의지하여 다른 사람도 나와 같은 아픔을 느낀다고 판단한다는 것이다.

① 이것은 똑같은 모양의 상자 더미에서 하나의 상자 안에 토끼 인형이 있는 것을 보고 다른 상자에도 토끼 인형이 있다고 추리하는 것과 같다.

② 이것은 우리 집 개가 이번에 암캐를 낳았으므로 다음번에는 수캐를 낳을 것이라 추측하는 것과 같다.

③ 이것은 그가 보수 성향을 가진 신문사 기자라고 해서, 그가 보수 성향을 가졌을 것이라고 추측하는 것과 같다.

④ 이것은 피고가 무죄임을 입증하지 못했으므로 곧 유죄라고 생각하는 것과 같다.

문 14. ㉠과 ㉡에 대하여 추론한 내용으로 적절하지 <u>않은</u> 것은?

> 　우리나라는 1990년대 중반부터 극히 제한된 형태의 간접 광고만을 허용하는 ㉠협찬 제도를 운영해 왔다. 이 제도는 프로그램 제작자가 협찬 업체로부터 경비, 물품, 인력, 장소 등을 제공받아 활용하고 프로그램이 종료될 때 협찬 업체를 알리는 협찬 고지를 허용했다. 그러나 프로그램의 내용이 전개될 때 상품명이나 상호를 보여 주거나 출연자가 이를 언급해 광고 효과를 주는 것은 법으로 금지했다.
>
> 　이후 협찬 제도를 그대로 유지하면서 광고주와 방송사 등의 요구에 따라 방송법에 '간접 광고'라는 조항을 신설하여 2010년부터 시행하였다. ㉡간접 광고 제도가 도입된 취지는 프로그램 내에서 광고를 하는 행위에 대해 법적인 규제를 완화하여 방송 광고 산업을 활성화하겠다는 것이다. 이로써 프로그램 내에서 상품명이나 상호를 보여 주는 것이 허용되었다. 다만 시청권의 보호를 위해 상품명이나 상호를 언급하거나 구매와 이용을 권유하는 것은 금지되었다. 또 방송이 대중에게 미치는 영향력이 크기 때문에 객관성과 공정성이 요구되는 보도, 시사, 토론 등의 프로그램에서는 간접 광고가 금지되었다.

① ㉠에 따라 장소를 제공한 업체는 프로그램이 종료될 때 협찬 고지를 통해 광고 효과를 얻을 수 있겠군.

② ㉠에 따라 출연자가 협찬을 받아 착용한 의상의 상표는 가려야 하고, 상품명을 언급해서는 안 되겠군.

③ 토론 프로그램 내에서 상호(商號)를 노출하던 업체라도 ㉡이 도입된 이후에는 광고를 할 수 없게 되었겠군.

④ ㉡에 따르면 드라마에서 주인공이 승용차의 상품명을 언급하며 좋은 차라고 칭찬하는 것은 여전히 금지 사항이겠군.

문 15. 다음을 논리적 순서에 맞게 가장 잘 배열한 것은?

> ㄱ. 글로뮈는 평소에 닫혀 있다. 그러다가 모세혈관에 들어가는 피의 양이 줄어들면서 글로뮈가 열려 혈액 순환을 원활하게 해 준다.
>
> ㄴ. 겨울이 되면 손발이 차가운 사람들이 있다. 손발이 차가워지는 원인은 대개 혈액 순환과 관련이 있다. 추위 때문에 피부 온도가 낮아지면 모세혈관으로 들어가는 피의 양이 줄어든다.
>
> ㄷ. 하지만 글로뮈가 딱딱해져서 제 기능을 못하면 추울 때 혈액 순환이 제대로 되지 않아 손발이 차가운 상태로 남아 있는 것이다. 글로뮈를 다른 말로 동정맥문합이라고도 하는데, 연구에 의하면 글로뮈의 기능을 떨어뜨리는 원인에는 과식, 음주, 스트레스 등이 있다고 한다.
>
> ㄹ. 이때 피부 가까이에 분포된 동맥과 정맥을 직접 이어주는 글로뮈라는 관으로 피가 흐르면서 손발이 따뜻한 상태로 회복된다. 즉 동맥에서 공급된 피가 모세혈관을 거치지 않고 글로뮈를 통해 직접 정맥으로 흐르면서, 손발에 다시 따뜻한 피의 양이 늘어나 피부 온도가 따뜻하게 유지되는 것이다.

① ㄱ-ㄷ-ㄴ-ㄹ　　　　② ㄴ-ㄹ-ㄱ-ㄷ

③ ㄷ-ㄱ-ㄴ-ㄹ　　　　④ ㄹ-ㄴ-ㄱ-ㄷ

문 16. 다음 시조에 대한 이해로 적절하지 <u>않은</u> 것은?

> 벗님네 남산에 가세 좋은 기약 잊지 마오
> 익은 술 점점 쉬고 지진 화전 상해 가네
> 자네가 아니 간다면 내 혼자인들 어떠리   <제1수>
>
> 어허 이 미친 사람아 날마다 흥동(興動)일까
> 어제 곡성 보고 또 어디를 가자는 말인고
> 우리는 중시(重試) 급제하고 좋은 일 하여 보려네   <제2수>
>
> 저 사람 믿을 형세 없다 우리끼리 놀아 보자
> 복건 망혜(幞巾芒鞋)로 실컷 다니다가
> 돌아와 승유편(勝遊篇) 지어 후세 유전(後世流傳)하리라
>   <제3수>
>
> 우리도 갈 힘 없다 숨차고 오금 아파
> 창 닫고 더운 방에 마음껏 퍼져 있어
> 배 위에 아기들을 치켜 올리며 사랑해 보려 하노라
>   <제4수>
>
> 벗이야 있고 없고 남들이 웃거나 말거나
> 양신 미경(良辰美景)을 남이 말한다고 아니 보랴
> 평생의 이 좋은 회포를 실컷 펼치고 오리라   <제5수>
>
> *망혜→마혜(麻鞋): 미투리
>   - 권섭, 〈독자왕유희유오영〉

① 제1수의 '자네'와 제3수의 '저 사람'은 제2수의 화자를 가리키는 말이다.
② 제2수의 화자는 제1수의 화자의 제안을 거절하는 벗으로, 제4수의 화자와 동일인물이다.
③ 제4수는 일상적 시어를 사용하여 당시의 생활상을 사실적으로 표현하고 있다.
④ 제1수의 화자는 그의 의도를 제5수에서도 드러내면서 주제를 강조하고 있다.

문 17. 다음 글의 인물의 제시 방법에 대한 설명으로 가장 적절한 것은?

> 유종열은 한마디로 미래의 시간을 찍는 사진작가였다. 하지만 그것은 다만 그의 소망이나 주장일 뿐이었고, 그는 오히려 늘 지나간 과거의 시간대 속에서 살고 있는 사람이었다. 그것은 내가 그를 처음 알게 되었을 때부터도 그랬다.
> 나나 입사 연도가 칠팔 년이나 앞서는 유종열 씨를 처음 알게 된 것은 십여 년 전, 내가 이 신문사에 들어오고 나서도 이삼 년쯤이나 더 지나고 났을 무렵이었다. 강원도의 한 광산촌으로 사고 취재를 함께 떠나게 된 것이 인연이었다. 사건을 좇는 사회부 기자에겐 사진부 기자가 늘 동행을 해가기 마련이었다. 유종열 씨에게선 그 전에도 몇 번 현장 취재에 도움을 받은 일이 있었지만, 그런 식의 간헐적이고 기계적인 공동 작업을 통해서는 사람을 알거나 사귈 수가 없었다.
>   - 이청준, 〈시간의 문〉(1982)

① 인물에 대한 정보를 독자가 직접 만나도록 처리하였다.
② 작가는 단순히 인물의 외모와 정서적 반응을 소개하였다.
③ 독자는 극적 상황에서 특이하게 행동하는 한 인물을 만나고 있다.
④ 1인칭 화자인 '나'가 등장인물의 예술 세계와 활동을 회고하고 있다.

문 18. 〈보기〉에 대한 설명으로 적절하지 <u>않은</u> 것은?

> ───── 〈보 기〉 ─────
>
> 　인간 생활에 있어서 웃음은 하늘의 별과 같다. 웃음은 별처럼 한 가닥의 광명을 던져주고, 신비로운 암시도 풍겨 준다. 웃음은 또한 봄비와도 같다. 이것이 없었던들 인생은 벌써 사막이 되어 버렸을 것인데, 감미로운 웃음으로 하여 인정의 초목은 무성함을 계속하고 있는 것이다.
>
> 　웃음에는 여러 가지 색채가 있다. 빙그레 웃는 파안대소(破顔大笑)가 있는가 하면, 깔깔대며 웃는 박장대소(拍掌大笑)가 있다. 깨가 쏟아지는 간간대소(衎衎大笑)가 있는가 하면, 허리가 부러질 정도의 포복절도(抱腹絶倒)도 있다. 이러한 종류의 웃음들은 우리 인생에 해로울 것이 조금도 없다. (중략)
>
> 　마음 속에 피어 오르는 감정을 표면에 나타내지 않는 것으로써 군자의 덕을 삼는 동양에서는 치자다소(癡者多笑)라 하여, 너무 헤프게 웃는 것을 경계하여 왔다. 감정적 동물인 인간으로부터 희로애락(喜怒哀樂)을 불현어외(不顯於外)하는 신(神)의 경지에까지 접근하려는 노력과 욕구에서 오는 기우(杞憂)가 아니었을까.
>
> 　　　　　　　　　　　　　－ 이희승, 〈웃음의 철학〉

① 웃음을 다양한 시각에서 고찰하고 있다.

② 대상에 대한 예리한 관찰과 비유적 표현이 나타나 있다.

③ 동양에서 미소(微笑) 지음을 경계하는 것을 부정적으로 바라보고 있다.

④ 글쓴이는 웃음의 의의를 인생관과 연관을 지어 평가하고 있다.

문 19. 다음 시에 대한 설명으로 적절하지 <u>않은</u> 것은?

> 　까닭 없이 마음 외로울 때는
> 　노오란 민들레꽃 한 송이도
> 　애처롭게 그리워지는데
>
> 　아 얼마나한 위로이랴
> 　소리쳐 부를 수도 없는 이 아득한 거리에
> 　㉠ <u>그대 조용히 나를 찾아오느니</u>
>
> 　사랑한다는 말 이 한 마디는
> 　㉡ <u>내 이 세상 온전히 떠난 뒤에 남을 것</u>
>
> 　㉢ <u>잊어버린다. 못 잊어 차라리 병이 되어도</u>
> 　아 얼마나한 위로이랴
> 　㉣ <u>그대 맑은 눈을 들어 나를 보느니</u>
>
> 　　　　　　　　　　　　　－ 조지훈, 〈민들레꽃〉

① ㉠: 민들레꽃이 임으로 전환되는 장면으로, 화자는 민들레꽃에서 임을 발견하게 된다.

② ㉡: '아득한 거리'라는 장애물에 의해 화자의 감정이 임에게 전달되지 못함을 드러낸다.

③ ㉢: 대조적인 표현을 나란히 배치하여 동요하는 화자의 심리를 효과적으로 표현하고 있다.

④ ㉣: 감정 이입과 의인화를 통해 화자와 임의 일체감을 효과적으로 형상화하고 있다.

문 20. 다음 글의 서술상 특징으로 적절하지 <u>않은</u> 것은?

> 　오늘도 이발소 창 앞에 가 앉아, 재봉이는 의아스러운 눈을 들어, 건너편 천변을 바라보았다. 신수 좋은 포목전 주인은 가장 태연하게 남쪽 천변을 걸어가고 있었던 것이다. 우리가 이미 알고 있는 바와 같이, 그는 가운데 다방골 안에 자택을 가지고 있다. 그러한 그가 종로에 있는 그의 전(廛)으로 나가기 위하여, 그 골목을 나와 배다리를 건너는 일 없이, 그대로 남쪽 천변을 걸어, 광교를 지나가더라도 우리는 별로 그것에 괴이한 느낌을 갖지 않아도 좋을 것이다. 그 노차는, 먼저 다리를 건너, 북쪽 천변으로 하여 광교에 이르는 그것과, 어느 편이 좀더 멀고 가까운 것이 없는 까닭이다. 그러나 소년의 관찰에 의하면, 그는 일찍이 남쪽 천변을 걷지 않았다.
>
> 　그러하던 그가, 대체, 무슨 까닭을 가져, 삼사 일 전부터, 그의 이제까지의 관습을 깨뜨리는 것일까? 그것이 소년에게는 적잖이 궁금하였다. 혹 포목전 주인은 남쪽 천변에 무슨 볼일이라도 요사이 가진 것일까? 그러나, 그는, 어제도 그저께도, 또 그 전날도, 그대로 그 천변길을 언제나 다름없는 점잖은 걸음걸이로 걸어갔을 그뿐으로, 가령, 잠깐 한약국에라도 들러서 약 한 첩 짓는다든 그러한 일도 없었다.
>
> 　　　　　　　　　　　　　－ 박태원, 〈천변풍경〉

① 쉼표를 활용한 긴 문장으로 여러 대상과 장면을 서술하고 있다.

② 한 인물의 시선을 활용하여 다른 인물의 행동을 관찰하여 제시하고 있다.

③ 서술자가 마치 이야기꾼처럼 설명하는 부분이 나타난다.

④ 빈번한 장면 전환을 통해 긴박한 분위기를 드러내고 있다.

독해편[상]

문 1. 다음 글을 읽은 독자의 반응으로 적절하지 <u>않은</u> 것은?

　　묘호(廟號)란 '-조(祖)', 또는 '-종(宗)'을 붙인 임금들의 호칭을 말한다. 이는 임금들이 죽은 후에 신주를 모시는 종묘의 사당에 붙인 칭호이다. 왕이 죽은 후 조정에서 의논해 정하는 것으로, 원칙적으로 창업 개국한 왕과 그의 4대조까지만 '할아비 조(祖)'를 붙이고 그 뒤를 이은 왕들에게는 종통의 계승자라 하여 '종(宗)'을 붙였다. 그러나 망한 나라를 다시 일으켜 세운 왕의 경우에도 '조'를 붙이는 경우가 있었고, '조공종덕(祖功宗德)'이니 '유공왈조(有功曰祖), 유덕왈종(有德曰宗)'이라 하여 공이 많으면 '조', 덕이 많으면 '종'을 붙이기도 하였다. 대개 '종'보다 '조'가 더 명예로운 것으로 생각하였으므로 신하들이 아첨하느라고 억지로 '조'를 붙이는 경우도 있었다.

　　묘호는 후에 개정하는 일도 있었다. 인조(仁祖)의 묘호는 본래 열종(烈宗)이었는데 효종(孝宗)의 명령으로 고친 것이고, 영조(英祖)와 정조(正祖)의 묘호는 원래 영종(英宗)과 정종(正宗)이었으나 1897년 조선이 국호를 대한제국으로 개정하면서 종을 조로 고쳤다. 정종(定宗)과 단종(端宗)은 오랫동안 묘호 없이 공정왕(恭靖王)과 노산군(魯山君)으로 불리었으나, 숙종 때 와서 비로소 정하여 올린 묘호이다. 연산군과 광해군은 반정으로 축출되고 죽은 후 종묘에 들어가지 못하였기 때문에 당연히 묘호가 없다. 연산군과 광해군이라는 칭호는 왕자 시절에 받은 봉군(封君) 작호(爵號)이다.

　　반면 왕으로 즉위하여 군림하지는 못하였으나 후에 왕으로 추존된 이들에게는 묘호를 올렸다. 성종(成宗)의 생부인 덕종(德宗), 인조(仁祖)의 생부인 원종(元宗), 헌종(憲宗)의 생부인 익종(翼宗)이 그들이다. 이들은 모두 왕자의 신분이었으나 사후에 아들들이 왕이 되어 국왕의 지위로 예우가 격상된 것이다. 그러나 선조의 생부인 덕흥 대원군(德興大院君)이나 고종의 생부인 흥선 대원군(興宣大院君)은 왕자가 아니었고, 또 계승의 차례에도 맞지 않아 왕으로 추존되지 못하였다.

① 왕은 자신의 묘호에 대해 관여할 수 없으며, 생전 자신의 묘호에 대해 알 수도 없었겠군.

② 왕이었지만 묘호가 없는 경우도 있고, 왕위에 오르진 않았지만 묘호가 있는 경우도 있군.

③ 성종의 생부인 덕종은 왕으로 즉위하지는 않았기 때문에 종묘 사당에 모셔지지 못했겠군.

④ 태조는 조선을 개국하였기 때문에 '-조'가 붙고, 효종은 덕을 인정받아 '-종'이 붙었겠군.

문 2. 다음 글에서 ㄱ~ㄹ을 순서에 맞게 가장 잘 배열한 것은?

　　신문이나 잡지는 대부분 유료로 판매된다. 반면에 인터넷 뉴스 사이트는 신문이나 잡지의 기사와 같거나 비슷한 내용을 무료로 제공한다. 왜 이런 현상이 발생하는 것일까?

ㄱ. 이에 신문사의 재정 악화를 개선하기 위해 인터넷 뉴스를 유료화해야 한다는 의견이 있었다. 그러나 그러한 주장을 현실화하는 것은 그리 간단하지 않다. 인터넷 뉴스는 오랫동안 소비자에게 무료로 제공되었고, 한번 무료라고 각인된 서비스를 다시 유료화한다면 소비자들은 여러 이유를 들어 불만을 토로할 것이다.

ㄴ. 그것은 기자가 종이 신문에 게재한 기사를 다시 뉴스 사이트에 올리는 비용이 거의 0에 가깝기 때문이다. 게다가 인터넷 뉴스 사이트 방문자 수가 증가하면 광고를 통한 수입도 증가하게 된다. 이러한 이유로 신문사들은 경쟁적으로 인터넷 뉴스 사이트를 개설하여 무료로 운영했던 것이다.

ㄷ. 그러나 해외 신문 중 일부 경제 전문지는 이러한 문제를 성공적으로 해결했다. 그들은 매우 전문적이고 깊이 있는 기사를 작성하여 소비자에게 제공하는 대신, 인터넷 뉴스 사이트를 유료화했다. 그럼에도 불구하고 많은 소비자들이 이 사이트의 기사를 이용하고 있다.

ㄹ. 그런데 무료 인터넷 뉴스 사이트를 이용하는 사람들이 폭발적으로 늘어나면서 돈을 지불하고 신문이나 잡지를 구독하는 사람들이 점점 줄어들기 시작하였고, 그 결과 언론사들의 수익이 감소하여 재정이 악화하였다. 이는 깊이 있고 정확한 뉴스를 제공하는 것을 어렵게 만들 위험이 있다.

　　이처럼 전문화되고 맞춤화된 정보를 공급하는 공급자와, 제 값을 내고 제대로 된 뉴스를 소비하는 수요자가 만나는 순간이 문제 해결의 실마리를 찾을 수 있을 것이다.

① ㄱ-ㄷ-ㄴ-ㄹ　　　② ㄴ-ㄹ-ㄱ-ㄷ
③ ㄷ-ㄱ-ㄴ-ㄹ　　　④ ㄹ-ㄴ-ㄱ-ㄷ

문 3. ㉠의 원리와 유사한 사례로 가장 적절한 것은?

　　해상에 기름 유출 사고가 일어나면 유출된 기름의 확산을 방지하기 위해 오일펜스(oil fence)를 설치한 후 유출된 기름을 회수하게 된다. 회수 방법에는 물리적 방법과 화학적 방법이 있는데, 그중 물리적 방법에는 유회수기를 사용하는 방법과 흡착포를 사용하는 방법이 있다. 유회수기 사용은 선박을 이용해 오염지역에 직접 나가서 오염된 바닷물에서 기름과 물을 분리해 내는 방법이다. 그러나 이것은 유출된 기름의 점도가 높거나 덩어리가 된 상태, 주변에 부유물이 많은 경우 등에는 사용하기 어렵다. 그리고 해안에서는 수면이 낮아 배를 띄울 수 없어서 유회수기를 사용할 수 없다. 이 경우에는 흡착포로 기름을 걷어낸다. ㉠흡착포는 폴리프로필렌 재질의 섬유로 만든 압축솜이다. 폴리프로필렌은 기름과 친하고 물을 싫어하기 때문에 기름만 빨아들인다. 노동력은 많이 들지만 친환경적이다. 그러나 수심이 깊은 곳에서는 사용하기 어려우며, 대규모 오염사고에서는 엄청난 양의 흡착포가 필요하다는 단점이 있다.

① 황산 나트륨을 넣은 물에 전기를 흘려 물을 산소와 수소로 분리한다.
② 물과 식용유가 컵에 담겨 있는 경우, 물 위에 뜬 식용유를 스포이트로 빨아들인다.
③ 먼지 묻은 이불을 빨랫줄에 널어놓고 막대로 치면, 이불로부터 먼지를 떨어낼 수 있다.
④ 클립, 유리, 나무 조각 등이 섞여 있는 경우, 자석을 이용하여 클립을 빼낸다.

문 4. 〈보기1〉을 바탕으로 〈보기2〉를 평가할 때 적절한 것은?

─── 〈보기 1〉 ───

　　연민에 대한 정의는 시대와 문화, 지역에 따라 가지각색이지만, 다수의 학자들에 따르면 연민은 두 가지 조건을 충족할 때 생긴다. 먼저 타인의 고통이 그 자신의 잘못에서 비롯된 것이 아니라 우연히 닥친 비극이어야 한다. 다음으로 그 비극이 언제든 나를 엄습할 수도 있다고 생각해야 한다. 이런 조건에 비추어 볼 때 현대 사회에서 연민의 감정은 무뎌질 가능성이 높다. 현대인은 타인의 고통을 대부분 그 사람의 잘못된 행위에서 비롯된 필연적 결과로 보며, 자신은 그러한 불행을 예방할 수 있다고 생각하기 때문이다.
　　그러나 현대 사회에서도 연민은 생길 수 있으며 연민의 가치 또한 커질 수 있다. 그 이유를 세 가지로 제시할 수 있다. 첫째, 현대 사회는 과거보다 안전한 것처럼 보이지만 실은 도처에 위험이 도사리고 있다. 둘째, 행복과 불행이 과거보다 사람들의 관계에 더욱 의존하고 있다. 친밀성은 줄었지만 사회·경제적 관계가 훨씬 촘촘해졌기 때문이다. 셋째, 교통과 통신이 발달하면서 현대인은 이전에 몰랐던 사람들의 불행까지도 의식할 수 있게 되었다. 물론 간접 경험에서 연민을 갖기가 어렵다고 치더라도 고통을 대면하는 경우가 많아진 만큼 연민의 필요성이 커져 가고 있다. 이런 정황에서 볼 때 연민은 그 어느 때보다 절실히 요구되며 그만큼 가치도 높다.

─── 〈보기 2〉 ───

　　경수는 어떤 할머니의 고통을 소개하는 방송을 보았다. 경수는 할머니가 불행에 대비하지 못한 것이 할머니 자신의 탓이고, 그 불행이 자기에게는 닥치지 않을 것이라고 생각했다. 그렇지만 할머니가 불쌍하다고 느껴져서 방송 도중 전화 모금에 참여했다. 마음은 뿌듯했지만 경수의 일상에는 아무런 변화가 없었다.

① 경수는 할머니의 불행이 사전에 예방 가능한 것이라고 여기고 있어, 할머니를 연민의 대상에서 제외하고 있어.
② 경수는 할머니의 불행의 원인을 현대 사람들의 사회·경제적 관계가 과거보다 더욱 촘촘해졌기 때문이라고 여기고 있어.
③ 경수는 연민의 두 가지 조건이 충족되지는 않지만, 통신 발달로 인한 간접 경험으로 연민을 느끼는 경우라고 볼 수 있겠군.
④ 전화 모금이 경수의 일상에 아무런 영향을 미치지 않은 것으로 보아, 할머니에 대한 경수의 연민은 가치가 없다고 볼 수 있어.

문 5. 다음 글을 읽고 추론한 내용으로 적절하지 <u>않은</u> 것은?

> 　조선 시대에 쓰인 옛 한글 편지를 '언간(諺簡)'이라 한다. 언간은 우리말의 옛 모습을 살펴볼 수 있고 당시 언중들의 생활상을 엿볼 수 있는 귀중한 문헌 자료이다. 언간은 당시 자료인 언해(諺解)와 비교하여 문체적 차이를 보이고, 원문의 간섭이나 제약이 애초부터 없기 때문에 자연스러운 우리말의 모습을 보여 준다.
>
> 　언간은 특정 청자와의 대화 상황을 전제하기 때문에 어느 자료보다 구어적 성격이 강하다.
>
> 　자내 여히고 아므려 내 살 셰 업스니 수이 자내ᄒᆞ딕 가져 ᄒᆞ니 날 드려 가소 자내 향ᄒᆡ ᄆᆞᄋᆞ믈 ᄎᆞᆼ성 니즐 주리 업스니 (자네 여의고 아무래도 내 살 수가 없으니 빨리 자네한테 가고자 하니 날 데려 가소. 자네 향한 마음을 이승에서 잊을 줄이 없으니)
>
> 　위에서 보듯이 아내가 남편한테 '자내'라는 호칭어를 쓰면서 애틋한 마음을 드러내고 있다. 또한 조사 '에게'에 비해 구어적 성격이 강한 '한테'의 옛 형태인 '한딕'가 이미 16세기 언간에서부터 쓰이고 있었고, 'ᄒᆞ여'가 'ᄒᆡ'로 축약된 어형이 언해에 비해 상대적으로 일찍 나타나고 있다.
>
> 　한편, 구어적 성격은 다른 언간에서도 확인할 수 있다. 예를 들어 '기체후 일힝 만안ᄒᆞ옵신지 뵁 복모 간졀ᄒᆞ옵고 …… 자녀한 말심을'에는 당시 중앙어의 일반적인 어형인 '일향(一向)', '병(竝)', '말슴' 등과 비교할 때, 고유어는 물론 한자어에도 방언형이 등장한다.

① 언간은 언해에 비해 주로 사적인 상황에서의 대화 상황을 전제로 사용되었다.

② '한테'의 옛 형태인 '한딕'는 언간뿐만 아니라 언해에도 나타나는 표기였을 것이다.

③ '말슴'을 '말심'으로 표기한 것은 그 당시에 언문일치가 이뤄지지 않았음을 보여준다.

④ 오늘날 호칭어 '자네'는 조선 시대 언간에 나타난 '자내'보다 높임의 의미가 약화되었다.

문 6. 〈보기〉에서 ㉠(문인)과 ㉡(화공)이 대화를 나눈다고 할 때, 적절한 대화가 <u>아닌</u> 것은?

> ──────〈보 기〉──────
>
> 　모필(毛筆)은 붓을 말한다. 이 붓은 종이, 먹과 함께 문인들이 인격화해 불렀던 문방사우(文房四友)에 속하는데, 문인들은 이것을 품성과 진리를 탐구하는 데에 없어서는 안 되는 중요한 벗으로 여기고 이것들로 글씨를 쓰거나 그림을 그렸다. 이렇게 그려진 그림을 동양에서는 문인화(文人畵)라 불렀으며 이 방면에 뛰어난 면모를 보인 이들을 문인화가라고 지칭했다. 그리고 ㉠ <u>문인</u>들은 ㉡ <u>화공(畵工)</u>과는 달리 그림을, 심성을 기르고 심의(心意)와 감흥을 표현하는 교양적 매체로 보고, 전문적이고 정교한 기법이나 기교에 바탕을 둔 장식적인 채색풍을 의식적으로 멀리했다. 또한 시나 서예와의 관계를 중시하여 시서화일치(詩書畵一致)의 경지를 지향하고, 대상물의 정신, 그리고 고매한 인품을 지닌 작가의 내면을 구현하는 것이 그림이라고 보았다. 이런 의미에서 모필로 대표되는 지·필·묵(紙筆墨, 종이·붓·먹)은 문인들이 자신의 세계를 표현하는 데 알맞은 수단이 되면서 동양의 문화현상으로 자리 잡게 되었던 것이다.

① ㉠: 그림을 그릴 때 모필 끝은 뭉툭하게, 투박한 손짓으로 그려내는 것이 가장 중요해. 정교하게 그려 내려고만 하면 그림의 멋이 떨어지지.

② ㉡: 아닙니다. 그림은 무엇보다도 정교하고 세밀하게 그려내야 가장 중요합니다. 그래야 더욱 뛰어나다고 볼 수 있어요.

③ ㉠: 뛰어난 그림은 그런 것이 아닐세. 그림에 대상이 지닌 정신적 의미와 작가의 인격을 담아내야 진정한 그림이지.

④ ㉡: 글쎄요. 그것보다는 아름다운 여러 고운 빛깔을 사용하여 현란한 기교를 발휘하는 것이 중요하다고 봅니다.

문 7. 〈보기〉에서 ㉠에 들어갈 말로 가장 적절한 것은?

─────── 〈보 기〉 ───────

소크라테스가 한 젊은이에게 이렇게 질문했다. "이미 알고 있는 것에 대해 질문할 필요는 없다. 그러나 전혀 알지 못하는 것에 대해서는 질문을 하는 것조차 불가능하다. 그렇다면 진리를 알지 못하는 우리는 어떻게 해서 진리에 대해 질문할 수 있는 것일까?" 소크라테스는 우리의 영혼이 천상의 이데아계에서 진리를 배웠지만 지상에서 삶을 얻으면서 진리를 망각하게 되었으며, 그럼에도 진리를 어렴풋이나마 기억하고 있기 때문에 그것에 대해 물음을 던지는 것이 가능하다고 대답했다. 천상에 이데아계가 존재하지 않음을 알고 있는 우리 현대인에게 소크라테스의 설명은 농담에 지나지 않는다. 그렇다면 이런 패러독스(paradox)에 대해 우리는 어떻게 대답해야 하는 것일까.

철학자 하이데거는 인간의 존재 자체에 주목했다. 그리고 인간을 자신이 선택하지도 만들지도 않은 세계에 자의와 상관없이 던져진 존재라고 지적했다. 인간은 자의와 상관없이 이 세계에서 살아가야만 한다. 모든 인간에게 공통된 이런 상태를 하이데거는 '피투성(被投性)'이라 이름 붙였다. 그리고 이 피투성은 인간의 기분, 그중에서도 불안을 통해 자각된다는 것이다.

예를 들면, 일상생활의 어느 순간 '왜 나는 여기서 이렇게 살고 있을까.', 혹은 '머지않아 죽을 나에게 산다는 것은 어떤 의미가 있을까.'와 같은 불안을 내포한 물음은 누구에게나 살며시 다가온다. 그때 우리는 '왜 나는 여기에 존재하는가.'라는 불안으로부터 자신이 이미 이 세상에 던져졌고 여기에서 절대로 도망가지 못한다는 것(피투성)을 자각할 수밖에 없다. 일단 피투성을 자각할 때, 인간은 언젠가 자신이 죽게 될 것이며 이 세상을 강제로 떠날 수밖에 없음을 깨닫게 된다. 이런 죽음에 대한 자각으로부터 자신의 삶의 의미를 다시 한 번 포착해서 재구성하는 시도가 시작된다. 이런 시도는 '기투(企投)'라고 불린다.

즉 소크라테스의 질문으로 돌아가 보면, 하이데거는 앞서의 패러독스에 대해 ' ㉠ '라고 답한 것이다.

① 진리는 인간의 의식 속에 구성되어 있는 것이기 때문에 진리에 대해 질문을 던지는 것이 가능하다.

② 진리를 알지 못하는 우리는 불안과 죽음의 자각을 통해서 진리에 대해 질문을 던지는 것이 가능하다.

③ 인간은 자의와 상관없이 세계 속에 던져진 존재이기 때문에 진리에 대해 질문을 던지는 것은 불가능하다.

④ 인간은 이데아계에서 배운 진리를 지상에서 어렴풋이 기억하고 있기 때문에 진리에 대해 질문을 던지는 것이 가능하다.

문 8. 〈보기〉를 참고할 때 ㉠~㉣에 해당하는 예로 적절하지 않은 것은?

─────── 〈보 기〉 ───────

'외래어'는 '외국에서 들어온 말로 국어처럼 쓰이는 말'을 가리키는 말이다. '국어처럼 쓰이는 말'은 '국어화'한 말이라는 뜻이다. '국어화'는 '쓰임의 조건'과 '동화의 조건'이라는 두 기준을 통해 알 수 있다. '쓰임의 조건'은 우리말 문맥 속에서 일반적으로 널리 사용되어야 한다는 것이고, '동화의 조건'은 해당 단어가 우리말의 특징을 지니게 되어야 한다는 것이다.

여기서 동화는 대개 음운, 문법, 의미의 세 가지 측면에서 이루어진다. ㉠음운상의 동화는 원래의 발음이 우리말 소리로 바뀌는 것을 말한다. 영어의 [f]나 [r] 소리가 우리말에서는 [ㅍ], [ㄹ] 소리로 바뀌는 것을 들 수 있다. ㉡ 문법 면에서의 동화는 원어에서 가졌던 문법적 특징이 없어지고 우리말의 특징을 갖게 되는 것을 말한다. 영어에서 단수와 복수를 구별해서 쓰는 'shirt'가 국어에서는 항상 복수 형태인 '셔츠(shirts)'의 형식으로만 사용된다든가, 외국어 단어가 우리말에서 형용사나 동사 구실을 할 때에는 항상 '-하다' 형태로만 사용되는 것을 들 수 있다. ㉢의미 면에서의 동화는 우리말 속에 들어와 그 고유한 의미가 변화되는 것을 말한다. 국어에서 '마담(madame)'이 술집이나 다방의 여주인을 가리키는 말로 의미가 변화되는 경우를 예로 들 수 있다.

외래어는 일반적으로 널리 쓰이면서 또 우리말에 동화된 것이기 때문에 우리말의 일부로 볼 수 있다. 그런데 외래어가 오랜 시간 널리 쓰여 일반인들에게 외국에서 온 말이라는 의식 없이 고유어와 똑같이 취급되게 되면, 그 말은 따로 구분하여 ㉣귀화어라 하는데 사전에서도 어원만 별도로 표시할 뿐 외래어의 경우처럼 원래의 외국어 단어를 병기하지 않는다.

① ㉠: marathon[mærəθɑ:n]에서 [θ]가 [ㅌ] 소리로 바뀐 이유는 원래 발음이 우리말 소리로 동화되었기 때문이다.

② ㉡: '타이트하다'는 '단단한'이라는 의미의 영어 'tight'에 '-하다'가 붙은 것으로, 영어가 우리말의 문법적 특징을 지니게 된 경우이다.

③ ㉢: 영어에 'cellular phone'은 있지만 'handphone'은 없는 말인데, 우리나라에서 '핸드폰'을 사용하는 것은 'handphone'이 의미 면에서 국어에 동화되었기 때문이다.

④ ㉣: '가방'은 네덜란드 어 'kabas'에서 온 말이지만 외국에서 온 말이라는 의식 없이 고유어와 똑같이 취급되므로 '귀화어'이다.

문 9. <보기>를 고쳐 쓰기 위한 방안으로 적절하지 <u>않은</u> 것은?

―――――― <보 기> ――――――

　　관심의 경제학은 인간의 관심 그 자체가 경제적인 가치를 가지고 있다는 인식에서 출발한다. 현대 사회에서는 인터넷이 기업을 알릴 수 있는 중요한 수단으로 자리 잡아 ㉠<u>홈페이지를 보유하고 있다.</u> 그런데 홈페이지에 실린 정보는 개인이 인터넷에 접속하여 적극적으로 탐색함으로써 노출된다. ㉡<u>이러한 관심이 기업의 이익 창출로 이어질 수 있다고 보아 개인의 관심에 경제적 가치를 부여하게 된 것이다.</u> 따라서 이제는 정보를 일방적으로 밀어 보내는 것이 아니라 개인의 관심을 끌어당기는 것이 중요하게 되었다.

　　개인의 관심을 끌기 위한 경쟁이 일반화되면서 소비자와 기업의 관계도 근본적으로 변화되었다. ㉢<u>수요자 중심의 사고</u>가 지배했던 과거에는 계획부터 생산, 출하, 유통에 이르기까지 정보는 생산을 중심으로 관리되었고, 여기서 소비자에 관한 정보는 그다지 중요한 변수가 아니었다. 그러나 인터넷의 등장 이후 소비자는 상품에 대한 정보를 많이 가지게 되어 기업과 소비자 사이의 정보의 비대칭성이 완화되었을 뿐 아니라 소비자가 상품을 선택할 수 있는 범위 역시 넓어졌다. 따라서 기업은 이제 소비자를 이해하는 방향으로 점차 재구조화되고 있으며, 그 과정의 핵심은 소비자의 관심을 자신의 상품으로 ㉣<u>유인하고</u> 유지하는 것이다.

① ㉠: '보유하다'의 주체가 나타나지 않으므로, '많은 기업이'를 ㉠앞에 넣는다.

② ㉡: 글의 자연스러운 흐름을 고려하여 바로 뒷문장과 순서를 바꾼다.

③ ㉢: 앞뒤 문맥에 맞춰 '수요자 중심 사고'가 아닌 '공급자 중심 사고'로 고친다.

④ ㉣: 문맥상 단어의 사용이 적절하지 않으므로, '유도하고'로 수정한다.

문 10. <보기>를 참고할 때, 간디 사상에서 ㉠이 갖는 상징적 의미로 가장 적절한 것은?

―――――― <보 기> ――――――

　　간디의 관점에서 볼 때, 무엇보다 큰 폭력은 인간의 근원적인 영혼의 요구에 대해서는 조금도 고려하지 않고, 물질적 이득의 끊임없는 확대를 위해 착취와 억압의 구도를 제도화한 서양의 산업 문명이었다. 근대 산업 문명은 사람들의 정신을 병들게 하고, 끊임없이 이기심을 자극하며, 금전과 물질의 노예로 타락시킬 뿐만 아니라 내면적인 평화와 명상의 생활을 불가능하게 만든다. 그로 인하여 유럽의 노동 계급과 빈민에게 사회는 지옥이 되고, 비서구지역의 수많은 민중은 제국주의의 침탈 밑에서 허덕이게 되었다.

　　여기에서, 간디 사상에서 ㉠물레가 가지는 상징적 의미가 드러난다. 간디는 모든 인도 사람들이 매일 한두 시간만이라도 물레질을 할 것을 권유하였다. 물레질의 가치는 경제적 필요 이상의 것이라고 생각한 것이다. 물레는 무엇보다 인간의 노역에 도움을 주면서 결코 인간을 소외시키지 않는 인간적 규모의 기계의 전형이다. 간디는 기계 자체에 대해 반대한 적은 없지만, 거대 기계에는 필연적으로 복잡하고 위계적인 사회 조직, 지배와 피지배의 구조, 도시화, 낭비적 소비가 수반된다는 것을 주목했다. 생산 수단이 민중 자신의 손에 있을 때 비로소 착취 구조가 종식된다고 할 때, 복잡하고 거대한 기계는 그 자체로 비인간화와 억압의 구조를 강화하기 쉬운 것이다.

① 인간을 소외시키지 않는 민중 소유의 생산 수단

② 물질적 풍요와 경제적 성장에 대한 수동적 저항

③ 자급자족을 가능하게 하는 빈민의 생계 수단

④ 기계 도입을 반대하고 수공업을 촉구하는 수단

문 11. 〈보기〉를 참고할 때, ㉠이 발생하는 원리와 비슷한 예가 <u>아닌</u> 것은?

<보 기>

　대부분의 재화는 시장 원리에 따라 소비자가 대가를 지불하고 공급자가 그 대가를 취득하는 방식으로 배분된다. 그러나 깨끗한 공기, 바닷속의 물고기와 같은 공유자원은 재화를 이용하는 대가를 지불하지 않아도 되므로 시장 원리에 따라 재화가 효율적으로 배분되지 못한다. 이와 같은 경우를 시장실패라 하는데, 시장실패가 발생하면 이를 해결하는 데에 드는 사회적 비용이 크기 때문에 사전에 예방하는 것이 중요하다.

　공유자원이란 배제성이 없지만 경합성이 있는 재화를 말한다. 배제성이란 사람들이 재화를 소비하는 것을 막을 수 있는 가능성을 말하고, 경합성이란 한 사람이 재화를 소비하면 다른 사람이 소비에 제한을 받는 속성을 말한다. 이 때문에 공유자원은 '㉠ 공유자원의 비극'이라는 심각한 문제를 야기한다.

① 에른스트 페르는 어떤 실험을 했다. 그는 실험 참가자들에게 10달러를 준 후, 각자에게 얼마씩을 기여하도록 했다. 이렇게 모든 참가자들에게 돈을 걷어 일정 금액이 걷히면 이 총액의 두 배의 금액을 피험자 수로 나누어 모든 사람에게 동일한 금액을 지급하기로 했다. 그 결과 회를 거듭할수록 사람들의 기여 액수는 줄어들었고, 마지막에는 모든 사람들이 한 푼도 내지 않게 되었다.

② 누구든지 자유롭게 사용할 수 있는 목초지가 있다면 소 주인들은 공짜로 풀을 먹일 수 있기 때문에 가급적 많은 소를 몰고 와서 먹이려고 할 것이다. 그러나 목초지의 풀은 제한되어 있어 어느 수준 이상의 소가 들어오면 목초지는 그 기능을 상실하게 된다.

③ 과거에는 기업이 이산화탄소를 대기 중에 제한 없이 배출할 수 있었다. 그러나 나라마다 산업이 발달하자 이산화탄소를 무분별하게 배출하였고, 대기 오염이 심각해졌다. 특히 이산화탄소로 인해 생기는 온실 효과는 국제 사회의 문제로 대두되었다.

④ 해안가에 세운 등대는 그 주변을 지나가는 모든 사람이 그 혜택을 누릴 수 있다. 일단 세워진 등대는 특정인에게만 이익을 주거나 손해를 주지 않는다. 따라서 어떤 개인이 등대를 이용하고자 하여도, 세우는 데 드는 비용을 기꺼이 지불하고자 하지 않는다.

문 12. 다음 글에서 설명하고 있는 동양화의 특징과 거리가 먼 것은?

　전통적으로 서양화에서는 사생(寫生)을 중시하고, 사생을 할 때에는 특정한 시간과 장소, 일정한 거리와 각도에서 그 시야 안의 사물을 관찰하고 묘사한다. 상상이나 허구에 의한 작품일지라도 작가는 대상을 고정된 시점에서 보는 것처럼 묘사하여, 대상의 선, 형태, 빛, 색 등 객관적 요소를 사실적으로 그려 낸다. 그래서 화면 안의 명암과 색채의 변화는 반드시 특정한 시간 및 공간과 관련된 객관적 요소의 제약을 받게 된다. 그런데 동양의 화가들은 산을 거닐고 경치를 즐길 때 여러모로 자세히 그 풍경을 살펴본다. 그러면 산의 경치는 걸음에 따라 변하고, 봉우리도 걸음에 따라서 다른 모습을 드러낸다. 이때 화가는 이러한 관찰에서 얻은 풍부한 감동과 인식을 더욱 진실하게 표현하기 위하여 자연스럽게 시점을 이동시키는 산점투시(散點透視)를 채택함으로써 고정 시점의 제약을 벗어나게 된다.

　산점 투시는 구도와 밀접한 관계가 있다. 동양화는 산점 투시를 채택함으로써 구도에 융통성을 갖게 된다. 즉 시야를 고정하는 초점투시(焦點透視)의 제약을 벗어남으로써 한 공간 안에, 혹은 같은 시간대에 동시에 출현할 수는 없지만 서로 연관되어 있는 사물들을 한 폭의 화면에 처리할 수 있다. 그리하여 작품의 주제와 사상을 더욱 돋보이고 완전하게 표현할 수 있는 것이다. 나아가 산점투시는 구도의 배치에 있어서도 더 많은 변화의 여지를 제공하였다. 구도의 필요에 따라 좌우와 상하의 거리 조정, 허와 실의 보완, 성김과 빽빽함의 변화 표현 등이 자유로워졌다. 그리하여 동양화가들은 사물의 외형적 질서를 맹목적으로 따르지 않게 되었다. 대상을 효과적으로 표현하고 화면의 예술적 효과를 얻어내기 위해, 화가 자신이 가장 절실하다고 느낀 부분을 적절하게 안배하고 중요하지 않은 부분은 대담하게 생략함으로써 동양화의 구도가 융통성을 갖게 되었다.

① 화면의 구성에서 서양화보다 융통성을 발휘할 수 있다.

② 대상의 객관적 요소를 사실적으로 그려 내는 데 유리하다.

③ 동시에 출현할 수 없는 사물들을 한 폭의 화면에 처리할 수 있다.

④ 발걸음을 옮기며 관찰한 풍경에 대한 인상을 종합하여 한 화면에 그려 낼 수 있다.

문 13. 〈보기〉를 읽은 독자의 반응으로 적절하지 <u>않은</u> 것은?

― 〈보 기〉 ―

　　다른 사람들의 행동을 따라 하는 것을 심리학에서는 '동조(同調)'라고 한다. 심리학에서는 동조가 일어나는 이유를 크게 두 가지로 설명한다. 첫째, 사람들은 자기가 확실히 알지 못하는 일에 대해 남이 하는 대로 따라 하면 적어도 손해를 보지는 않는다고 생각한다는 것이다. 둘째, 어떤 집단이 그 구성원들을 이끌어 나가는 질서나 규범 같은 힘을 가지고 있을 때, 그러한 집단의 압력 때문에 동조 현상이 일어난다는 것이다. 만약 어떤 개인이 그 힘을 인정하지 않는다면 그는 집단에서 배척당하기 쉽다. 이런 사정 때문에 사람들은 집단으로부터 소외되지 않기 위해서 동조를 하게 된다. 여기서 주목할 점은 자신이 믿지 않거나 옳지 않다고 생각하는 문제에 대해서도 동조의 입장을 취하게 된다는 것이다.

　　동조는 개인의 심리 작용에 영향을 미치는 요인이 무엇이냐에 따라 그 강도가 다르게 나타난다. 가지고 있는 정보가 부족하여 어떤 판단을 내리기 어려운 상황일수록, 자신의 판단에 대한 확신이 들지 않을수록 동조 현상은 강하게 나타난다. 또한 집단의 구성원 수가 많고 그 결속력이 강할 때, 특정 정보를 제공하는 사람의 권위와 그에 대한 신뢰도가 높을 때도 동조 현상은 강하게 나타난다. 그리고 어떤 문제에 대한 집단 구성원들의 만장일치(滿場一致) 여부도 동조에 큰 영향을 미치게 되는데, 만약 이때 단 한 명이라도 이탈자가 생기면 동조의 정도는 급격히 약화된다.

① 낯선 지역으로 여행간 사람이 손님이 북적거리는 식당을 찾는 것은 확실히 알지 못하는 일에 남이 하는 대로 하면 적어도 손해를 보지 않을 것이라는 생각 때문이군.

② 길을 건너려고 할 때 무단 횡단을 하는 사람들에게 동조하는 것은 친구들이 노래방을 가자고 하는 것에 동조하는 것보다 동조의 정도가 높겠군.

③ 선거에서 특정 후보의 지지자가 많은 경우 다른 사람들도 그 후보를 지지하게 되는 것은 정보의 부족과 집단의 압력이 모두 작용했기 때문이다.

④ 채식주의자가 회식 자리에서 상사의 권유로 고기를 먹게 되는 것은 집단으로부터 소외당하지 않기 위해 자신의 신념에 반하는 문제에 대해서 동조를 하는 경우이군.

문 14. 〈보기1〉을 바탕으로 〈보기2〉를 감상했을 때, 이끌어 낼 수 있는 내용으로 적절하지 <u>않은</u> 것은?

― 〈보기 1〉 ―

　　다산 정약용은 인간에게는 두 가지 기호가 있다고 했다. 하나는 마음에 관계된 것으로 착한 것을 즐거워하고 악한 것을 미워하며, 나쁜 일을 한 것을 부끄러워하고 탐욕을 경계하는 마음이다. 이것을 인간만이 가지는 '도심(道心)'이라고 했다. 다른 하나는 몸에 관계된 것이다. 우리는 몸을 가지고 있기 때문에 아름다운 빛깔을 좋아하고 맛있는 음식을 즐기며, 따뜻하게 입고 배부르게 먹는 것을 좋아한다. 이것을 '인심(人心)'이라고 했으며, 인심은 사람과 동물이 모두 가지고 있다고 했다.

　　즉 정약용은 인간은 도심과 인심을 모두 가지고 있기 때문에 도덕적인 마음만이 아니라 몸과 감정 또한 중요하다고 생각했다. 도덕적으로 옳은 것만이 소중한 것이 아니라 맛있는 음식을 먹고 따뜻하게 지내는 것도 인간에게는 중요한 일이라는 것을 인정한 것이다. 몸이 좋아하는 것을 긍정한다는 것은 매우 큰 의미를 갖는다. 이제는 도덕의 완성에만 매달리지 않고 몸이 좋아하는 것도 중요한 것으로 인정받게 된 것이다. 양반이라도 농사를 열심히 짓고 배불리 먹는 것을 부끄러워하지 않아도 된다. 보다 잘 살기 위해 새로운 기계를 만들고 장사를 하는 것도 당연한 일이 될 수 있다. 왜냐하면 양반도 상인도 똑같은 사람이기 때문이다.

― 〈보기 2〉 ―

안빈낙도(安貧樂道)하리라 작정했지만
막상 가난하니 그게 안 되네.
아내 한숨 소리에 체면 구기고
굶주린 아이에겐 가르침이 너그러워진다.
꽃도 나무도 온통 생기를 잃고
글을 써도 책을 읽어도 온통 시들하기만.
부잣집 담 밑에 쌓인 곡식은
들사람들 보기에 좋을 뿐이네.

　　　　　　　　　　　　　　　 - 정약용, 〈가난[歎貧]〉 -

① 화자는 '도심'과 관련된 안빈낙도의 삶을 추구했지만 '인심' 또한 거부할 수 없다고 느꼈을 거야.

② 화자는 '아내'와 '굶주린 아이'에게 '도심'에만 힘쓸 것을 원하는 것은 현실적으로 무리라고 생각했을 거야.

③ 꽃과 나무가 생기를 잃고 글을 써도 책을 읽어도 온통 시들한 이유는 인심을 충족할 수 없는 상황이었기 때문일 거야.

④ '부잣집 담 밑에 쌓인 곡식'은 인간의 탐욕을 상징하는 것으로 화자는 '도심'보다 '인심'을 중시하는 세태를 비판하고 있어.

문 15. ㉠의 부정적인 측면을 보여주는 사례로 적절한 것은?

> 　한민족의 행동을 규정지었던 『소학』이나 『내훈』에서는 방에 들기 전에 반드시 건기침을 하라 했고, 문밖에 신 두 켤레가 있는데 말소리가 없으면 들어가서는 안 된다고 가르쳤다.
> 　본래 정착 농경민이었던 한민족은 기침으로 백 마디 말을 할 줄 안다. 농경사회에서는 작업을 수행하는 구성원 간에 별다른 말이 없어도 안정적인 생활을 영위할 수 있었다. 반면에 정착보다는 이동이, 안정보다는 전쟁이 많았던 유럽에서는 그러한 생활환경 때문에 정확한 의사 교환이 중시되었다. 이처럼 변화가 심하고 위급한 상황이 잦은 사회에서는 통찰에 의한 의사소통이 발달하기 어려웠다.
> 　근대화 과정에서 우리 사회가 서구화되면서 서구식의 정확한 의사소통이 점점 더 요구되고 있다. 전통 사회에서 널리 통용되던 통찰의 언어는 때때로 실수나 오해를 빚기도 한다. 그러나 통찰의 언어는 상호 간의 조화를 이루는 데에 매우 효과적인 의사소통 수단이다. 상대를 배려하는 마음으로 말하고 행동함으로써 친밀한 인간관계를 형성할 수 있게 하기 때문이다. 그러므로 우리는 일상의 언어생활에서 ㉠<u>통찰에 의한 의사소통</u> 문화를 살려 나갈 필요가 있다.

① 짝사랑하던 사람에게 고백하러 갔다가 맥없이 돌아온 동생에게 다가가 말없이 보듬어 주며 위로한다.

② 부실한 업무 보고를 받은 사장이 굳은 표정으로 말없이 나가버리는 것을 보고 사원들이 분발하여 열심히 일을 하였다.

③ 배가 고픈 시어머니가 아기를 안고 있는 며느리에게 "아가, 이리 다오."라고 말하자 며느리는 아기를 건네고 빨래를 걷으러 나갔다.

④ 팔을 다치신 선생님께서 "누가 이 책 좀 교무실로 갖다 줄래?"라고 말씀하시자 반장이 "제가 갖다 놓겠습니다." 하고 벌떡 일어나 책을 들고 나섰다.

문 16. 〈보기1〉을 참고할 때, 〈보기2〉를 ㉠과 ㉡의 관점에서 해석한 것으로 적절하지 <u>않은</u> 것은?

> ───── 〈보기 1〉 ─────
> 　인도인들은 심한 기근으로 굶는 경우에도 암소를 잡아먹지 않는다. 그리고 이슬람 신앙을 가진 사람들은 돼지고기를 먹지 않는다. 이런 문화 현상을 각각 관념론적 관점과 유물론적 관점으로 바라본 해석이 있다.
> 　인류학자 제임스 프레이저는 이에 대해 인간의 정신세계에 주목하여 문화 현상을 바라보는 관점, 즉 ㉠<u>관념론적 관점</u>으로 접근하였다. 그는 특정 동물에 대한 금기가 그 동물을 숭배하던 전통 때문에 생긴 것이라고 설명한다. 인도인들은 그들의 정신세계를 지배하고 있는 힌두교에서 암소를 생명의 상징으로 여기고 있어 암소를 먹지 않고, 마찬가지로 이슬람 신앙을 가진 사람도 종교적 규율 때문에 돼지고기를 먹지 않는다고 설명한다.
> 　반면 인류학자 마빈 해리스는 이에 대해 ㉡<u>유물론적 관점</u>으로 접근한다. 그는 문화 현상을 만들어 내는 인간의 정신 활동이 자연 환경에 적응하기 위한 특정한 생존 방식이나 노동 방식의 영향을 받는다고 본다. 따라서 인도인들은 암소가 농사에 필요한 수소를 생산하기 위해 꼭 필요하고, 추수하고 남은 농작물 찌꺼기를 먹는가 하면 인간에게 유용한 우유를 제공해주는 존재이기 때문에 암소 고기를 먹지 않는다는 것이다. 그리고 중동 지역에서 돼지를 사육하지 않는 이유를 섬유소가 적은 사료를 먹는 돼지가 인간과 음식에서 경쟁 관계에 있기 때문이라고 설명한다.

> ───── 〈보기 2〉 ─────
> 　과거에는 아기가 태어나면 대문에 금줄이라고 부르는 새끼줄을 치고 고추나 한지, 솔가지, 숯 등을 끼워 놓았다. 금줄을 두른 방에는 친척이라도 삼칠일(21일) 안에는 들어가지 못했다. 그 동안 산모는 미역국을 먹으며 방안에서만 지냈다.

① ㉠: 삼칠일 동안 출입을 금한 것은 삼과 칠의 결합이 신성한 의미를 가진다고 생각했기 때문이야.

② ㉡: 그것보단 갓 태어난 아기는 병균에 취약하니까 21일 동안 외부인과의 접촉을 금한 것일 거야.

③ ㉠: 대문에 새끼줄을 치고 금줄에 숯을 끼운 것도 숯이 오염물질을 정화해주는 역할을 하기 때문이겠지.

④ ㉡: 산모가 미역국을 먹은 것은 미역에 포함된 성분이 혈액 순환을 도와주었기 때문일 거야.

문 17. 〈보기1〉의 ㉠(벤담)과 ㉡(롤스)과 ㉢(노직)이 〈보기2〉를
　　　두고 대화를 나눈다고 할 때, 적절한 대화가 <u>아닌</u> 것은?

────── 〈보기 1〉 ──────

　재화를 생산하기 위해서는 생산에 필요한 요소를 사용해야
하고, 그 요소를 사용하려면 대가(代價)를 지불해야 한다. 그
런데 그 대가가 같지 않기 때문에 사회 구성원들 사이에는 소
득의 불균등이 생기기 마련이다. 그러나 소득의 불균등이
심화할 경우 소득 ⓐ<u>계층</u> 간에 갈등이 생겨 사회 발전을
ⓑ<u>저해</u>할 수 있다. 그래서 많은 국가에서는 소득의 재분배
를 통해 이를 개선하려고 한다. 이러한 소득 재분배 정책
에 대한 정당성 여부나 허용 범위에 관해서는 여러 견해가
제시되었는데, 벤담·롤스·노직의 견해가 대표적이다.

　㉠ 벤담(J. Bentham)은 국가가 사회 전체의 총효용이 극대
화하도록 소득 재분배 정책을 입안·실천해야 한다고 주장
한다. 이것은 고소득자 소득의 일부를 저소득자에게 ⓒ<u>이
전</u>해 주면 사회 전체의 총효용이 증가한다는 생각에 바탕
을 두고 있다. 그러나 소득이 높다는 이유로 세금을 많이
내게 하면 고소득자는 일을 덜하게 된다. 또 국가의 소득
재분배 정책이 실패하거나 완전하지 못하여 시행하는 과정
에서 비효율이 발생할 수도 있다. 이런 이유로 벤담은 국
가의 소득 재분배 정책은 지지하지만, 모든 사람이 부를
균등하게 나누어야 한다는 생각에는 찬성하지 않는다.

　㉡롤스(J. Rawls)는 국가가 최하위 소득 계층에 가장 큰
ⓓ<u>혜택</u>이 돌아가도록 정책을 입안하여 실천해야 한다고 주
장한다. 만약 사회 구성원 모두가 자신이 어떤 소득 계층에
속할지 모르는 상태에서 소득을 분배한다면, 구성원들은 자
신이 최하위 소득 계층에 속할지도 모른다는 생각에 불안해
할 것이다. 롤스에 의하면 이 경우 구성원들은 최하위 소득
계층에 최대한의 혜택을 주려고 한다는 것이다. 그래서 롤
스는 최하위 소득 계층에 소득을 이전해야 한다고 말한다.
요컨대, 벤담이 사회 전체의 총효용을 극대화하고자 하는
차원에 초점을 두고 있다면, 롤스는 최하위 소득 계층의 소
득을 극대화하고자 하는 차원에 초점을 두고 있다.

　㉢ 노직(R. Nozick)은 소득의 창출자는 사회가 아니고 사
회 구성원이기 때문에 국가가 구성원들의 소득을 강제로 재분
배할 이유와 권리가 없다고 주장한다. 노직은 소득의 크기가
아니라 소득을 얻는 과정이 중요하기 때문에, 소득을 얻는 과
정이 공정하다면 결과가 아무리 불균등하더라도 국가는 이에
관여해서는 안 된다고 말한다. 즉 노직은 소득 형성의 기회가
사회 구성원에게 균등하게 보장되는 한 그 결과로 형성된 소
득을 사회가 인위적으로 재분배할 이유가 없다고 본다. 따라
서 국가는 소득을 얻을 수 있는 기회를 평등하게 보장하기만
하면 된다고 주장한다.

────── 〈보기 2〉 ──────

　명규와 덕주가 사막을 가다가 두 개의 오아시스를 찾았다.
가까운 곳에 있는 오아시스는 물이 적고, 먼 곳에 있는 오아
시스는 물이 많았다. 덕주가 자신이 가까운 오아시스를 차지
하겠다고 했고, 명규는 기꺼이 이 제안을 받아들였다. 그런데
덕주가 차지한 오아시스는 얼마 못 가 바닥이 드러났다. 이때
상길이가 물통을 갖고 있어 명규와 덕주 사이를 왔다 갔다 하
면 물을 옮길 수 있다. 그런데 문제는 상길이가 갖고 있는 물
통이 깨져서 물이 조금 샌다는 것이다. 과연 <u>상길이는 어떻게
해야 하는가?</u>

　(단, 상길이는 '국가'와 같은 역할을 해야 한다고 가정함.)

① ㉠: 이 상황에서 덕주에게는 물 한통도 매우 소중하겠지
　　 만, 명규는 물을 많이 가지고 있으니 덕주에게 물을
　　 나누어 주어도 괜찮을 겁니다. 그러나 물이 많이 새
　　 버리면 비효율적이므로 적당히 옮겨야겠죠.

② ㉢: 아닙니다. 오아시스를 처음 발견했을 때, 덕주는 물
　　 이 많은 오아시스를 선택할 수 있었지만, 그 기회를
　　 살리지 못했습니다. 따라서 상길이는 덕주가 현재
　　 자신의 처지에 대한 책임을 스스로 질 수 있도록 관
　　 여하지 말아야 합니다.

③ ㉡: 그렇다면 덕주의 생명은 누가 보장하나요? 전 상길
　　 이가 깨진 물통이지만 최선을 다해서 명규의 물을
　　 덕주에게 옮겨야 한다고 생각합니다. 두 사람 모두
　　 어느 오아시스의 물이 먼저 바닥날 것인지 알지 못
　　 하는 경우였다면 덕주와 명규 모두 물이 바닥난 사
　　 람에게 물을 나누어 주자는 의견에 동의했을 테니까
　　 요.

④ ㉢: 그 경우, 두 사람 모두 어느 오아시스의 물이 먼저
　　 바닥날 것인지 알지 못했던 건 같습니다. 즉 평등한
　　 상황이었다는 것이죠. 따라서 만약 명규가 먼저 먼
　　 곳에 있는 오아시스를 차지해서 어쩔 수 없이 덕주
　　 가 가까운 오아시스에 가게 되었다고 하더라도, 상
　　 길이가 물을 옮겨야 할 이유는 없습니다.

문 18. 다음 글에 나타난 ㉠의 견해와 부합하는 것은?

　　명예는 세 가지 종류가 있다. 첫째는 인간으로서의 존엄성에 근거한 고유한 인격적 가치를 의미하는 내적 명예이며, 둘째는 실제 이 사람이 가진 사회적·경제적 지위에 대한 사회적 평판을 의미하는 외적 명예이며, 셋째는 인격적 가치에 대한 자신의 주관적 평가 내지는 감정으로서의 명예감정이다.

　　악성 댓글, 소위 악플에 의한 인터넷상의 명예훼손이 통상적인 명예훼손보다 더 심각하기 때문에 통상의 명예훼손행위에 비해서 인터넷상의 명예훼손행위를 가중해서 처벌해야 한다는 주장이 일고 있다. 이에 대해 ㉠한 법학자는 다음과 같이 주장하였다.

　　인터넷 기사 등에 악플이 달린다고 해서 즉시 악플 대상자의 인격적 가치에 대한 평가가 하락하는 것은 아니므로, 내적 명예가 그만큼 더 많이 침해되는 것으로 보기 어렵다. 또한 만약 악플 대상자의 외적 명예가 침해되었다고 하더라도 이는 악플에 의한 것이 아니라 악플을 유발한 기사에 의한 것으로 보아야 한다. 오히려 악플로 인해 침해되는 것은 명예감정이라고 보는 것이 마땅하다. 다만 인터넷상의 명예훼손행위는 그 특성상 해당 악플의 내용이 인터넷 곳곳에 퍼져 있을 수 있어 명예감정의 훼손 정도가 피해자의 정보수집량에 좌우될 수 있다는 점을 간과해서는 안 될 것이다. 구태여 자신에 대한 부정적 평가를 모을 필요가 없음에도 부지런히 수집·확인하여 명예감정의 훼손을 자초한 피해자에 대해서 국가가 보호해 줄 필요성이 없다는 점에서 명예감정을 보호해야 할 법익으로 삼기 어렵다. 따라서 인터넷상의 명예훼손이 통상적인 명예훼손보다 더 심각하다고 보기 어렵다.

① 기사가 아니라 악플로 인해서 악플 피해자의 외적 명예가 침해된다.

② 악플이 달리는 즉시 악플 대상자의 내적 명예가 더 많이 침해된다.

③ 악플 피해자의 명예감정의 훼손 정도는 피해자의 정보수집 행동에 영향을 받는다.

④ 인터넷상의 명예훼손행위를 통상적 명예훼손행위에 비해 가중해서 처벌하여야 한다.

(19~20) 다음 글을 읽고 물음에 답하시오.

　　인간의 언어는 말소리로 구성되어 있다. 그런데 인간이 입으로 발화하는 말소리는 자연계의 소리나 기계의 소리와는 다른 점이 있다. 언어마다 조금씩 차이는 나지만 공통적인 것은 자음과 모음으로 구분된다는 것이다. 그런데 많은 사람들은 자음과 모음을 서로 상반되는 것으로 인식하고 있다. 그러나 자음과 모음은 서로 깊은 상관성을 갖는 경우가 많다.

　　현대 국어에서 '돕다, 덥다'와 같은 말을 활용하면, 즉 어간에 '-어/아'를 붙이면 각각 '도와, 더워'와 같이 된다. 한국어로 강아지 짖는 소리는 '멍멍'인데 이 말은 '멍+멍'이다. 영어에서도 우리와 비슷한 방법을 사용하여 'bow'를 두 번 써서 나타낸다. 그렇다면 'bowbow'가 되어야 할 텐데 실제로는 'bowwow'이다. 'b'가 우리말의 '우'와 비슷한 'w'로 바뀌었다. 영어에서 이가 흔들리는 것을 'wobble'과 같은 말로 표현하는데, 젖니가 빠질 때의 영어권 아이들은 그것을 종종 'bobble'이라고 말한다. 이 경우는 'w'가 'b'로 바뀐 것이다. 이러한 예는 한국어와 영어뿐만이 아니라 많은 언어에서 어렵지 않게 찾아 볼 수 있다. 이를 통해 우리는 입술소리가 'ㅜ'와 매우 밀접한 관계에 있음을 알 수 있다. 그것은 이들 자음이 'ㅜ'와 같은 구성 원소를 갖기 때문이다. 따라서 'ㅂ'과 같은 소리가 다른 소리로 바뀐다면 그것은 '우'[w]일 가능성이 가장 높다.

　　우리말에 구개음화라는 것이 있다. '굳이, 같이' 등과 같은 말의 발음이 [ㄷ]이나 [ㅌ]으로 발음되지 않고 [ㅈ]이나 [ㅊ]으로 발음되는 경우이다. 그런데 이런 구개음화는 항상 'ㅣ' 모음이나 'ㅑ'나 'ㅕ'와 같이 'ㅣ' 모음이 포함된 'ㅣ' 계열 이중모음이 있을 때 일어난다. 즉 '굳어, 같아'와 같은 경우에는 그대로 [ㄷ]과 [ㅌ]으로 발음된다.

　　그리고 'strike'와 같은 외래어나 외국어를 들을 때, 's'와 't' 사이, 't'와 'r' 사이, 그리고 마지막 'k' 다음에 마치 'ㅡ'가 있는 것처럼 들리거나, 한글로 표기할 때 '스트라이크'와 같이 'ㅡ'를 넣어서 쓴다. 이는 'ㅡ' 모음은 음성학적인 면에서 아무런 특징을 가지지 않은 모음이기 때문이다. 즉 'ㅡ'는 마치 투명한 유리와 같아서 다른 색깔의 소리와 만나게 되면 자신은 사라지고 전적으로 다른 소리의 색깔을 그대로 비춰 준다. 이런 이유로 '크(다), 뜨(다)'와 같이 'ㅡ' 모음으로 끝난 말 다음에 '-아서/어서'와 같은 말이 결합하면 '커서, 떠서' 등과 같이 발음된다. 그러나 'sponge, lunch' 등과 같은 경우에는 'ㅡ' 모음이 아닌 'ㅣ' 모음을 사용하여 [스펀지], [런치] 등과 같이 발음한다. 이와 같은 사실은 구개음과 'ㅣ'가 매우 밀접한 관계가 있음을 알려준다. 그것은 구개음 안에 'ㅣ'라는 구성 원소가 들어 있기 때문이다. 즉 구개음화의 경우에는 'ㄷ, ㅌ'이 'ㅣ' 모음을 받아들여 'ㅈ, ㅊ'으로 변하고, 외래어 발음의 경우에는 구개음 안에 들어 있는 'ㅣ'가 밖으로 나와 모음으로 실현된 것이다.

문 19. 윗글을 읽고 이해한 내용으로 적절하지 <u>않은</u> 것은?

① 'sponge'를 [스펀즈]가 아닌 [스펀지]로 발음하는 것은 구개음인 'ㅈ'이 'ㅣ'모음과 관련이 있기 때문이겠군.

② '돕+아'가 '도바'가 되지 않고 '도와'가 되는 이유는 'ㅂ'이 'ㅗ'모음과 깊은 상관성을 가지고 있기 때문이겠군.

③ 'bow'를 두 번 쓴 것이 'bowbow'가 되지 않고 'bowwow'로 되는 것은, 실제로 강아지가 짖는 소리가 그렇게 들리기 때문이겠군.

④ 'strike'는 'i'모음 앞에 자음이 세 개가 와서, 한글로 표기하기 어려웠지만 각각의 자음에 음성학적으로 아무런 특징을 가지지 않는 'ㅡ'를 붙여 이 문제를 해결하였군.

문 20. 윗글의 논지를 뒷받침할 수 있는 근거로 적절하지 <u>않은</u> 것은?

① '춥다'가 활용될 때에, '춥+어'는 어간의 자음 'ㅂ'이 모음 'ㅜ'로 바뀌어 '추워'로 실현된다.

② '갇히다'는 'ㄷ'과 'ㅎ'이 결합하여 'ㅌ'가 된 후 모음 'ㅣ' 앞에서 'ㅊ'으로 실현되어 [가치다]로 발음한다.

③ 중세 국어 '쟈랑'은 경구개음과 활음 'y'의 조음 위치가 비슷하므로, 'y'가 탈락하여 오늘날 '자랑'이 되었다.

④ '법+만'이 [범만]으로 발음되는 것은, 평파열음 'ㅂ'이 비음 'ㅁ' 앞에서 비음으로 바뀌었기 때문이다.

13회

문 1. 〈보기〉를 참고할 때, 어미의 선택 기준에 대해 탐구한 결과로 적절하지 <u>않은</u> 것은?

〈보 기〉

ㄱ. 동수는 책을 빌리{러/려고/고자} 도서관에 갔다.

ㄴ. 신간 도서를 빌리{러/*려고/*고자} 도서관에 가자.

ㄷ. 동수는 책을 빌리{*러/려고/고자} 도서관에 예약을 했다.

ㄹ. 영희는 그를 안 만나{*러/려고/고자} 집으로 돌아갔다.

ㅁ. 지금 공원에 가서 그 사람을 만나{*러/려고/*고자}?

*는 문법적으로 잘못된 것.

---

① 어미 '-러' 뒤에 오는 서술어에는 '이동'의 뜻이 있군.

② 어미 '-려고'는 뒤에 오는 서술어가 청유형일 경우에는 쓰이지 않는군.

③ 어미 '-고자'는 '-려고'와는 다르게 종결 어미로도 쓰일 수 있군.

④ 어미 '-러' 앞에 부정부사가 쓰이면 문장이 성립하지 않는군.

문 2. 〈보기〉를 참고하여 사전에서 동사에 대해 기술할 때, 동사가 쓰이는 구조와 동사의 뜻풀이가 바르게 연결된 것은?

〈보 기〉

동사의 뜻은 그 동사가 쓰이는 구조와 밀접한 관련이 있어서, 사전에서는 동사가 쓰이는 구조와 동사의 뜻을 함께 기술한다. 예를 들어 아래 예문에서 동사 '치르다'는 '…이 …에게 …을 치르다'와 같은 구조로 사용되는데, 사전에서는 아래와 같이 동사가 쓰이는 구조를 동사의 뜻풀이 앞에 제시한다.

예 손님이 점원에게 옷값을 치렀다.→ 치르다

동 (…이 …에게 …을) 주어야 할 돈을 내주다.

---

① 예 주인이 이불을 마루에 깔았다.

→ 깔다 동 (…이 …을 …에) 젖혀서 벌리다.

② 예 그가 독에 쌀을 가득 채웠다.

→ 채우다 동 (…이 …을 …으로) 더 들어갈 수 없이 가득하게 하다.

③ 예 동생이 친구에게 가방을 맡겼다.

→ 맡기다 동 (…이 …을) 주어서 보관하게 하다.

④ 예 그 사람만이 자기 직업을 천직으로 여겼다.

→ 여기다 동 (…이 …을 …으로) 마음속으로 그러하다고 인정하거나 생각하다.

문 3. 문장의 의미를 고려할 때, 한자가 잘못 병기된 것은?

① 그는 먼저 가족의 생사 <u>여부(與否)</u>를 물었다.

② 그녀는 그를 선배라는 <u>호칭(呼稱)</u> 대신 오빠라고 불렀다.

③ 결국 <u>역전승(逆轉勝)</u>을 거두었으나 힘든 경기였다.

④ 그는 삼십 대 초반의 <u>왜소(倭小)</u>하고 깡마른 체구의 사내였다.

문 4. 〈보기〉의 중세 국어 자료에 나타나는 특징을 현대 국어와 비교한 내용으로 적절하지 <u>않은</u> 것은?

〈보 기〉

중세 국어: 뒤헤는 모딘 도족 알픠는 어드븐 길헤 업던 번게를 하늘히 불기시니 뒤헤는 모딘 즁싱 알픠는 기픈 모새 열븐 어르믈 하늘히 구티시니

현대어 역: 뒤에는 모진 도적 앞에는 어두운 길에 없던 번개를 하늘이 밝히시니 뒤에는 모진 짐승 앞에는 깊은 못에 엷은 얼음을 하늘이 굳히시니

---

① '뒤헤<u>는</u>'과 '알픠<u>는</u>'이 각각 현대국어의 '뒤에<u>는</u>'과 '앞에<u>는</u>'에 대응되는 것을 보니, '는'과 '는'이 형태는 다르지만 같은 문법적 기능을 하였군.

② '어드븐'이 현대국어의 '어두운'에 대응되는 것과 같이 '열븐'이 현대국어의 '엷은'에 대응되는 것을 보니, 'ㅸ'이 현대 국어에서 'w'로 실현되는 것을 알 수 있군.

③ '모딘'이 현대 국어의 '모진'에 대응되는 것을 보니 중세에는 구개음화 현상이 나타나지 않았군.

④ '기픈 모새 열븐 어르믈'이 현대 국어의 '깊은 못에 엷은 얼음을'에 대응되는 것을 보니, 이어적기를 하였군.

문 5. 〈보기1〉을 참고할 때, 〈보기2〉에 대한 설명으로 적절하지 <u>않은</u> 것은?

〈보기 1〉

음운 변동은 다음과 같이 유형화할 수 있다.

변동 이전		변동 이후
ⓐ XaY	→	XbY (교체)
ⓑ XY	→	XaY (첨가)
ⓒ XabY	→	XcY (축약)
ⓓ XaY	→	XY (탈락)
ⓔ XabY	→	XbaY (도치)

<보기 2>
㉮ 못한 → [몯한] → [모탄]
㉯ 둥글-+-니 → 둥그니
㉰ 잡일 → [잡닐] → [잠닐]
㉱ 빗복 〉 빗곱 〉 배꼽

① ㉮는 '못한'이 ⓐ와 ⓒ의 과정을 거쳐 발음된다는 것을 나타낸다.
② ㉯에서 'ㄹ'은 ⓓ와 같은 과정을 거쳐 탈락되었다.
③ ㉰에서 '잡일'이 [잠닐]로 발음되는 것은 ⓑ와 ⓐ가 일어났기 때문이다.
④ ㉱에서 '복'이 '곱'이 된 것은 ⓑ와 ⓓ가 동시에 일어났기 때문이다.

문 6. <보기1>를 보고 <보기2>의 대화를 나누었다고 할 때, ㉠~㉣ 중 적절하지 <u>않은</u> 것은?

<보기 1>
ⓐ 겹받침 'ㄹ'은 어말 또는 자음 앞에서 각각 [ㅁ]으로 발음한다.
ⓑ 겹받침 'ㄹ'은 모음으로 시작된 조사나 어미, 접미사와 결합되는 경우 뒤의 'ㅁ'만을 뒤 음절 첫소리로 옮겨 발음한다.
ⓒ 어간의 겹받침 'ㄹ' 뒤에 결합되는 어미의 첫소리 'ㄱ, ㄷ, ㅅ, ㅈ'은 된소리로 발음한다.

<보기 2>
철수: 표준발음법에 따르면 '삶에 대한 의지'에서 ㉠'삶'은 [삼 :], '삶에'는 [살 : 메]라고 발음해야겠군.
영희: ⓐ와 ⓑ를 보고 그렇게 생각했구나. '삶에'는 '삶'에 조사가 붙은 경우겠네. 그렇다면 '삶과 자연'에서 ㉡'삶과'는 [삼 : 과]로 발음해야겠군. 겹받침 'ㄹ'에 어미가 붙은 경우는 뭐가 있을까?
철수: '국수를 삶다'가 있지. ㉢'삶으니'는 [살므니], '삶지'는 [삼 : 지]으로 발음해.
영희: 그럼 접미사가 붙은 경우는? 내가 말해볼게. 음…… ㉣'젊음'을 [절믐]으로 발음하는 경우야.
철수: 응, 맞아.

① ㉠   ② ㉡   ③ ㉢   ④ ㉣

문 7. 다음은 '나눔 경영'에 대한 대담의 일부이다. 말하기 방식에 대한 평가로 적절하지 <u>않은</u> 것은?

진행자: 회장님은 기업 경영만으로도 바쁘실 텐데 '나눔 운동'까지 실천하고 계신데요. 회장님이 생각하시는 '나눔 운동', '나눔 경영'이라는 게 무엇인지요?

대담자: 네, 우선 나눔이란 말 그대로 가진 것을 서로 나눈다는 의미지요. 경영의 차원에서는 기업 이익의 일부를 사회에 되돌려 준다는 취지입니다.

진행자: 예, 그렇군요. 혹시 기업 이미지 제고를 위한 홍보 활동에 더 큰 목적이 있는 것은 아닙니까?

대담자: 아, 예……. 물론 그런 면도 있음을 부인할 수는 없습니다. 그렇지만 이젠 기업도 이윤만 추구하는 경영 태도를 버리고 사회적 책무를 다해야겠지요. 기업도 혼자서는 살아갈 수 없는 것이니까요.

진행자: 그러니까 기업의 사회적 책임의 하나로서 '나눔 경영'을 실천하신다는 거군요. 좀 더 자세히 소개해 주시겠습니까?

대담자: 우리 회사에서는 이윤의 3%를 적립하여 '나눔복지재단'이라는 공익 법인을 만들어 본격적인 '나눔 운동'을 전개하고 있습니다. 첫 사업으로 지난해부터 '청소년 나눔 캠페인'을 펼치고 있습니다.

진행자: '청소년 나눔 캠페인'에 대해서 설명해 주시겠습니까?

대담자: 청소년들의 봉사 활동을 지원하는 운동입니다. 나누며 살아야 우리 모두 행복하게 살 수 있다는 것을 청소년들에게 일깨워 봉사를 실천하게 하자는 운동이지요. 우리 회사에서는 이 운동을 위해 올해부터 기업의 복지 분야 예산을 두 배로 늘렸습니다.

진행자: 네. 기업으로서는 쉽지 않은 결정이었겠습니다. 아무튼 기업이 우리 이웃과 사회에 적극적 관심을 기울인다는 점에서 모범 사례가 될 것으로 보입니다.

① 진행자는 대담자의 답변을 듣고 추가 질문을 통해 구체적인 설명을 요청하고 있다.
② 대담자는 답변하기 거북할 수도 있는 진행자의 질문에도 진솔하게 응답하고 있다.
③ 진행자는 대담자의 말을 반복함으로써 설명 내용을 잘 이해했음을 드러내고 있다.
④ 진행자는 청취자에게 '나눔 경영'을 할 것을 촉구하며 대담을 마무리하고 있다.

문 8. 〈보기2〉를 감상한 것 중에서 〈보기1〉의 관점을 가장 잘 수용한 것은?

───── 〈보기 1〉 ─────

　옛사람이 높은 선비의 맑은 향기를 그리려 하되, 향기가 형태 없기로 난(蘭)을 그렸던 것이다. 아리따운 여인의 빙옥(氷玉) 같은 심정을 그리려 하되, 형태 없으므로 매화(梅花)를 그렸던 것이다. 붓에 먹을 듬뿍 찍어 한 폭 대[竹]를 그리면 늠름한 장부, 불굴의 기개가 서릿발 같고, 다시 붓을 바꾸어 한 폭을 그리면 소슬(蕭瑟)한 바람이 상강(湘江)의 넋을 실어 오는 듯했다. 갈대를 그리면 가을이 오고, 돌을 그리면 고박(古樸)한 음향이 그윽하니, 신기(神技)가 아니고 무엇인가. 그러기에 예술인 것이다.

－ 윤오영, 〈쓰고 싶고 읽고 싶은 글〉

───── 〈보기 2〉 ─────

〈한암조어(寒巖釣魚)〉

① 어옹이 차가운 바위에 앉아 낚시하고 있는 모습이 참 부럽군. 한가롭게 낚시하며 지내는 삶을 살고 싶어.

② 바위에 앉아 낚시하고 있는 어옹을 그려 세속의 명리를 떠나 초연한 삶을 사는 선비의 정신을 표현하였군.

③ 낚시를 하면서도 물고기를 담는 통이 없는 걸로 봐서 생계형 낚시가 아닌 것을 알 수 있어.

④ 커다란 바위 뒤로 높은 절벽과 계곡을 나란히 배치하여, 구도상 안정감이 느껴지게 하였군.

문 9. 〈보기〉는 국어사전에 수록된 부사 '바로'의 풀이다. ㉠~㉣의 예로 적절하지 <u>않은</u> 것은?

───── 〈보　기〉 ─────

「1」 비뚤어지거나 굽은 데가 없이 곧게.

　　예 이 나무는 바로 자란다.

「2」 거짓이나 꾸밈없이 있는 그대로.

　　예 (　　㉠　　)

「3」 사리나 원리, 원칙 등에 어긋나지 아니하게.

　　예 (　　㉡　　)

「4」 도리, 법식, 규정, 규격 따위에 어긋나지 아니하게.

　　예 (　　㉢　　)

「5」 시간적인 간격을 두지 아니하고 곧.

　　예 (　　㉣　　)

① ㉠: 돈이 어디서 났는지 **바로** 대라.

② ㉡: 마음을 **바로** 써야 복을 받는다.

③ ㉢: 청소년의 미래가 **바로** 나라의 미래다.

④ ㉣: 그는 눕자마자 **바로** 코를 골기 시작했다.

문 10. 다음 중 속담의 쓰임이 적절하지 <u>않은</u> 것은?

① "이걸 쌀하고 바꾸겠어요." 진이는 냉혹을 지닌 무표정한 얼굴로 그것들을 챙긴다. "너 정말 너무 그러는구나. 당장 굶어 죽게 된 것도 아닌데, 설마 **산 사람 입에 거미줄 칠라고**…어떻게 되겠지 설마. 여태껏도 그렇게 살아왔는데."

② 비몽사몽간일 때 빨대로 유동식을 공급하고, 그 결과로 더러워진 하기스를 제때제때 갈아 주는 게 간병의 주된 일이었다. 그러다가도 **쥐구멍에도 눈이 들듯**이 반짝 어머니의 눈빛과 표정이 명료해질 적이 있었다.

③ 만약 그 시절에 그런 기막힌 불로소득의 못된 바람이 들었더라면, 어찌 **물도 굳은 땅에 고인다**는 신념 하나로 땀 흘려 일하고 근검절약하는 육십 년대를 맞이할 수 있었으랴.

④ 오빠가 타 온 쌀을 뒤주에 부으면서도 어두운 얼굴로 "**목구멍이 포도청**이지." 하면서 한숨을 쉬곤 했다. 마치 오빠에게 딸린 가족의 생계 걱정만 안 시켰어도 전향을 안 했을 걸하고 아쉬워하는 투였다.

문 11. ㉠의 관점에서 '예술이 무엇이냐'에 대한 답변을 할 때, 가장 적절한 것은?

> 　철학자 ㉠비트겐슈타인은 게임을 정의하고자 하는 최초의 기술을 하였다. 누군가가 게임의 본질적 속성을 '경쟁'으로 본다고 가정해 보자. 곧 반례가 만들어질 것이다. 예를 들어, 전쟁은 경쟁이라는 속성을 가졌지만 게임은 아니다. 한편 게임 중에도 경쟁이 아닌 것이 있다. 무료한 시간에 혼자 하는 카드놀이가 그 예가 될 수 있을 것이다. 이런 식으로 따져 가다 보면 모든 게임에 공통적인 하나의 본질을 찾는 일은 불가능해 보인다. 그런데 비트겐슈타인은 이것이 바로 게임이라는 개념에 대한 정확한 인식이라고 한다.
> 　그의 말에 따르면, 게임은 본질이 있어서가 아니라 게임이라 불리는 것들 사이의 유사성에 의해 성립되는 개념이다. 이러한 경우 발견되는 유사성을 '가족 유사성'이라 부르기로 해 보자. 가족의 구성원으로서 어머니와 나와 동생의 외양은 이런저런 면에서 서로 닮았다. 하지만 그렇다고 해서 셋이 공통적으로 닮은 한 가지 특징이 있다는 말은 아니다. 비슷한 예로 실을 꼬아 만든 밧줄은 그 밧줄의 처음부터 끝까지를 관통하는 하나의 실이 있어서 만들어지는 것이 아니라 짧은 실들의 연속된 연계를 통해 구성된다. 그렇게 되면 심지어 전혀 만나지 않은 실들도 같은 밧줄 속의 실일 수 있다.

① 예술은 곧 모방이다. 그러므로 유명한 예술 작품을 모방함으로써 새로운 예술이 창작된다.

② 예술의 본질은 존재하지 않는다. 다만 예술이라 불리는 것들은 어떤 유사성에 의해 크게 포괄될 뿐이다.

③ 예술은 음악이든 미술이든 본래 가지고 있는 형식이 존재하고, 그 형식의 공통된 속성이 예술의 본질이 된다.

④ 예술은 서로 유사성이 있어야 한다. 따라서 어떤 두 예술이 서로 유사성이 있다면 그 유사성이 예술의 본질이 된다.

문 12. 〈보기〉를 참고할 때, 설명이 적절하지 <u>않은</u> 것은?

<보 기>

조음위치 조음방식	양순음	치조음	구개음	연구개음	후음
폐쇄음	ㅂ ㅃ ㅍ	ㄷ ㄸ ㅌ		ㄱ ㄲ ㅋ	
파찰음			ㅈ ㅉ ㅊ		
마찰음		ㅅ ㅆ			ㅎ
비음	ㅁ	ㄴ		ㅇ	
유음		ㄹ			

① '천리'가 [철리]로 발음되는 것은 조음 위치의 변화가 일어났기 때문이다.

② '굳이'는 'ㄷ'의 조음 위치와 조음 방식이 모두 바뀌어 [구지]로 발음된다.

③ '입는'이 [임는]으로 발음되는 것은, 'ㅂ'의 조음 방식이 변했기 때문이다.

④ '식물'이 [싱물]로 발음되는 것은, 폐쇄음이 비음 앞에서 비음으로 발음되는 경우이다.

문 13. 다음 글에 대한 설명으로 적절하지 <u>않은</u> 것은?

> 　세상에서 동명왕의 신이한 일을 많이 말한다. (중략) 지난번에 《구삼국사》의 〈동명왕본기〉를 보니 신이한 사적이 세상에서 얘기하는 것보다 더했다. 처음에는 믿지 못하고 귀(鬼)나 환(幻)으로만 생각하였는데, 세 번 반복하여 읽어 점점 근원에 들어가니, 환이 아니고 성(聖)이며 귀가 아니고 신(神)이었다. 하물며 국사는 사실 그대로 쓰는 글이니 어찌 허탄한 것을 전하랴. 김부식 공이 국사를 중찬하면서 그 일을 자못 생략하였으니, 국사는 세상을 바로잡는 글이므로 크게 이상한 일은 후세에 보일 것이 아니라고 생각하여 생략한 것이 아닌가? 〈당현종본기〉와 〈양귀비전〉에는 방사(方士)가 하늘에 오르고 땅에 들어갔다는 일이 없는데, 오직 시인 백낙천이 그 일이 인멸될까 두려워 노래로 기록하였다. 저것은 실로 황당하고 음란하고 기괴하고 허탄한데도 읊어서 후세에 보였다. 하물며 동명왕의 일은 변화의 신이함으로 여러 사람의 눈을 현혹한 것이 아니고 나라를 창시한 신성한 사적이니, 이를 기술하지 않으면 후인들이 장차 어떻게 보겠는가. 이에 시로써 기록하여 우리나라가 본래 성인의 나라임을 천하에 알리고자 한다.
> 　　　　　　　　　　　　　　　 - 이규보, 〈동명왕편 서(序)〉

① 독서 경험을 바탕으로 글을 쓰게 된 경위(經緯)를 밝히고 있다.

② 옛일을 끌어들여 논지를 보강하고, 자신감 있는 태도로 서술하고 있다.

③ 글쓴이는 김부식의 역사 서술 태도에 대해 비판적인 관점을 내보이고 있다.

④ 〈동명왕본기〉를 기록한 자는 〈당현종본기〉를 기록한 자와 비슷한 역사관을 가졌다.

문 14. ㉠에 들어 갈 예로 적절하지 <u>않은</u> 것은?

> ─────── <보 기> ───────
>
> 　조사는 그 기능과 의미에 따라 격 조사, 보조사, 접속 조사 등으로 분류할 수 있다. 격 조사는 결합하는 체언이 문장 안에서 일정한 자격을 가지도록 문법적 관계를 표시하는 조사이다. 보조사는 체언, 부사, 활용 어미 따위에 붙어서 어떤 특별한 의미를 더해 주는 조사이다. 마지막으로 접속 조사는 두 단어를 같은 자격으로 이어 주는 구실을 하는 조사이다. 접속 조사의 쓰임은 다음과 같은 예에서 확인할 수 있다. (㉠)

① '누나는 개나리<u>하고</u> 진달래를 좋아한다.'의 '하고'

② '연습<u>이다</u> 레슨이다 시간이 하나도 없다.'의 '이다'

③ '말하는 것으로 보아 그는 소설가<u>나</u> 시인일 것이다.'의 '나'

④ '그녀<u>와</u> 헤어진 후 한동안 녀석은 마음을 잡지 못했다.'의 '와'

(15~16) 다음 시를 읽고 물음에 답하시오.

> (가)
>
> 　내 님믈 그리ᅀᆞ와 우니다니
> 　산(山) 졉동새 난 이슷ᄒᆞ요이다
> 　아니시며 거츠르신 ᄃᆞᆯ 아으
> 　잔월효성(殘月曉星)이 아ᄅᆞ시리이다
> 　넉시라도 님은 ᄒᆞᆫᄃᆡ 녀져라 아으
> 　벼기더시니 뉘러시니잇가
> 　과(過)도 허믈도 천만(千萬) 업소이다
> 　ᄆᆞᆯ힛마리신뎌
> 　ᄉᆞᆯ읏븐뎌 아으
> 　니미 나를 ᄒᆞ마 니ᄌᆞ시니잇가
> 　아소 님하 도람 드르샤 괴오쇼셔
> 　　　　　　　　　　- 정서, 〈정과정(鄭瓜亭)〉
>
> (나)
>
> 　어이 못 오던다 무슴 일로 못 오던다.
> 　[A] [너 오는 길 우희 무쇠로 성(城)을 ᄡᅡ고 성 안헤 담 ᄡᅡ고 담 안헤란 집을 짓고 집 안헤란 두지 노코 두지 안헤 궤(櫃)를 노코 궤 안헤 너를 결박(結縛)ᄒᆞ여 노코 쌍(雙)비목 외걸새에 용(龍)거북 ᄌᆞ물쇠로 수기수기 ᄌᆞ갓더냐. 네 어이 그리 아니 오던다.]
> 　ᄒᆞᆫ 둘이 셜흔 늘이여니 날 보라 올 ᄒᆞ리 업스랴.
> 　　　　　　　　　　- 작자 미상의 시조

문 15. (가)와 (나)에 공통적으로 나타나는 표현상 특징은?

① 화자의 처지를 자연물에 견주어 표현하고 있다.

② 의문문을 사용하여 원망(怨望)을 우회적으로 표현하였다.

③ 해학과 과장을 통해 임을 그리워하는 마음을 표현하였다.

④ 자신의 결백함을 드러내기 위해 초월적 존재를 끌어오고 있다.

문 16. 다음 중 [A]와 말을 풀어가는 방식이 가장 유사한 것은?

① 파르란 구슬빛 바탕에 자줏빛 회장을 받친 회장저고리/회장저고리 하얀 동정이 환하니 밝도소이다.

② 가마귀 ᄡᅡ호는 골에 백로ㅣ야 가지 마라./셩낸 가마귀 흰빗츨 새오나니/청강에 좋이 시슨 몸을 더러일까 ᄒᆞ노라.

③ 모란이 피기까지는,/나는 아직 기다리고 있을 테요, 찬란한 슬픔의 봄을.

④ 먼 훗날 당신이 찾으시면/그때에 내 말이 "잊었노라"

(17~18) 다음 글을 읽고 물음에 답하시오.

　　민화를 아주 거칠게 정의해서 '민중들이 그들의 종교 생활과 생활 습속 속에서 필요에 의해 사용한 대중적인 실용화'라 한다면, 그 기원은 신석기 시대의 암벽화까지 올라갈 수 있다. 그러나 본격적인 민화는 임진 병자 양난이 끝난 17세기 이후에 생겨나 18~19세기에 전성기를 맞는다. 특히 19세기가 중요한데, 대부분의 민화는 이때 그려진 것으로 알려져 있다.

　　민화 작가에는 도화서의 화원에서부터 화원이 아닌 일반 화공들, 승려나 무당 가운데 재주 있는 사람들, 심지어는 시골 장터나 동네를 돌아다니며 낙화(落畵)나 혁필화(革筆畵)를 그리던 유랑 화가들도 포함된다. 이들의 공통적인 특징은 모두 신분이 낮은 사람들이라는 것이다. 그러니 그들의 그림이 민중적이고 투박하지 않을 수 없다. 이들의 그림을 필요로 했던 사람들도 다양했다. 왕실부터 일반 가정에 이르기까지 거의 대부분의 계층이 민화의 수요자였다. 그중에서도 수요가 많던 민화는 나쁜 귀신을 쫓고 경사스러운 일을 맞기를 바라는 대중의 의식과 습속에 얽힌 그림, 집 안팎을 단장하기 위한 그림, 병풍 족자 벽화 같은 일상생활과 직결된 그림들이었다.

　　민화는 매우 자유분방한 화법을 구사한다. 민화는 본(本)에 따라 그리는 그림이기 때문에 전부가 비슷할 것이라고 생각하기 쉽다. 그러나 실상은 그 반대로 같은 주제이면서 똑같은 그림은 없다. 왜냐하면 양반처럼 제약받아야 할 사상이나 규범이 현저하게 약한 민중들은 얼마든지 자기 취향대로 생략하고 과장해서 그림을 그릴 수 있었기 때문이다.

　　민화의 자유분방함은 공간 구성법에서도 발견된다. 많은 경우 민화에는 공간을 묘사하는 데 좌우 상하 고저가 분명한 일관된 작법이 없다. 사실 중국이 중심이 된 동북아시아에서 통용되던 전형적인 화법은 한 시점에서 바라보고 그 원근에 따라 일관되게 그리는 것이 아니라 이른바 삼원법(三遠法)에 따라 다각도에서 그리는 것이다. 그런데 민화에서는 대상을 바라보는 시각이 이보다 더 자유롭다. 그렇다고 민화에 나타난 화법에 전혀 원리가 없다고는 할 수 없다. 민화에서는 종종 그리려는 대상을 한층 더 완전하게 표현하기 위해 그 대상의 여러 면을 화면에 동시에 그려 놓는다. 그런 까닭에 민화의 화법은 서양의 입체파들이 사용하는 화법과 비교되기도 한다. 가령 김홍도의 맹호도를 흉내 내 그린 듯한 민화의 경우처럼 호랑이의 앞면과 옆면을 동시에 그려 놓은 예나, 책거리 그림의 경우처럼 겉과 속, 왼쪽과 오른쪽을 동시에 그려 놓은 것이 그 예에 속한다. 민화의 화가들은 객관적으로 보이는 현실을 무시하고 자신의 의도에 따라 표현하고 싶은 것을 마음대로 표현해 버린 것이다. 그러니까 밖에 주어진 현실에 종속되기보다는 자신의 자유로운 판단을 더 믿은 것이다.

　　민중들의 자유분방함이 표현된 민화에는 화법적인 것 말고도 내용 면에서도 억압에서 벗어나려는 해방의 염원이 실려 있다. 민화가 농도 짙은 해학을 깔면서도 그러한 웃음을 통해 당시 부조리한 현실을 풍자했다는 것은 잘 알려진 사실이다. 호랑이 그림에서 까치나 토끼는 서민을, 호랑이는 권력자나 양반을 상징한다. 즉 까치나 토끼가 호랑이에게 면박을 주는 그림을 통해 서민이 양반들에게 면박을 주고 싶은 마음을 표현하고 있다. 이 모두가 민중들의 신장된 힘 혹은 표현력을 나타낸다.

　　결론적으로 민화는 민중들이 자신들의 기상천외한 발상법으로 그들의 생각에 따라 그리고 싶은 대로 그린 그림이라 볼 수 있다. 또한 이러한 그림이 가능했던 것은 당시의 사회적 분위기 때문이었다고 보아야 한다.

문 17. 윗글의 내용과 일치하는 것은?

① 민화의 작가와 수요자는 공통적으로 신분이 낮은 사람들이었다.

② 대부분의 민화가 19세기에 그려진 것은 기층 계층의 등장과 관련이 깊다.

③ 민화의 자유분방함은 같은 주제를 다루지 않는 민화 작가의 특성에서 비롯되었다.

④ 민화의 공간 구성법은 당시 동북아시아에서 통용되던 방식보다 훨씬 더 자유로웠다.

문 18. 윗글과 〈보기〉를 이해할 때 적절하지 <u>않은</u> 것은?

――――――〈보　기〉――――――

　　입체파의 대표적인 화가 피카소의 그림 '아비뇽의 처녀들'(1907년)은 왜곡된 신체를 표현하고 있다. 정면을 바라보고 있는 두 여인의 코가 측면에서 본 모습으로 그려져 있고, 관람자에게 등을 보이고 앉은 여인의 얼굴이 정면을 향하고 있다. 이처럼 피카소는 대상을 객관적으로 재현하는 원근법과 결별하고 복수의 시점에 의해 대상을 해체하여 묘사함으로써 대상을 보다 완전하게 구현하고자 하였다. 그리고 이러한 인간 신체의 왜곡을 통해 피카소는 당시 물질주의가 만연한 근대 사회와 그 사회에서 기이한 사물처럼 살아가는 근대 인간을 비판하고자 하는 자신의 의도를 강하게 제시하였다.

① 민화와 '아비뇽의 처녀들'은 대상을 완전하게 표현하려 한다는 점에서 유사하군.

② 민화에는 현실에 대한 풍자 의식이 드러나고 '아비뇽의 처녀들'에는 현실에 대한 비판 의식이 드러나는군.

③ 민화는 해학적 동물을 통해 당대 규범을 표현했고, '아비뇽의 처녀들'은 왜곡된 신체를 통해 사물화한 인간을 표현했군.

④ 민화가 대상의 앞면과 옆면을 동시에 그려놓는 방법은 '아비뇽의 처녀들'이 복수의 시점으로 대상을 그리는 방법과 유사하군.

문 19. 다음 시에 대한 이해로 적절하지 <u>않은</u> 것은?

> 노래가 낫기는 그중 나아도
> **구름**까지 갔다간 되돌아오고,
> 네 발굽을 쳐 달려간 말은
> **바닷가**에 가 멎어 버렸다.
> 활로 잡은 **산돼지**, 매[鷹]로 잡은 **산새**들에도
> 이제는 벌써 입맛을 잃었다.
> 꽃아. 아침마다 개벽하는 꽃아.
> 네가 좋기는 제일 좋아도,
> 물낯바닥에 얼굴이나 비취는
> 헤엄도 모르는 아이와 같이
> 나는 네 **닫힌 문**에 기대섰을 뿐이다.
> 문 열어라 꽃아. 문 열어라 꽃아.
> **벼락과 해일**만이 길일지라도
> 문 열어라 꽃아. 문 열어라 꽃아.
>
> [원주(原註)]사소: 사소는 신라 시조 박혁거세의 어머니. 처녀
> 로 잉태하여, 산으로 신선수행(神仙修行)을 간 일이 있는데,
> 이 글은 그 떠나기 전 그의 집 꽃밭에서의 독백.
> 　　　　　　　　　– 서정주, 〈꽃밭의 독백–사소(娑蘇) 단장〉

① 원주를 참조하면 시인은 화자를 박혁거세의 어머니인
　‘사소’로 설정하였음을 알 수 있다.

② ‘산돼지’와 ‘산새’는 인간 세상을 나타내는 대상으로 화자
　의 지향에서 벗어나 있다.

③ ‘구름’과 ‘바닷가’는 ‘닫힌 문’과 같이 이상세계에 대한
　한계를 느끼게 하는 소재이다.

④ ‘벼락과 해일’은 ‘사소’가 잉태를 하는 과정에서 겪었을
　고통을 상징하는 시어이다.

문 20. 다음 글에 나타난 서술상 특징으로 가장 적절한 것은?

> 　구보는 고독을 느끼고, 사람들 있는 곳으로, 약동하는 무리
> 들의 있는 곳으로, 가고 싶다 생각한다. 그는 눈앞에 경성역을
> 본다. 그곳에는 마땅히 인생이 있을 게다. 이 낡은 서울의 호
> 흡과 또 감정이 있을 게다. 도회의 소설가는 모름지기 이 도
> 회의 항구(港口)와 친하여야 한다. 그러나 물론 그러한 직업
> 의식은 어떻든 좋았다. 다만 구보는 고독을 삼등 대합실 군중
> 속에 피할 수 있으면 그만이다.
> 　그러나 오히려 고독은 그곳에 있었다. 구보가 한옆에 끼어
> 앉을 수도 없게시리 사람들은 그곳에 **빽빽**하게 모여 있어도,
> 그들의 누구에게서도 인간 본래의 온정을 찾을 수는 없었다.
> 그네들은 거의 옆의 사람에게 한마디 말을 건네는 일도 없이,
> 오직 자기네들 사무에 바빴고, 그리고 간혹 말을 건네도, 그것
> 은 자기네가 타고 갈 열차의 시각이나 그러한 것에 지나지 않
> 았다. 그네들의 동료가 아닌 사람에게 그네들은 변소에 다녀
> 올 동안의 그네들 짐을 부탁하는 일조차 없었다. 남을 결코
> 믿지 않는 그네들의 눈은 보기에 딱하고 또 가엾었다.
> 　　　　　　　　　　– 박태원, 〈소설가 구보 씨의 일일〉

① 쉼표를 의도적으로 사용하여 현대인의 무기력함을 드러
　내고 있다.

② 구보의 의식의 흐름에 따라 기술하여 인물의 내면의식을
　보여주고 있다.

③ 시간의 순서에 따라 사건을 배열하여 사건의 인과성을
　밝히고 있다.

④ 현재형 어미만을 사용하여 이야기를 현장감 있게 전달하
　고 있다.

14회

문 1. 다음 로마자 표기와 관련한 설명 중 적절하지 <u>않은</u> 것은?
　① ‘같이’는 구개음화가 일어나므로 [가치]로 발음하고 ‘gachi’
　　로 표기한다.
　② ‘잡혀’는 ‘ㅂ’이 ‘ㅎ’과 합하여 거센소리로 소리 나는 경
　　우로 [자펴]로 발음하고 ‘japyeo’로 표기한다.
　③ ‘반구대’는 발음상 혼동의 우려가 있으므로 ‘Bangudae’
　　대신 ‘Ban-gudae’로 적을 수 있다.
　④ 된소리되기는 표기에 반영하지 않으므로 ‘낙동강[낙똥
　　강]’은 ‘Nakdongang’으로 표기한다.

문 2. 밑줄 친 부분이 맞춤법에 맞지 <u>않는</u> 것은?
　① 그 내용은 **옛부터** 동방에 전해 오는 이야기였다.
　② 할머니께서는 항상 **예스럽게** 한복을 차려입고 다니신
　　다.
　③ 꼼꼼한 성격은 **예나** 지금이나 조금도 달라진 것이 없
　　다.
　④ 영월대와 군창의 **옛터**를 지나 푸른 소나무 샛길로 걸
　　어갔다.

문 3. 밑줄 친 동사의 활용형이 올바르지 <u>않은</u> 것은?
　① 자정에 **일러서야** 집에 돌아왔다.
　② 나는 아이들에게 내가 알고 있는 것을 모두 **일러** 주었다.
　③ 나는 석탑 서점을 **들러** 오후 세 시에 바닷가로 나왔었다.
　④ 그는 심한 폐렴에 **들렸다**.

문 4. ㉠~㉣의 예로 적절하지 <u>않은</u> 것은?

> ─ 〈보 기〉 ─
>
> 　‘못하다’는 그 쓰임이 다양하다. 먼저 ㉠동사로 쓰여 ‘어떤
> 일을 일정한 수준에 못 미치게 하거나, 그 일을 할 능력이 없
> 다.’의 의미를 나타낸다. 다음으로 ㉡형용사로 쓰여 ‘비교 대
> 상에 미치지 아니하다.’의 뜻을 나타내거나, ‘아무리 적게 잡
> 아도.’의 뜻(예 잡은 고기가 못해도 열 마리는 되겠지.)을 나
> 타낸다. 그러나 ‘못하다’는 보조용언으로 쓰이는 일이 더 많다.
> ‘-지 못하다’ 구성으로 쓰이는 ‘못하다’가 대개 그러하다. 먼
> 저 ㉢보조동사로 쓰여 앞말이 뜻하는 행동에 대하여 그것이
> 이루어지지 않거나 그것을 이룰 능력이 없음을 나타낸다. 또
> ㉣보조형용사로 쓰여 앞말이 뜻하는 상태에 미치지 아니함을
> 나타낸다. 물론 ‘-다(가) 못하여’ 구성으로 쓰여 앞말이 뜻하
> 는 행동이나 상태가 극에 달해 그것을 더 이상 유지할 수 없
> 음을 나타내기도 한다. ‘배가 고프다 못하여 아프다.’의 ‘못하
> 다’가 그런 예이다.

　① ㉠: 철수는 공부는 **못하는** 편이지만 운동은 뭐든지 잘한
　　다.
　② ㉡: 어린것이 여간 잔망스럽지 않아, 쥐방울만한 게
　　못하는 소리가 없다.
　③ ㉢: 성우는 어지럼증 때문에 자신을 가누지 **못하고** 바닥
　　에 누워 머리를 끄덕였다.
　④ ㉣: ‘잘되면 제 탓 못되면 조상 탓’이라고 남의 탓만
　　하는 태도는 옳지 **못하다**.

문 5. 다음 중 어법에 어긋남이 <u>없는</u> 문장은?
　① 형편이 어려워 체면 불구하고 돈 좀 빌리러 왔습니다.
　② 처음 너에게 사랑을 고백하던 그때 설렌 수줍음이 기억
　　난다.
　③ 겨울내 줄곧 품이 좀 남는 밤색 코트를 입고 걸어 다녔다.
　④ 오늘은 빵을 굽자마자 날개 돋힌 듯 팔려 나갔다.

문 6. 다음은 '저생전(楮生傳)'의 일부다. 독자의 반응으로 적절하지 않은 것은?

> 생(生)의 성은 저(楮)다. 저란 닥으로 종이의 원료다. 그의 이름은 백(白)이다. 백이란 희다는 뜻이다. 자는 무점이다. 무점은 아무런 티가 없이 깨끗하다는 말이다. 그는 회계(會稽) 사람으로 한(漢)나라 채륜(蔡倫)의 후손이다.
>
> 생은 태어날 때 난초탕에서 목욕을 하고, 흰 구슬을 희롱하고 흰 띠로 꾸렸기 때문에 그 모양이 깨끗하고 희다. 그의 아우는 모두 19명이나 된다. 이들은 저생과 같은 어머니에게서 태어났는데, 서로 화목하고 사이가 좋아서 잠시도 서로 떨어지는 법이 없었다.
>
> 이들은 원래 성질이 정결하고 무인을 좋아하지 않아, 언제나 문사(文士)들만 사귀어 놀았다. 그중에서도 중산(中山, 중국에 있는 지방의 하나로 품질 좋은 붓이 많이 나온다고 함) 모 학사(毛學士)가 가까운 친구인데, (㉠) 저생과 모 학사는 마냥 친하게 놀아서 혹시 모 학사가 저생의 얼굴에 먹칠을 하고 더럽혀도 씻지 않고 그대로 있었다.

① 저생이 채륜의 후손이라고 한 것으로 보아, 채륜은 한나라에서 잘 팔리던 종이였을 거야.

② 저생의 아우가 19명이라는 것으로 보아, 종이가 한 묶음에 20장이었던 것이 아닐까.

③ 종이를 만들어 질 때, 옛날에는 난초탕에서 씻어내는 과정이 있었을 거야.

④ ㉠에는 '이는 곧 붓을 가리킨다.' 정도가 들어가야 문맥에 잘 어울리겠는데.

문 7. 〈보기〉의 예시로 가장 적절한 것은?

> ─── 〈 보 기 〉 ───
>
> '의도확대의 오류'란 결과 중심으로 의도를 확대 해석하거나 정당화하는 오류를 말한다. 즉 어떤 일의 결과에서부터 거꾸로 거슬러 올라가 사건 주체의 의도를 확대 해석하는 데서 생기는 오류다.

① 분별 있는 사람은 누구도 그 사람을 훌륭하다고 생각하지 않을 것이다.

② (과장 광고를 하지 않은 사람에게) "당신의 과장 광고로 인해 판매량이 늘었습니까?"

③ 추운 날에 옷을 얇게 입고 다니면 감기에 걸리는 건 당연지사지. 그런데 그렇게 짧은 치마를 입고 오다니 넌 감기에 걸리고 싶은 것이구나.

④ 연예인인데도 불구하고 힐 높은 구두 대신 운동화를 신는 것을 보니 그녀의 성격이 털털한 것이 틀림없어.

문 8. 다음 글을 읽은 독자의 반응으로 적절한 것은?

> 평등이란 골고루 분배한다는 뜻이죠. 흔히 말하듯 각자의 몫을 각자에게 갖다 주는 거죠. 그러면 큰 불만이 없을 것입니다. 이게 바로 우리가 말하는 평등이고, 그 평등이 실현될 때 정의가 이루어졌다고 하는 것이죠. 그런데 처음부터 불평등한 것들이 있습니다. 아예 평등이 실현되는 게 불가능한 경우가 있는 거죠. 예를 들면, 태어나면서 주어지는 조건 같은 것입니다. 특히 신체적 조건 같은 것이죠. 이런 자연적인 차이는 그 자체로 뭔가 주목할 만한 불평등을 초래하지는 않기 때문에 우리는 이를 감수하고 넘어가는 경향이 있습니다. 그렇다면 뭐가 문제냐? 인위적인 불평등은 참을 수 없다는 것이죠. 제도적으로 불평등을 초래해서는 안 된다는 것입니다. 그래서 나온 것이 '법 앞의 평등'입니다.

① 평등은 골고루 분배하는 것이니까, 똑같은 양을 똑같이 나누어 갖는 것만이 정의라고 말 할 수 있겠어.

② 재벌들이 징역형을 선고 받고도 사면을 받고 풀려나는 것은 '법 앞의 평등'의 단적인 예시라고 할 수있어.

③ 여성으로 태어난 것은 자연적이지만, 그 때문에 참정권을 박탈당한다면 인위적인 제도적 불평등이 되겠군.

④ 부모님의 신분에 따라 자신의 신분이 결정되는 것은 태어나면서부터 정해지는 것이기 때문에 인위적인 불평등이 아니야.

문 9. 다음 글의 서술상의 특징을 가장 잘 설명한 것은?

> 매미 유충이 성충이 되는 주기는 종류에 따라 5년, 7년, 13년, 17년 등 제각각이다. 이 주기의 공통점은 모두 소수(素數)라는 점이다. 매미가 소수를 주기로 가지고 있는 것에 대한 견해 중의 하나는 '종족 보존에 유리하기 때문'이라는 설명이다. 가급적이면 동시에 출현하는 빈도가 적어지도록 하여 생존 경쟁이 격화하는 것을 피한다는 설명이다. 예컨대 5년 주기와 10년 주기의 매미가 동시에 출현하는 것은 10년 단위이다. 그러나 5년 주기와 7년 주기의 매미가 동시에 출현하는 것은 35년 단위이다. 즉 소수를 주기로 가지고 있는 매미끼리는 그렇지 않은 경우에 비해 동시에 출현하는 빈도가 적어진다.

① 기존의 주장을 반박하는 방식으로 논지를 펼치고 있다.

② 경험적 근거를 통해 글쓴이의 주장을 설득력 있게 서술하고 있다.

③ 예상되는 반론을 제시하고 그것의 문제점을 구체적으로 지적하고 있다.

④ 대상의 속성과 관련한 개념을 제시하고, 예시를 통해 구체적으로 설명하고 있다.

문 10. 〈보기〉와 관련하여 다음 시를 이해한 내용으로 적절하지 <u>않은</u> 것은?

> 머언 산 청운사(靑雲寺)/낡은 기와집.
> 산은 자하산(紫霞山)/봄눈 녹으면,
> 느릅나무/속잎 피어나는 열두 굽이를,
> 청노루/맑은 눈에
> 도는/구름.
>
> 　　　　　　　　　　　　　　　 – 박목월, 〈청노루〉

─── 〈보 기〉 ───

　　나는 그 무렵에 나대로의 지도를 가졌다. 그 어둡고 불안한 일제 말기에 나는 푸근히 은신할 수 있는 어수룩한 천지가 그리웠다. 그러나 당시의 한국은 어디나 일제 치하의 불안하고 버려진 땅뿐이었다. 강원도를 혹은 태백산을 생각해 보았다. 그러나 어느 곳에도 내가 은신할 수 있는 한 치의 땅이 있을 것 같지 않았다. 그래서 나 혼자의 깊숙한 산과 냇물과 호수와 봉우리와 절이 있는 마음의 자연 지도를 그려보게 되었다. – 박목월, 〈보랏빛 소묘〉 중에서

① ‘마음의 자연 지도’를 마련했다는 것으로 보아, 이 시의 정경은 상상의 장면인가 봐.

② ‘청운사’, ‘자하산’은 시인에게 ‘푸근’하게 ‘은신’할 수 있는 공간이란 의미를 지니나 봐.

③ ‘청노루’는 실존하는 자연물이라기보다는 화자의 ‘마음’ 속에 존재하는 정신화한 대상일 거야.

④ 근경에서 원경으로 시선이 이동하는 것은 ‘마음의 자연 지도’의 환상성을 드러내기 위한 것이겠지.

문 11. 다음 글의 서술 방식에 대한 설명으로 가장 적절한 것은?

　　막걸리는 그 색이 맑지 않고 탁하다고 하여 ‘탁주(濁酒)’라는 명칭과 동일하게 사용되었고, 유사한 의미로 ‘탁료(濁醪)’나, 찌꺼기 술이라는 ‘재주(滓酒)’, 잿빛 술이라는 ‘회주(灰酒)’ 등으로 불렸다. 막걸리는 윗물을 뜨지 않고 막 걸러 내기 때문에 ‘막걸리’라고 한 것이다. 또한 농사철 허기를 달래준다고 ‘농주’, 제사상에 올린다고 ‘제주(祭酒)’, 고향에서 서민들이 먹는 술이라고 ‘향주’, 국가의 대표적인 술이라 하여 ‘국주’라고도 불리어졌다. 또한 60~70년대에는 서민들이 마시며 지역마다 다른 이름이 생겨나 ‘대포, 왕대포, 탁배기, 탁주배기, 젓내기술, 탁바리’ 등으로 불리기도 하였다.

① 있는 그대로 묘사하여 대상에 대한 이해를 돕고 있다.

② 근거를 차례로 제시하여 주장의 설득력을 높이고 있다.

③ 대상의 여러 명칭에 대한 문화적 설명을 제시하고 있다.

④ 비교와 대조를 통해 대상의 양면적인 속성을 밝히고 있다.

문 12. ㉠에 들어갈 속담으로 적절한 것은?

　　어느 날 어디로 가는 길인지 일본인 관광객이 한 떼, 여자 안내원의 뒤를 따라 이 거리를 지나고 있었다. 어느 촌구석에서 왔는지 야박스럽고, 경망스럽고, 교활하고, 게다가 촌티까지 더덕더덕 나는 일본인들에 비하면 우리나라 안내원 여자는 너무 멋쟁이라 (㉠)처럼 민망해 보였다. 그녀는 멋쟁이일 뿐 아니라 경제 제일주의의 나라의 외화 획득의 역군답게 다부지고 발랄하고 긍지에 차 보였다. 마침 학생들이 쏟아져 나와 관광객과 아무렇게나 뒤섞였다.

① 개발에 주석 편자　　　② 기침에 재채기

③ 뒤웅박 신은 것　　　　④ 망건편자를 줍는 것

문 13. 다음 중 사자성어가 알맞게 쓰인 것은?

① <u>주구장창</u> 술판이 아니면 노름판에 붙어 지냈다.

② 그는 처자식을 고국에 두고 <u>홀홀단신</u>으로 만주로 떠났다.

③ 그에게는 이제 <u>절대절명</u>의 위기가 닥쳐오고 있었던 것이다.

④ 그와 이야기하고 있으면 <u>포복절도</u>한 일이 한두 번이 아니야.

문 14. 〈보기1〉을 참고하여 〈보기2〉의 밑줄 친 단어에 대해 바르게 설명한 것은?

─── 〈보기 1〉 ───

가. 높임법의 분류

- 상대높임법 : 듣는 이를 높이거나 낮추어 말하는 방법
- 주체높임법 : 서술의 주체를 높이는 방법
- 객체높임법 : 서술의 객체를 높이는 방법

나. 높임법의 실현 양상

- 문장 종결 표현
- 선어말어미
- 특수한 어휘 : ‘잡수시다’, ‘주무시다’, ‘모시다’ 따위

─── 〈보기 2〉 ───

ㄱ. 소원을 빌며 탑 주위를 <u>도셨던</u> 어머니가 기억난다.

ㄴ. 모르는 것이 있으면 선생님께 <u>여쭈어라</u>.

ㄷ. 여름내 서재에만 <u>계시던</u> 할아버지께서 밖으로 나오셨다.

ㄹ. 일주일 전에 나갔던 놈이 이제야 돌아왔네<u>그려</u>.

① ㄱ의 ‘도셨던’은 상대높임법에 해당하고, 선어말어미로 높임법을 실현하고 있다.

② ㄴ의 ‘여쭈어라’는 주체높임법에 해당하고, 특수한 어휘로 높임법을 실현하고 있다.

③ ㄷ의 ‘계시던’은 주체높임법에 해당하고, 특수한 어휘로 높임법을 실현하고 있다.

④ ㄹ의 ‘그려’는 상대높임법에 해당하고, 종결어미를 통해 높임법을 실현하고 있다.

문 15. ㉠~㉣에 대한 이해로 적절하지 <u>않은</u> 것은?

> ─────── <보 기> ───────
> ㉠ 물이 얼음이 되었다.
> ㉡ 항상 옳은 일을 하기는 쉽지 않다.
> ㉢ 눈이 오지만, 바람은 불지 않았다.
> ㉣ 태희는 밥을 먹으면서, 음악을 들었다.

① ㉠은 주어와 서술어가 한 번 나타나는 홑문장이다.

② ㉡은 전성어미가 붙어 만들어진 절이 주어로 쓰인 겹문장이다.

③ ㉢은 연결어미로 홑문장을 대등하게 연결한 겹문장이다.

④ ㉣은 연결어미로 홑문장을 종속적으로 연결한 겹문장이다.

문 16. 다음은 '소학언해'의 부분이다. 설명으로 적절하지 <u>않은</u> 것은?

> 공자(孔子)ㅣ 증자(曾子)ㄷ려 닐러 글으샤딕 몸이며 얼굴이며 머리털이며 술흔 부모(父母)끠 받즈온 거시라 감(敢)히 헐워 샹히오디 아니홈이 효도이 비르소미오 몸을 셰워 도(道)를 힝(行)ㅎ야 일홈을 후셰(後世)예 베퍼 뻐 부모(父母)를 현뎌케 홈이 효도이 무춤이니라.

① 끊어적기와 이어적기를 섞어 쓰고 있다.

② ㅎ종성체언이 나타남을 확인할 수 있다.

③ 객체 높임 선어말 어미를 확인할 수 있다.

④ 한자음은 동국정운식 한자음으로 표기되었다.

문 17. 다음 글의 ㄱ~ㄹ을 알맞은 순서로 배열한 것은?

> 고드름은 흔히 위에서 아래로 자라지만, 드물게는 그 반대로 자라는 역고드름도 있다. 역고드름이 생기는 과정은 다음과 같다.
>
> ㄱ. 이런 과정이 반복되면서 겉은 얼고 가운데는 얼지 않은 얼음 기둥이 생겨나는 것이다. 그러다가 얼음 기둥 위의 구멍이 막히면 고드름은 더는 성장하지 않는다.
> ㄴ. 얼음이 점점 늘어나다 보면 표면 가운데만 얼지 않은 상태로 남게 된다. 물이 얼면 부피가 커지므로 얼음이 늘면서 부피도 점차 커진다.
> ㄷ. 물이 담긴 그릇의 가장자리 표면에서 처음으로 얼기 시작해서 살얼음이 점점 가운데 방향으로 얇게 퍼지며, 동시에 그릇 가장자리의 아랫부분에도 얼음이 언다.
> ㄹ. 따라서 아직 얼지 않은 상태인 가운데 부분의 물은 빠져나갈 부분이 필요하다. 표면 가운데 부분의 구멍이 그곳이다. 구멍을 통해 밀려 나온 물은 구멍 가장자리에서 다시 얼게 된다.

① ㄴ-ㄹ-ㄱ-ㄷ

② ㄷ-ㄹ-ㄴ-ㄱ

③ ㄷ-ㄴ-ㄹ-ㄱ

④ ㄴ-ㄹ-ㄷ-ㄱ

문 18. ㉠, ㉡에 들어갈 예로 가장 적절한 것은?

> 음운적으로 서로 다른 단어가 매우 비슷한 의미를 가지고 있는 의미관계를 유의관계라고 한다. 유의어는 생성 배경에 따라 몇 가지 유형으로 나누어 볼 수 있다. 방언의 차이, 문체나 격식의 차이, 전문어와 일상어의 차이, 내포의 차이, 그리고 직설어와 완곡어의 차이에 의한 유의어가 있다. 특히 방언의 차이에 의한 유의어의 예로 (㉠)가/이 있다. 반면 완곡어는 직접적 표현이 불쾌감이나 두려움을 줄 때 완곡하게 표현하기 위한 것이다. 예로 (㉡)가/이 있다.

	㉠	㉡
①	엉겅퀴 – 항가꾸	천연두 – 손님
②	부추 – 정구지	수레 – 카트
③	담낭 – 쓸개	변소 – 화장실
④	정치가 – 정치꾼	개미 – 개야미

문 19. (가)의 입장에서 (나)의 글쓴이에게 할 수 있는 충고로 가장 적절한 것은?

> (가) 책과 마주친다는 것은 인간과 마주친다는 것과 똑같은 기쁨이 있다. 그런데 모든 역사적 사건이 단순한 우연이 아닌 것같이 독서에 있어서의 해후도 단순한 우연이 아니다. 해후란 말은 한편으로 어떤 필연성을 의미해야 한다. 그것은 단순한 외적인 필연성이 아니라 오히려 내적인 필연성이다.
>
> 소크라테스와 플라톤 사이에는 해후가 있었다. 독서에 있어서도 똑같이, 혹은 스승으로서의 혹은 친구로서의 책에 대한 해후가 있을 것이다. 일생 이런 해후를 경험하지 못한 자는 아무리 많은 책을 읽어도 결국 아무것도 안 읽은 것과 똑같다. 그러면 어떻게 하여 우리는 이런 해후를 경험할 수 있을까. 스스로 구해야 한다.
>
> 무엇인가를 구하면서 독서하는 자만이 그런 해후를 경험할 수 있는 것이다. 전혀 알지도 못하는 것을 어떻게 우리는 구할 것인가? 구한다고 할 때는 이미 무언가 그것을 알고 있어야 한다. 그리하여 이미 탐구 이전에 해후가 있었다고 할 수 있다.
>
> 해후는 대화를 불필요하게 하는 것이 아니라 도리어 그 필연적인 조건으로 삼는다. 물론 우리는 우리가 만나는 아무하고나 붙들고 서서 대화하는 것이 아니다. 어떤 사람에 대해서는 말없이 그를 지나가게 한다. 또, 다른 사람에 대해서는 간단한 인사만 하고 지나갈 것이다. 우리가 마주치는 책 가운데에도 이런 종류의 것이 많다. 책은 제각기 그것이 마땅히 다루어져야 하는 대로 다루는 것이 옳다.
>
> (나) 무릇 글을 볼 때에는 용맹한 장수가 군대를 운용함에 있어 곧장 단번에 끝까지 무찔러 싸우는 것과 같이 해야 한다. 가혹한 형리가 옥사를 다스리면서 곧바로 철저하게 추궁해서 결코 용서하지 않는 것처럼 해야 한다. 그래야 얻을 수 있다.

① 글의 종류에 따라 글을 읽는 방법도 달리 해야 하는 법이오.

② 우물쭈물 대충 읽어서는 아무것도 마음에 남는 것이 없다오.

③ 글을 읽으면서 글쓴이에게서 인간적인 감정부터 느껴 보시오.

④ 글을 읽을 때에는 중간에 글의 내용을 되새겨 가며 읽기 바라오.

문 20. 다음 글의 표현상 특징으로 적절하지 <u>않은</u> 것은?

> 천 길 만 길 깊이를 모를 해저, 구만 리 창공 끝없는 허공이 그리운 때면, 나는 베개 위에 고요히 누워 눈을 스르르 감아 보는 것이다.
>
> "두 사람이 대작하매 산꽃이 핀다."(兩人對酌山花開) 친구와 술을 마시며 정담을 나누고 싶고, "홀로 경정산에 앉다."(獨坐敬亭山) 산악이 그리운 때면, 책상머리에 도사리고 앉아 책갈피를 제쳐가며, 회심의 글귀와 쾌재의 문장을 찾아보는 것이다.
>
> 이것이 내 한 칸 온돌방의 정서다. 그러나 한스럽게도 왕유나 도연명의 경지를 얻지 못하여, 백향산(白香山)의 세간에 대한 관심과 완사종(阮嗣宗)의 미친 버릇을 버릴 길이 없어, 때때로 뛰쳐나와 가로수 밑에 오롯이 서 있는 것이다.
>
>   – 윤오영, 〈온돌의 정〉

① 두 공간의 대비를 통해 심리적 갈등을 드러내고 있다.

② 인용을 통해 글쓴이가 지향하는 삶을 간접적으로 드러내고 있다.

③ 온돌방은 글쓴이가 사색에 잠길 수 있는 개인적 공간이다.

④ '백향산'과 '완사종'은 현실을 초월하고 유유자적한 삶을 상징하는 시어이다.

독해편(하)

문 1. ㉠과 유사한 방식으로 만들어진 이름이 <u>아닌</u> 것은?

우리말은 형태소를 연결하는 방법으로 새로운 낱말을 얼마든지 만들어 낼 수 있다. 동식물에 우리말 이름을 붙이려고 노력한 분은 나비 박사로 알려진 석주명(1908~1950) 선생이다. 일본에서 농업 분야를 연구하면서 나비에 관심을 가졌던 그는 귀국하여 우리나라 나비를 채집하기 시작했고, 채집한 나비에 우리말 이름을 붙였다. 그는 새로운 나비를 발견하고 '부전나비'라는 이름을 붙이면서 이런 말을 했다고 한다.

"나비의 날개가 부전처럼 보여서 ㉠ 부전나비라고 했다."

이렇게 말해도 사람들은 오히려 '부전이 뭐지?' 하며 별로 감동하지 않을 것이다. 부전은 원래 어린 여자 아이들이 노리개로 차던 것인데 그 모양이 비슷해서 장구의 줄을 고르도록 끼워놓은 사피(斜皮)를 가리키기도 하고, 사진틀의 모서리에 끼우는 세모꼴 거멀장을 가리키기도 한다. 석주명 선생은 나비의 날개 모양에서 부전을 떠올렸기 때문에 그 나비를 부전나비라고 부르기로 한 것이다. 곤충뿐 아니라 여러 동식물 이름을 짓는 데도 이 방법이 원용되어 수많은 우리말 동식물 이름이 만들어졌다.

① 솔이끼

② 접시꽃

③ 짚신벌레

④ 돌미나리

문 2. 〈보기1〉을 참고할 때, 〈보기2〉의 ㉠에 들어갈 말로 가장 적절한 것은?

— 〈보기 1〉 —

아리스토텔레스는 좋은 성품을 얻는 것을 기술을 습득하는 것에 비유한다. 그에 따르면, 리라(lyra)를 켬으로써 리라를 켜는 법을 배우며 말을 탐으로써 말을 타는 법을 배운다. 어떤 기술을 얻고자 할 때 처음에는 교사의 지시대로 행동한다. 그리고 반복 연습을 통하여 그 행동이 점점 더 하기 쉽게 되고 마침내 제2의 천성이 된다. 이와 마찬가지로 어린아이는 어떤 상황에서 어떻게 행동해야 진실하고 관대하며 예의 바른 것인지를 일일이 배워야 한다. 훈련과 반복을 통하여 그런 행위들을 연마하다 보면 그것들을 점점 더 쉽게 하게 되고, 결국에는 스스로 판단할 수 있게 된다.

그는 올바른 훈련이란 강제가 아니고 그 자체가 즐거움이 되어야 한다고 지적한다. 또한 그렇게 훈련받은 사람은 일을 바르게 처리하는 것을 즐기게 되고, 일을 바르게 처리하고 싶어 하게 되며, 올바른 일을 하는 것을 어려워하지 않게 된다. 이처럼 성품의 탁월함이란 사람들이 '하는 것'만이 아니라 사람들이 '하고 싶어 하는 것'과도 관련된다. 그리고 한두 번 관대한 행동을 하는 것으로 충분하지 않으며, 늘 관대한 행동을 하고 그런 행동에 감정적으로 끌리는 성향을 갖고 있어야 비로소 관대함에 관하여 성품의 탁월함을 갖고 있다고 할 수 있다.

— 〈보기 2〉 —

갑돌이는 성품이 곧고 자신감이 충만하다. 그가 한 모임에 참석하였는데, 거기서 다수의 사람들이 옳지 않은 행동을 한다고 생각하였다. 그는 다수의 행동에 대하여 비판의 목소리를 내었고, 그렇게 하는 데에 별 어려움을 느끼지 않았다. 한편 수줍어하고 우유부단한 병식이도 한 모임에 참석하였는데, 그 역시 다수의 행동이 잘못되었다는 판단을 했다. 병식이는 자신과의 힘든 싸움 끝에 엄청난 의지를 발휘하여 다수의 행동이 잘못되었다고 말했다. 이 때, 아리스토텔레스가 보기에 성품의 탁월함을 가진 사람은 갑돌이다. 왜냐하면 그는 (㉠)

① 그는 옳은 일을 하는 천성을 타고났기 때문이다.

② 그는 주체적 판단에 따라 옳은 일을 하기 때문이다.

③ 그는 내적인 갈등이 없이 옳은 일을 하기 때문이다.

④ 그는 다른 사람들의 칭찬을 의식하지 않고 옳은 일을 하기 때문이다.

문 3. 〈보기1〉의 ㉠을 〈보기2〉의 관점에서 비판한 내용으로 가장 적절한 것은?

— 〈보기 1〉 —

프랑스 루이 14세 때의 재상 콜베르는 가장 바람직한 조세의 원칙은 거위의 털을 뽑는 것과 같다고 하였다. 즉 ㉠거위가 소리를 가장 적게 지르게 하면서 털을 가장 많이 뽑는 것이 가장 훌륭한 조세 원칙이라는 것이다. 거위의 깃털을 뽑는 과정에서 거위를 함부로 다루면 거위는 소리를 지르거나 달아나 버릴 것이다. 동일한 세금을 거두더라도 납세자들이 세금을 내는 것 자체가 불편하지 않게 해야 한다는 의미이다. 또 어떤 거위도 차별하지 말고 공평하게 깃털을 뽑아야 한다. 이것은 모든 납세자들에게 공평한 과세를 해야 한다는 의미이다. 신용 카드 영수증 복권 제도나 현금 카드 제도 등도 공평한 과세를 위해서이다.

이와 더불어서 거위 각각의 상태를 감안하여 깃털을 뽑아야 한다. 만일 약하고 병든 거위에게서 건강한 거위와 동일한 수의 깃털을 뽑게 되면 약하고 병든 거위들의 불평과 불만이 생길 것이다. 더 나아가 거위의 깃털을 무리하게 뽑을 경우 거위는 죽고 결국에는 깃털을 생산할 수 없게 될 것이다.

— 〈보기 2〉 —

정부의 재정 활동에서 세입과 세출은 서로 균형을 이뤄야 한다. 만일 국민 경제가 원활하게 운영되는 시기에 세입이 세출보다 많았다면, 이는 정부가 필요 이상으로 세금을 거두어들여 국민 경제에 나쁜 영향을 미쳤다는 사실을 의미하는 것이다.

① 정부는 국민 경제가 원활하지 않은 상황에서는 세금을 필요보다 적게 걷어야 한다.

② 정부는 국민이 내는 세금을 생활 보호, 의료비, 연금 등의 사회 보장 분야에 써야 한다.

③ 한 나라의 경제가 착실하게 발전하기 위해서는 이에 필요한 운영 자금이 원활하게 공급되어야 한다.

④ 정부는 사전에 필요한 경비를 정확히 예측하여 필요한 만큼만 세금을 걷어 효율적으로 사용해야 한다.

문 4. 〈보기〉를 참고할 때, ㉠의 사례로 가장 적절한 것은?

— 〈보 기〉 —

휴대전화 회사는 기본요금과 분당 이용료의 ㉠이원 체제 전략, 즉 '이부가격제(二部價格制)'를 채택하고 있다. 이부가격제는 소비자가 어떤 상품을 사려고 할 때, 우선적으로 그 권리에 상응하는 가치를 값으로 지불하고, 실제 상품을 구입할 때 그 사용량에 비례하여 또 값을 지불해야 하는 체제를 말한다. 이부가격제를 적용하면 휴대전화 회사는 소비자의 통화량과 관계없이 기본 이윤을 확보할 수 있다.

① ○○마트에서는 개업 기념으로 하루 동안 모든 물건을 30% 할인해 주었다.

② ○○통닭집은 쿠폰 10장을 모으면 통닭 한 마리를 더 주는 판매 전략을 세웠다.

③ ○○주식회사는 판매량을 1.5배 이상 올린 직원에게 월 급여의 10%에 해당하는 상여금을 지급한다.

④ ○○놀이공원은 놀이 공원 입장객들에게 모두 입장료를 받고, 놀이 기구를 이용할 때마다 사용료를 받았다.

(5~6) 다음 글을 읽고 물음에 답하시오.

　　표준어는 "교양 있는 사람들이 두루 쓰는 현대 서울말로 정함을 원칙으로 한다."라고 규정하고 있다. 이에 따라 표준 발음법은 교양 있는 사람들이 두루 쓰는 현대 서울말의 발음을 표준어의 실제 발음으로 여기고서 일단 이를 따르도록 원칙을 정한 것이다. 예컨대 '값〔價〕'에 대하여 '값, 값이, 값을, 값에' 등은 [갑, 갑씨, 갑쓸, 갑쎄] 등으로 서울말에서 발음되는데, 바로 이러한 실제 발음에 따라 표준 발음을 정한다는 것이다.

　　그런데 현대 서울말에서조차 실제의 발음에서는 여러 형태로 발음하는 경우가 있어서, 그러한 경우에는 국어의 전통성과 합리성을 고려하여 표준 발음을 정한다는 조건을 이어서 제시하였다. 예컨대 서울의 어떤 젊은이나 어린이는 소리의 길이를 구별하지 않고서 '밤〔夜〕'과 '밤〔栗〕'을 모두 짧게 발음하기도 하는데, 대부분의 장년층 이상에서는 소리의 길이를 인식하면서 구별하여 발음한다. 역사적으로 보면 소리의 높이나 길이를 구별해 온 전통을 가지고 있다. 그리하여 표준 발음법에 소리의 길이에 대한 규정을 포함시키게 하였다.

　　국어의 전통성을 고려하여 정한다는 조건 이외에 다시 합리성을 고려하여 정한다는 조건이 붙어 있다. 이것은 한글 맞춤법의 규정에서 어법에 맞춘다는 것과 맞먹는 조건이다. 말하자면, 국어의 규칙 내지는 법칙에 따라서 표준 발음을 합리적으로 정한다는 뜻이다. 즉 '여름'의 앞에 접사 '한-'을 붙여 '한여름'이 될 때 그 발음은 [한녀름]이다. 이런 현상은 '솜이불[솜 : 니불], 꽃잎[꼰닙], 국민윤리[궁민뉼리]'처럼 합성어 및 파생어에서 앞 요소의 끝이 자음이고 뒤 요소의 첫 음절이 '이, 야, 여, 요, 유'인 경우에 [ㄴ]을 첨가하여 발음하는 규칙에 따르는 것이다. 따라서 서울 사람들 중에 '한여름[한녀름]' 대신 '[하녀름]'이라고 발음하는 사람이 있다 하더라도 규칙에 어긋나는 비합리적 발음이어서 표준 발음이 되지 못하는 것이다.

　　그런데 전통성과 합리성만으로 표준 발음을 정하기 어려운 경우가 있다. 예를 들어 '맛있다'의 합리적인 발음은 [마딛따]이다. '맛없다'를 생각해 보라. 그러나 이제 [마딛따]라는 발음을 주변에서 듣기가 오히려 어렵다. 대신 [마싣따]가 그 자리를 차지한 것이다. 이러한 경우를 '관용'이라고 일컬으며, 현실에서 고착된 관용은 추가로 인정하고 있다.

문　5. 윗글에 사용된 설명 방식으로 적절한 것은?

① 비교와 대조를 통해 대상의 양면적인 속성을 밝히고 있다.

② 대립되는 견해를 제시하고, 근거를 제시하여 절충안을 마련하고 있다.

③ 용어의 의미를 명확히 하고, 다양한 사례를 제시하여 독자의 이해를 돕고 있다.

④ 물음을 통해 중심 화제를 이끌어 내고, 설명 대상에 대한 다양한 견해를 제시하고 있다.

문　6. 윗글을 읽은 독자의 반응으로 적절하지 <u>않은</u> 것은?

① 장년층 이상의 서울 사람들 대부분은 '김밥'을 [김 : 밥]으로, '선남선녀'는 [선 : 남선 : 녀]로 발음하겠군.

② '멋있다'를 [머딛따]로 발음해야 하는데, [머싣따]로 발음하는 경우가 많아 이도 허용한 경우는 현실에서 고착된 관용을 인정한 경우이겠군.

③ 서울말에서 '빛'에 대하여 '빛, 빛이, 빛을, 빛에' 등을 [빋, 비치, 비츨, 비체]라고 발음하는 것은 실제 발음에 따라 표준 발음을 정한 것이겠군.

④ '감다[감 : 따]'처럼 긴소리를 가진 음절이라도, 단음절인 용언 어간에 모음으로 시작하는 어미가 결합한 경우 '감으니[가므니]'와 같이 짧게 발음하는데, 이는 서울의 젊은이가 소리의 길이를 구별하지 않고 잘못 발음하는 경우이겠군.

문 7. 〈보기〉를 참고할 때, ㉠에 들어갈 문장으로 가장 적절한 것은?

> 　서양에서는 아리스토텔레스가 중용(中庸)을 강조했다. 하지만 우리의 중용과는 다르다. 아리스토텔레스가 말하는 중용은 균형을 중시하는 서양인의 수학적 의식에 기초했으며, 또한 우주와 천체의 운동을 완벽한 원과 원운동으로 이해한 우주관에 기초한 것이다. 그러므로 그것은 명백한 대칭과 균형의 의미를 갖는다. 팔씨름에 비유해 보면 (　㉠　) 그러므로 비대칭도 균형을 이루면 중용을 이룰 수 있다는 생각은 분명 서양의 중용관과는 다르다.
> 　이러한 정신은 병을 다스리고 약을 쓰는 방법에도 나타난다. 서양의 의학은 병원체와의 전쟁이고 그 대상을 완전히 제압하는 것인데 반해, 우리 의학은 각 장기 간의 균형을 중시한다. 만약 어떤 이가 간장이 나쁘다면 서양 의학은 그 간장의 능력을 회생하는 방향으로만 애를 쓴다. 그런데 우리는 만약 더 이상 간장 기능을 강화할 수 없다고 할 때는 간장과 대치되는 심장의 기능을 약하게 만드는 방법을 쓰는 것이다. 한쪽의 기능에 치우치면 병이 심해진다고 보기 때문이다. 우리는 의학 처방에 있어서조차 중용관에 기초해서 서양의 그것과는 다른 가치관과 세계관을 적용하면서 살아온 것이다.

① 아리스토텔레스는 두 팔이 동등한 힘을 주는 것을 중용으로 본 데 반해, 우리는 한 팔이 다른 한 팔을 제압할 때 중용으로 보았다.

② 아리스토텔레스는 한쪽으로 팔이 기울었다고 해도 중용으로 본 데 반해, 우리는 똑바로 두 팔이 서 있는 것만을 중용으로 보는 것이다.

③ 아리스토텔레스는 한쪽이 승부를 내는 것을 중용으로 본 것에 반해, 우리는 두 쪽 모두 힘이 균등하여 승부를 내지 못하는 상황만을 중용으로 보는 것이다.

④ 아리스토텔레스는 똑바로 두 팔이 서 있을 때 중용이라고 본 데 비해, 우리는 팔이 한쪽으로 완전히 기울었다 해도 아직 승부가 나지 않았으면 중용이라고 보는 것이다.

문 8. (가)~(마)의 요지를 설명한 것 중 옳지 <u>않은</u> 것은?

> (가) 신이 생각하건대, 나라에 인재가 부족한 지 실로 오래였습니다. 전국의 인재를 모조리 선발하여 등용한다 하더라도 오히려 그 부족함을 느낄 것인데, 도리어 그 열에 아홉은 버리고 있으며, 전국의 인구를 모두 다 간부로 양성한다 하더라도 오히려 넉넉하지 않을 것인데, 도리어 그 열에 아홉은　버리고 있습니다.
>
> (나) 평민과 천민은 전부 버림을 받은 자들이며, 중인(中人)도 그 버림을 받은 자들이며, 평안도와 함경도 지방의 백성들도 그 버림을 받은 자들이며, 황해도, 개성 및 강화도 지방의 백성들도 그 버림을 받은 자들이며, 강원도와 전라도 지방의 백성들은 각각 그 절반씩 버림을 받은 자들입니다. 뿐만 아니라 서얼(庶孼) 자손들이 그 버림을 받은 자들이며, 북인(北人), 남인(南人)들은 일부 등용된다고 하나 역시　버려진 것에 가까울 따름이며, 오직 그 버림을 받지 않은 자라고는 이른바 명문 벌족이라고 일컫는 수십 가문에 지나지 않습니다. 그러나 이들 중에서도 각종 사변으로 인하여　버림을 받은 자들이 적지 않습니다.
>
> (다) 무릇 일체 버림을 받은 자들은 모두 자포자기(自暴自棄)하여 학문·정치·경제·군사 등 방면에 유의하지 않고 다만 세정(世情)에 대한 불평만을 품고 술이나 마시기를 즐겨 하여 방탕한 세월을 보내고 있습니다. 그러므로 나라의 인재들이 장성할 수 없습니다.
>
> (라) 사람들은 흔히 이러한 현상을 보고 "그들은 마땅히 버려져야 한다."고 하나, 이것이 어찌 옳은 이론이겠습니까? 천지자연의 운수와 명산대천의 정기가 어찌 저 수십 가문만을 보호하여 주고 기타 전체 백성들에 대하여는 돌보지 않는다고 말할 수 있겠습니까?
>
> (마) 만일 지역적 관계로써 인재를 버린다면 김일제는 휴저왕의 아들로 출생하였으니 이는 서융 지방의 사람이었으며, 설인귀는 삭방(朔方)에서 출생하였으니 이는 북적(北狄) 지방의 사람이었으며, 구준은 경주에서 출생하였으니 남만(南蠻) 지방의 사람이었습니다. 어찌 출신 조건으로써 인재를 버릴 수　있겠습니까?
>
> 　　　- 정약용, 〈올바른 인재 등용에 관하여〉 중에서

① (가), (나)는 인재가 버려지고 있는 현실을 기술하고 있다.

② (다)는 버려진 인재의 참담한 생활에 대한 내용이다.

③ (라)는 인재 등용에 대한 사람들의 인식을 옹호하고 있다.

④ (마)는 지역을 따져 인재를 등용하는 것의 부당함을 이야기하고 있다.

문 9. 〈보기1〉의 관점에서 〈보기2〉를 평가한 내용으로 가장 적절한 것은?

―――――― 〈보기 1〉 ――――――

어떤 사람은 쌀밥을 먹고 비단옷을 입으면 그 나머지 물건은 모두 무용지물(無用之物)이라 여길 수도 있을 것이다. 그러나 그 무용지물을 사용하여 유용한 물건을 유통시키고 거래하지 않는다면, 조만간 유용하다는 물건은 대부분이 한 곳에 묶여서 유통되지 않거나 그것만이 홀로 돌아다니다 쉽게 고갈될 것이다.

―――――― 〈보기 2〉 ――――――

허생은 만 냥을 입수하자, 다시 자기 집에 들르지도 않고 바로 안성(安城)으로 내려갔다. 안성은 경기도, 충청도 사람이 마주치는 곳이요, 삼남(三南)의 길목이기 때문이다. 거기서 대추, 밤, 감, 배, 석류, 귤, 유자 등속의 과일을 모조리 갑절의 값으로 사들였다.

허생이 과일을 몽땅 쓸었기 때문에 온 나라가 잔치나 제사를 못 지낼 형편에 이르렀다. 얼마 안 가서, 허생에게 갑절의 값으로 과일을 팔았던 상인들이 도리어 열 곱절의 값을 주고 사 가게 되었다.

허생은 길게 한숨을 내쉬었다.

"만 냥으로 온갖 과일의 값을 좌우했으니, 우리나라의 형편을 알 만하구나."

① 우리나라의 현실에 비추어볼 때, 이러한 방법은 단기간에 이익을 취하는 데 가장 좋은 방법이 될 수 있겠군.

② 허생이 사용한 방법은 재화의 규모가 작은 현실에서 비롯된 것이므로 나라의 유통망 확대 노력이 필요하다고 볼 수 있겠군.

③ 허생은 재화를 고르는 안목이 부족하군. 생활에 밀접한 재화보다는 진주와 산호 같은 재화의 이윤이 더 크다는 걸 몰랐던 거야.

④ 허생은 재화의 가격을 비정상적인 방법으로 올려놓았으니 스스로 그 책임을 지고 이익을 사회에 다시 환원하려는 자세가 필요해.

문 10. 〈보기〉를 참고할 때, ㉠과 ㉡에 대한 설명으로 적절하지 <u>않은</u> 것은?

―――――― 〈보 기〉 ――――――

팬옵티콘(panopticon)은 '모든 것을 볼 수 있다.'는 뜻으로, 벤담이 제안한 죄수 교화 시설을 말한다. ㉠팬옵티콘은 부채꼴로 지어져 바깥쪽에는 죄수를 가두는 방이 있고, 중앙에는 죄수를 감시하기 위한 원형 탑이 있다. 죄수의 방은 늘 밝게 유지되어 죄수의 사소한 움직임도 이 방의 창을 통해 중앙의 감시자에게 항상 포착될 수 있게 하였다. 반면 중앙 감시탑의 내부는 항상 어두워 죄수가 감시자를 볼 수 있기는커녕 감시자가 자신을 감시하고 있다는 사실조차 알 수 없었다. 이러한 '시선의 비대칭성'이 팬옵티콘의 핵심 구조였다.

㉡현대의 팬옵티콘에는 폐쇄회로 텔레비전(CCTV)과 컴퓨터 등의 전자 기기를 통한 직접 감시가 있다. 이들의 특징은 여러 곳에서 일어나는 사건이나 사람들의 행동을 중앙 통제실에서 동시에 관찰할 수 있다는 것이다. 그리고 현대 팬옵티콘의 또 다른 특징은 감시가 오히려 피감시자의 자발적인 협조에 의해 이루어지는 경우가 많다는 것이다. 이것은 기업이 소비자로부터 정보를 수집하는 경우에 잘 드러난다. 기업은 소비자에게 경품이나 포인트 점수, 멤버십 카드 등의 혜택을 제공하고 소비자의 정보를 얻는다. 미국의 사회학자 마크 포스터는 이렇게 기업이 수집한 소비자 데이터베이스를 '슈퍼 팬옵티콘'이라고 지칭하였다.

① ㉠에는 '시선의 비대칭성'이 적용되지만, ㉡에는 '시선의 비대칭성'이 적용되지 않는다.

② ㉠에서와 마찬가지로 ㉡에서도 자신도 모르게 감시를 받는 경우가 있을 수 있다.

③ ㉠에서의 감시자의 시선은 ㉡에서 정보 수집을 위해 기업이 주는 혜택으로 변형되어 나타나기도 한다.

④ ㉠에서 감시를 받는 사람은 선택권이 없지만 ㉡에서는 감시를 받는 사람의 자발적인 협조에 감시가 이루어지는 경우가 많다.

(11~12) 다음 글을 읽고 물음에 답하시오.

　　〈늑대와 춤을〉이라는 영화에서, 늑대와 춤을 추듯이 노는 주인공의 모습을 보고 마을 사람들은 그의 이름을 '늑대와 춤을'이라고 하였다. 이러한 이름 붙이기는 너무 즉흥적으로 보이지만 한 공동체에서 그 구성원에게 의미를 부여하는 일이라는 점에서는 우리의 이름 붙이기와 다를 바가 없다. 다른 점이 있다면 인디언들은 사건을 지시하는 문장을 곧바로 이름으로 사용하였고, 우리는 이를 명사형으로 바꿔 이름을 만든다는 것뿐이다.

　　고구려를 세운 사람은 '주몽'이었는데, 주몽은 '활을 잘 쏘는 사람'에게 붙이는 이름이었다. 또한 백제 무왕의 어릴 적 이름은 '마를 파는 사람'이라는 의미의 '맛둥'이었다. 지금이야 그런 이름을 짓는 사람은 없겠지만 우리 할아버지 세대만 해도 어떤 특성이 곧바로 이름이 되어 버린 경우가 자주 있었다. '돌쇠'는 '돌처럼 단단하게 생긴 사람'에게, '먹쇠'는 '먹기를 좋아하는 사람'에게 붙는 이름이었다. 결국 사람의 특성이나 역할을 그 이름으로 삼은 것은 작은 공동체에서 한 사람을 다른 사람과 구별 짓는 일이었다.

　　그러나 지금 인디언 사회에서 '늑대와 춤을'과 같은 이름을 찾기 힘든 것처럼, 공동체의 삶의 양식이 변하면 이에 따라 이름 붙이는 관습도 함께 변화를 겪게 된다. 우리의 경우는 어떤가? 우리 주변에는 '주몽', '맛둥', '돌쇠', '먹쇠' 등과 같이 사람의 특성이나 역할을 표시하는 이름을 가진 사람은 드물다. 이러한 변화는 삶의 양식이 변하는 것과 깊은 관련을 맺는다.

　　유교적 전통 안에서 혈연으로 이루어진 공동체를 유지하는 것이 중요한 일이 되면서, 이름은 서열을 나타내는 중요한 징표가 되기도 하였다. 처음 만난 친척도 그 이름만 들으면 그 사람과의 서열 관계를 쉽게 파악할 수 있도록 하기 위해, 항렬을 정해 이름자를 정하는 것도 우리의 전통이 되었다. '지연', 지수', '지민' 등과 같은 예의 이름이 많은 것은 이러한 사회에서는 그 사람의 특징이나 역할과 상관없이 서열을 표시하는 글자를 중심으로 이름을 지었기 때문이다.

　　그러나 이런 이름 붙이기는 서구적인 문화 양식이 자리 잡아 가면서 많은 변화를 겪고 있다. 한편에서는 서열에 따른 이름 붙이기가 지속되고 있지만, 다른 한편으로는 이름의 미적인 측면에 관심을 기울이고 있다. '초롱', '아름', '보람' 등 고유어 이름이 확산되는 것도 이름의 양식을 변화시키는 요인이라고 할 수 있다. 특히 이러한 양상은 서구식 발음 구조가 많은 영향을 미친 것으로 보인다. 로마자 표기의 단순화를 고려해 발음을 단순화하고, 받침이 없는 단어를 선호하며, 받침이 있더라도 'ㄱ, ㅂ'보다는 'ㄴ, ㅁ' 등을 선호하는 점이 이를 잘 보여주는 예라 할 수 있다.

문 11. 윗글을 통해 파악할 수 있는 내용으로 적절하지 <u>않은</u> 것은?
　① 이름을 붙이는 관습이 변하면 공동체 구성원의 삶의 양식도 함께 변한다.
　② 서구적인 문화 양식은 오늘날 한국 사회의 이름 양식에 영향을 주고 있다.
　③ 우리나라에서 서열 관계를 중시한 이름 짓기는 유교적 전통과 관련이 있었다.
　④ 사람의 특성이나 역할로 이름으로 삼는 것은 오늘날 한국 사회에서는 흔하지 않다.

문 12. 윗글에 언급된 '이름 짓기' 유형에 따라 지은 이름이 <u>아닌</u> 것은?
　① 얼굴이 고와서 '곱단'
　② 몸집이 크고 튼튼해서 '우람'
　③ 우리말을 잘 살려서 쓴 '다솜'
　④ 형제인 '대한(大韓)'과 '민국(民國)'

(13~14) 다음 글을 읽고 물음에 답하시오.

예술과 감정의 연관을 긍정적인 측면에서 해석하려는 입장을 대표하는 사람으로 톨스토이와 콜링우드가 있다. ㉠**톨스토이**의 견해에 따르면, 생각이 타인에게 전달될 필요가 있듯이 감정도 그러하다. 이때 감정을 타인에게 전달하는 주요 수단이 예술이다. 예술가는 자신이 표현하고픈 감정을 떠올린 후, 작품을 통해 타인도 공감할 수 있도록 전달한다. 그런데 이때 전달되는 감정은 질이 좋아야 하며, 한 사회를 좋은 방향으로 이끌어 나갈 수 있어야 한다. 연대감이나 형제애가 그러한 감정이다. 좋은 감정이 잘 표현된 한 편의 예술이 전 사회, 나아가 전 세계를 감동시키며 세상의 발전에 기여할 수 있다.

반면 콜링우드는 톨스토이와 생각이 달랐다. 콜링우드는 연대감이나 형제애를 사회에 전달하는 예술이 부작용을 초래할 수 있다고 보았다. 전체주의적 대규모 집회에서 드러나듯 예술적 효과를 통한 연대감의 전달은 때론 비합리적 선동을 강화하는 결과를 초래한다. 톨스토이 식으로 예술과 감정을 연관시키는 것은 예술에 대한 앞서의 비판에서 벗어나기 힘들다. 따라서 콜링우드는 감정의 전달이라는 외적 측면보다는 감정의 정리라는 내적 측면에 관심을 두었다.

㉡**콜링우드**에 따르면, 언어가 한 개인의 생각을 정리하는 수단이듯이 예술은 한 개인의 감정을 정리하는 수단이다. 우리의 생각을 정리하는 훈련이 필요하듯이 우리의 감정도 그러하다. 일상사에서 벌컥 화를 내거나 하염없이 눈물을 흘리다 보면 감정을 지나치게 드러낸 듯하여 쑥스러운 경우가 종종 있다. 그런데 분노나 슬픔은 공책을 펴 놓고 논리적으로 곰곰이 추론한다고 정리되는 것이 아니다. 생각은 염주 알처럼 진행되지만, 감정은 불쑥 솟구쳐 오르거나 안개처럼 스멀스멀 밀려오기 때문이다. 이러한 인간의 감정은 그와 생김새가 유사한 예술을 통해 정리되는 것이 바람직하다. 그리고 예술을 통해 우리의 감정이 정리되었으면 굳이 타인에게 전달하지 않더라도 예술은 그 소임을 충분히 완성한 것이다.

문 13. ㉠이 예술적으로 높이 평가했을 작품으로 가장 적절한 것은?

① 포수는 한 덩이 납으로 / 그 순수를 겨냥하지만, / 매양 쏘는 것은 / 피에 젖은 한 마리 상한 새에 지나지 않는다.

② 밤에 홀로 유리를 닦는 것은 / 외로운 황홀한 심사이어니, / 고운 폐혈관이 찢어진 채로 / 아아, 너는 산새처럼 날아갔구나!

③ 눈물 아롱아롱 / 피리 불고 가신 임의 밟으신 길은 / 진달래 꽃비 오는 서역 삼만 리. / 흰 옷깃 여며 여며 가옵신 임의 / 다시 오진 못하는 파촉 삼만 리.

④ 보리밭에 내리던 봄눈들을 데리고 / 추워 떠는 사람들의 슬픔에게 다녀와서 / 눈 그친 눈길을 너와 함께 걷겠다. / 슬픔의 힘에 대한 이야길 하며 / 기다림의 슬픔까지 걸어가겠다.

문 14. 〈보기〉를 보고 ㉠과 ㉡이 나누었을 대화를 예상해본다고 할 때, 적절하지 <u>않은</u> 것은?

〈 보 기 〉

영국의 시인 키츠가 다음과 같이 말했다. "불면(不眠)의 밤을 보내며 완성한 시를 아침 해를 바라보며 불태워 버려도 좋다."

① ㉠: 예술은 자신의 감정을 타인에게 전달하는 수단입니다. 그런데 시를 완성해 놓고도 타인에게 전달하지 않고 태워버리다니 아쉽군요.

② ㉡: 그래도 불면의 밤을 지내는 동안 느꼈을 혼란한 감정을 시를 통해 정화했으니 예술은 그 소임을 다 한 것이지 않을까요.

③ ㉠: 혼란한 감정을 정화할 수 있을 만한 시였다면 다른 사람들도 그 시를 보고 공감하며 자신의 감정을 정화할 수 있었을 것이라고 생각합니다.

④ ㉡: 혼란한 감정에서 쓴 시는 논리적이기 어려우므로 다른 사람의 공감을 이끌어내기 어렵습니다. 이 경우, 시를 태운 것은 적절한 행동이었어요.

(15~16) 다음 글을 읽고 물음에 답하시오.

　　소쉬르는 언어가 역사적인 산물이더라도 변화 이전과 변화 이후를 구별해서 보아야 한다고 주장하였다. 언어는 구성 요소의 순간 상태 이외에는 어떤 것에 의해서도 규정될 수 없는 가치 체계이므로, 그 자체로서의 가치 체계와 변화에 따른 가치를 구별하지 않고서는 언어를 정확하게 연구할 수 없다는 것이다. 화자는 하나의 상태 앞에 있을 뿐이며, 화자에게는 시간 속에 위치한 현상의 연속성이 존재하지 않기 때문이다. 그러므로 한 시기의 언어 상태를 기술하기 위해서는 그 상태에 이르기까지의 모든 과정을 무시해야 한다고 하였다.

　　소쉬르에 따르면, 공시태는 위 그림에서 가로축에 해당한다. 공시태는 공존하는 사항 간의 관계를 말하는 동시성의 축이며, 시간의 어떠한 개입도 배제된 정적인 언어 상태이다(A시대, B시대). 통시태는 한 상태에서 다른 상태로의 이행이다(A시대→B시대). 공시적, 통시적이라는 말은 현상 자체를 말하기도 하고, 언어 현상을 기술하는 언어학자의 방법론이나 관점을 말하기도 한다. 공시적 연구는 언어의 한 상태를 고찰하는 것이고, 통시적 연구는 한 상태에서 다른 상태로의 이행을 고찰하는 것이다.

　　소쉬르의 개념과 방법론은 언어학의 발전에 크게 기여하였으며 오늘날에도 여전히 유효하다. 다만 소쉬르가 공시태를 정적인 상태, 즉 정태(靜態)와 동일시하였던 점에 대해서는 비판적인 논의가 있어 왔다. 언어는 변화하는 것이므로 시간의 개입이 완전히 배제된 정적인 상태라는 것은 현실에서 존재하기 어렵다. 야콥슨은 음운 변이는 변하지 않는 언어 요소들과 같은 자격으로 공시적 연구의 대상이 되어야 하며, ㉠ 정태와 ㉡ 공시태를 동의어로 보는 것은 오류라고 하였다. 마르티네도 언어가 변화하지만 기능이 그치는 것이 아니라, 또한 어떤 언어의 기능을 기술하려 할 때에도 그 언어가 변화하고 있는 중이라는 것을 유념해야 한다고 하였다. 이러한 논의들은 소쉬르가 말한 공시태 개념이 갖는 문제점을 비판하고 수정한 것이다.

문 15. 야콥슨의 관점에서 본 ㉠과 ㉡의 개념을 비유적으로 표현한 것으로 가장 적절한 것은?

① 정지한 상태에서 산을 보는 것은 ㉠이고, 이동하면서 산을 보는 것은 ㉡이다.

② 벼가 익는 과정을 전체적으로 보는 경우는 ㉠이고, 한 순간 한 순간 분절해서 보는 경우는 ㉡이다.

③ 음표는 악보에서는 기호이지만 연주될 때는 소리인데, 악보의 음표가 ㉠이고, 연주되는 소리가 ㉡이다.

④ 날아가는 화살을 한 순간에 정지되어 있다고 보는 경우는 ㉠이고, 그 순간에도 이동성을 갖고 있다고 보는 경우는 ㉡이다.

문 16. 소쉬르의 관점에서 〈보기〉를 이해한 것으로 적절하지 <u>않은</u> 것은?

─── 〈보　기〉 ───
ⓐ '좁쌀'의 중세 국어 어형은 '조뿔'인데, 이는 '조ㅎ'과 '뿔'이 결합한 것이다.
ⓑ '조뿔'은 'ㅴ'이 'ㅆ'으로, 'ㆍ'가 'ㅏ'로 변화하여 오늘날의 '좁쌀'이 되었다.
ⓒ '좁쌀'의 'ㅂ'은 '뿔'의 흔적이다.

① 중세 국어에서 '조ㅎ+뿔'이 '조뿔'로 이행되는 것은 통시태이다.

② 현대 국어의 '좁쌀'을 ⓑ와 같이 연구하는 것은 공시적 연구이다.

③ '뿔'이 어떻게 '쌀'이 되었는지를 고찰한다면 그것은 통시적 연구이다.

④ '조뿔'은 중세 국어에서 공시태이고 '좁쌀'은 현대 국어에서 공시태이다.

문 17. 다음 글을 통해 알 수 있는 내용으로 적절하지 <u>않은</u> 것은?

'쓰는 문화'가 책의 문화에서 가장 우선이다. 쓰는 이가 없이는 책이 나올 수가 없다. 그러나 지혜를 많이 갖고 있다는 것과 그것을 글로 옮길 줄 아는 것은 별개의 문제이다. 엄격하게 이야기해서 지혜는 어떤 한 가지 일에 지속적으로 매달린 사람이면 누구나 머릿속에 쌓아두고 있는 것이다. 하지만 그것을 글로 옮기기 위해서는 특별하고도 고통스러운 훈련이 필요하다. 생각을 명료하게 정리할 줄과 글맥을 이어갈 줄 알아야 하며, 그리고 줄기찬 노력을 바칠 준비가 되어 있어야 한다. 모든 국민이 책 한 권을 남길 수 있을 만큼 쓰는 문화가 발달한 사회가 도래하면, 그때에는 지혜의 르네상스가 가능할 것이다.

'읽는 문화'의 실종, 그것이 바로 현대의 특징이다. 신문의 판매 부수가 날로 떨어져 가는 반면에 텔레비전의 시청률은 날로 증가하고 있다. 깨알 같은 글로 구성된 200쪽 이상의 책보다 그림과 여백이 압도적으로 많이 들어간 만화책 같은 것이 늘어나고 있다. 보는 문화가 읽는 문화를 대체해 가고 있다. 읽는 일에는 피로가 동반되지만 보는 놀이에는 휴식이 따라온다. 일을 저버리고 놀이만 좇는 문화가 범람하고 있지 않는가. 보는 놀이가 머리를 비게 하는 것은 너무나 당연하다. 읽는 일이 장려되지 않는 한 생각 없는 사회로 치달을 수밖에 없다. 책의 문화는 바로 읽는 일과 직결되며, 생각하는 사회를 만드는 지름길이다.

① 지혜가 많은 사람이라고 해서 반드시 글을 쓰는 것은 아니다.
② 쓰는 문화가 발달한 사회라야 지혜의 르네상스가 펼쳐진다.
③ 현대는 읽는 문화보다 보는 문화가 더 발달해 있다.
④ 생각하는 사회는 읽는 문화가 아니라 보는 문화가 만든다.

문 18. 〈보기〉의 글이 들어갈 부분으로 가장 적절한 곳은?

─── 〈 보 기 〉 ───

즉, 처음에 생각한 바를 음성 언어로만 표현하다가 차차 그것을 일정한 의미로 어느 정도 분명하게 설명할 수 있게 되자 다시 그것을 문자로도 표현할 수 있게 되었다는 것이다. 이미 언급한 설형문자의 예로 문자의 발전을 추측해 볼 수 있다.

(가) 메소포타미아 유적지를 발굴하던 중에 설형문자가 새겨진 점토판 몇천 개가 발견되었다. 그 점토판에 쓰인 설형문자를 해독해 본 결과 여러 가지 맥주 조제법, 곡식을 배달한 뒤 주고받은 영수증, 가축의 종류와 마릿수, 건물 축조를 위한 규정 등이 새겨져 있음을 알게 되었다. 물론 그 밖에도 종교적, 역사적 사실이 적힌 문자판도 발견되었다.

(나) 이러한 일련의 점토판들은 우리에게 성서가 쓰이기 전, 그리고 예수가 탄생하기 이전의 고대 사회의 모습을 전해 주고 있다. 어떤 것들은 그 문자판을 읽는 독자에 대한 정보도 알게 한다. 그는 분명히 사제 계급의 교육 혜택을 누린 자였을 것이며 행정과 거래에서도 여러 기능을 담당한 사람이었을 것이다.

(다) 이집트 문자의 발생에서도 역시 그림문자가 큰 역할을 담당했다. 학자들은 항아리나 다른 생활용품들에 새겨 넣었던 그림 장식에서 이집트 문자가 발전했을 것이라고 추측한다. 이 장식된 그림문자들은 그림을 보는 독자에게 영상적인 의미를 제시했다. 그러나 우리가 어떤 것을 엄격한 의미에서의 문자라고 부르려면 그 사용된 표식이 말소리로도 옮겨질 수 있어야만 한다.

(라) 이집트, 메소포타미아, 인더스 중에 어느 지역에서 문자가 최초로 만들어졌는지에 대해서는 학자들 사이에 아직도 의견이 분분하다. 거론된 세 고문화에서 기원전 약 5,500~4,800년 경에 최초로 문자가 만들어졌다. 언어학자들은 처음에는 한정적이었던 문자의 체계가 시간이 지나감에 따라 완전한 형태로 발전했을 것이라고 가정한다.

(마) 수메르 인들의 사원학교에서 발견된 점토판을 연구함으로써 설형문자가 발전된 여러 단계의 과정을 따라가 볼 수 있다. 점토판의 한쪽 면에는 교사의 모범 글씨가 새겨 있고 다른 한쪽에는 학생들이 그것을 따라 연습한 글씨가 새겨져 있다. 전문가의 의견에 따르면, 이러한 최초의 문자 표본은 무엇인가를 기억하기 위한 목적으로 사용된 것이며 실제의 물체를 단순화하여 표식으로 만든 것이었다. 예를 들면 소의 표식으로 소의 머리를 그렸고 단순화된 삼각형 모양으로 여성의 성기 모양을 나타내어 '여자'에 해당되는 그림문자를 만들었다. 그것들은 일종의 픽토그램과 같은 것으로서 하나의 그림 표식마다 그에 해당하는 사물이나 생물을 나타내었다.

① (가)의 뒤　　　　　　② (나)의 뒤
③ (다)의 뒤　　　　　　④ (라)의 뒤

(19~20) 다음 글을 읽고 물음에 답하시오.

> 저작자는 자신의 저작물에 대해 권리를 갖는데, 이를 저작권이라 한다. 저작권은 인간의 사상이나 감정을 창작적으로 표현한 저작물을 보호하기 위해 그 저작자에게 부여한 권리이다. 저작권법에서는 저작물을 다른 사람이 이용할 때는 저작권자의 허락을 필요로 하며, 그러한 허락을 얻지 않고 이용하는 행위를 위법으로 규정하고 있다.
>
> 또한 "공표된 저작물은 보도·비평·교육·연구 등을 위해서는 정당한 범위 안에서 공정한 관행에 합치되게 이를 인용할 수 있다."라는 규정을 통해 저작재산권 침해 여부를 다루고 있다. 타인의 저작물을 인용할 때는 정당한 범위 안에서, 공정한 관행에 합치하는 방법으로 이루어져야 한다는 것이다. 그런데 문제는 '정당한 범위' 또는 '공정한 관행'에 관한 해석에 있다.
>
> 먼저 정당한 범위는, 다른 저작물을 자기가 작성하는 저작물에 인용해야만 하는 필연성이 인정되어야 하며, 또한 자기 저작물의 내용과 인용 부분 사이에는 일종의 주종 관계가 성립되어야 한다는 것으로 해석할 수 있다. 즉, 자기가 창작하여 작성한 부분이 주(主)를 이루고, 그것에 담겨 있는 주제를 좀 더 부각하거나 주장의 타당성을 입증할 목적으로 다른 저작물의 일부를 종(從)으로서 인용했을 때에 비로소 정당한 범위 안에서의 인용이 성립된다.
>
> 그리고 공정한 관행이란, 인용 부분이 어떤 의도에서 이용되고 있으며, 어떤 이용 가치를 지니는가에 따라 결정될 문제이다. 즉, 사회적인 통념에 비추어보아 타당하다고 여겨지는 인용만이 공정한 관행에 합치되는 것이라고 볼 수 있는데, 그것은 인용되는 부분을 자기 저작물과는 명확하게 구별되는 방법으로 처리해야 한다는 의미까지도 포함한다. 예를 들어, 보도의 자료로 저작물을 인용할 수밖에 없는 경우, 자기나 다른 사람의 학설 또는 주장을 논평하거나 입증할 목적으로 인용하는 경우 등은 공정한 관행에 합치되는 것으로 볼 수 있다.
>
> 원래 저작권법상 정당한 인용을 허용하는 것은 학술적·예술적 가치를 지닌 창작물을 이후에 등장할 저작자와 독자들이 가능한 한 손쉽게 이용하게 함으로써 문화의 향상 발전에 이바지하게 할 목적 때문이라고 할 수 있다. 그러나 아무리 정당한 인용이라 하더라도 출처 명시의 의무는 가능한 한 엄격하게 이행(履行)하는 것이 법리의 해석뿐만 아니라 도리에도 맞는다. 만약 출처 명시의 의무를 지키지 않는다면 이는 인용(引用)이 아니라 도용(盜用)으로 저작권 침해 행위가 된다. 따라서 다른 사람의 저작물을 일부라도 인용할 경우에는 그 부분에 인용 부호를 붙이거나 단락을 바꾸어 본문과는 다른 활자로 표시함으로써 인용 부분을 구분하는 것이 상식이다.

문 19. 윗글의 글쓰기 전략에 대한 설명으로 가장 적절한 것은?

① 문제점을 해결하는 방안을 제시하고 독자의 변화를 촉구한다.

② 대상에 대한 상반된 견해를 제시하고 절충적 대안을 모색한다.

③ 전문가의 견해에 개인적 체험을 덧붙여 독자의 이해를 돕는다.

④ 주요 개념을 정의하고 분석적 방법을 통해 대상의 요건을 제시한다.

문 20. 윗글을 참고할 때, 〈보기〉에 대한 반응으로 가장 적절한 것은?

> ─────── 〈보　기〉 ───────
>
> ㄱ출판사에서 출간한 《나의 인생》은 미국 작가 A의 소설을 거의 복제하다시피 했다. ㄱ출판사는 무명 작가인 B를 고용해 A의 작품과 흡사한 줄거리의 소설을 쓰게 하고, A의 소설에 실려 있는 사진을 삽화로 그려 넣어 책을 만들었다. A는 지난해 ㄱ출판사와 출판사 대표를 고소했고, 출판사 대표는 저작권법 위반 혐의로 불구속 기소됐다.

① ㄱ출판사가 A의 작품이 《나의 인생》에 인용되어야만 하는 이유를 책머리에 설명했더라면 《나의 인생》 출간이 아무런 문제가 없었을 거야.

② ㄱ출판사가 A의 소설을 차용했더라도 고용한 B의 실명을 밝혀 주었더라면 공정한 관행이라고 볼 수 있어.

③ ㄱ출판사가 A의 소설을 표절한 것은 정당한 인용이 아니지만 그렇다고 새롭게 그려 넣은 삽화까지 해당되는 것은 아니야.

④ B가 아무리 그럴듯하게 소설을 썼다고 해도 A가 쓴 글이 주(主)가 되므로 인용의 정당한 범위에서 벗어난 것으로 판단돼.

15회

문 1. 밑줄 친 부분의 표준 발음으로 올바른 것은?

① 그가 떠날 때 **전별연[전별련]** 따위는 없었다.

② **스물여섯[스무려섣]**, 그리 많은 나이가 아니다.

③ 잔칫상을 두고도 배가 아파 **눈요기[눈뇨기]**만 했다.

④ 프라이팬에 **식용유[시굥유]**를 두르고 전을 부쳤다.

문 2. 다음 시에 대한 이해로 적절하지 **않은** 것은?

> 저 지붕 아래 제비집 너무도 작아
> 갓 태어난 새끼들만으로 가득 차고
> 어미는 둥지를 날개로 덮은 채 간신히 잠들었습니다
> 바로 그 옆에 누가 박아 놓았을까요, 못 하나
> 그 못이 아니었다면
> 아비는 어디서 밤을 지냈을까요
> 못 위에 앉아 밤새 꾸벅거리는 제비를
> 눈이 뜨겁도록 올려다봅니다
> 종암동 버스 정류장, 흙바람은 불어오고
> 한 사내가 아이 셋을 데리고 마중 나온 모습
> 수많은 버스를 보내고 나서야
> 피곤에 지친 한 여자가 내리고, 그 창백함 때문에
> 반쪽 난 달빛은 또 얼마나 창백했던가요
> 아이들은 달려가 엄마의 옷자락을 잡고
> 제자리에 선 채 달빛을 좀 더 바라보던
> 사내의, 그 마음을 오늘 밤은 알 것도 같습니다
> 실업의 호주머니에서 만져지던
> 때 묻은 호두알은 쉽게 깨어지지 않고
> 그럴듯한 집 한 채 짓는 대신
> 못 하나 위에서 견디는 것으로 살아온 아비,
> 거리에선 아직도 흙바람이 몰려오나 봐요
> 돌아오는 길 희미한 달빛은 그런대로
> 식구들의 손잡은 그림자를 만들어 주기도 했지만
> 그러기엔 골목이 너무 좁았고
> 늘 한 걸음 늦게 따라오던 아버지의 그림자
> 그 꾸벅거림을 기억나게 하는
> 못 하나, 그 위의 잠
>
> — 나희덕, 〈못 위의 잠〉

① '식구들의 손잡은 그림자'를 통해 가난하지만 서로 의지하는 가족의 모습을 표현하고 있다.

② '창백함'과 '반쪽 난 달빛'을 통해 밤늦도록 고되게 일하다 돌아오는 어머니의 모습을 표현하고 있다.

③ '늘 한 걸음 늦게 따라오던 아버지의 그림자'를 통해 가족에게 미안해하는 아버지의 마음을 표현하고 있다.

④ '그럴듯한 집'과 '못 하나, 그 위의 잠'의 대비를 통해 과거로 돌아가고자 하는 아버지의 소망을 표현하고 있다.

문 3. 〈보기〉의 개요를 수정하거나 보완하는 방안으로 적절하지 **않은** 것은?

> ───── 〈보 기〉 ─────
> 주제문 : 인터넷상의 개인 정보 유출 문제와 해결 방안
> Ⅰ. 서론 : 개인 정보가 넘쳐나는 인터넷의 현실
> Ⅱ. 본론
>   1. 개인 정보 유출의 사회적 의의
>   ㄱ. 범죄에 악용될 위험성
>   ㄴ. 사생활 침해 우려
>   2. 개인 정보 유출의 원인
>   ㄱ. 공공 및 민간 기관의 개인 정보 관리 소홀
>   ㄴ. 개인 정보의 중요성에 대한 인식 부족
>   3. 문제의 해결 방안
>   ㄱ. 개인 정보 보호를 위한 체계적인 관리망 구축
>   ㄴ. 개인 정보 유출 피해자에 대한 적극적인 보상
>   ㄷ. 개인 정보의 중요성에 대한 의식 고취
> Ⅲ. 결론 : 공공 기관의 보안 의식 제고

① 'Ⅱ-1. 개인 정보 유출의 사회적 의의'는 하위 항목과 어울리지 않으므로 '개인 정보 유출의 문제점'으로 수정한다.

② 'Ⅱ-2'의 내용을 보완하기 위해 '개인 정보 유출로 인한 피해 양상'이라는 항목을 추가한다.

③ 'Ⅱ-3-ㄴ'은 내용의 논리적 흐름에 비추어 적절하지 않으므로 삭제하거나 다른 내용으로 대체한다.

④ 'Ⅲ. 결론'의 내용이 지나치게 제한적이므로 '관련 기관 및 개인의 노력 촉구'로 수정한다.

문 4. 다음 글에 대한 이해로 적절하지 <u>않은</u> 것은?

> 간관은 재상과 대등하다. 천하의 득실과 생민의 이해, 사직의 대계와 같이 오직 그 듣고 본 바 직무에 얽매이지 않는 것은 오직 재상만이 행할 수 있고 간관만이 말할 수 있으니, 간관은 직위가 낮아도 재상과 대등하다. 천자가 불가하다고 하더라도 재상은 가하다고 할 수 있으며, 천자가 그렇다고 하더라도 재상은 그렇지 않다고 할 수 있으니, 조정에 앉아서 천자와 더불어 가부를 상의하는 사람이 재상이다. 천자가 옳다고 해도 간관은 옳지 않다고 할 수 있으며, 천자가 반드시 행해야 한다고 해도 간관은 반드시 행해서는 안 된다고 할 수 있으니, 어전에 서서 천자와 더불어 시비를 다툴 수 있는 사람이 간관이다. 재상은 그 도를 온전히 행하고 간관이 그 말을 다하면, 말이 행해지고 도 역시 행해진다. 구경·백집사는 하나의 직책을 지키는 자로서 한 직책의 소임을 맡으나, 재상·간관은 천하의 일에 연관되어 있으니, 또한 천하의 책임을 맡은 것이다.
>
> — 정도전, 〈삼봉집〉 중에서
>
> *구경(九卿): 조선 시대에, 삼정승에 다음 가는 아홉 고관직. 의정부의 좌우참찬(左右參贊), 육조 판서(六曹判書), 한성부 판윤(漢城府判尹)을 이른다.
>
> *백집사(百執事): 모든 일을 맡아서 하는 관리.

① 간관의 임무를 재상의 위상 및 임무와 비교·대조하면서, 간관의 중요성을 강조하고 있는 글이다.

② 다른 관료들처럼 하나의 구체적인 직무에 얽매이지 않는 점에서 재상과 간관이 비슷하다고 보고 있다.

③ 재상은 시비득실을 따져 숨김없이 논하는 것이, 간관은 그런 일을 실제적으로 수행하는 것이 주된 책무라고 보고 있다.

④ 간관과 재상은 군주의 뜻을 거슬러서 논하고 행할 수 있고 또 그렇게 해야 한다는 점을 강조하고 있다.

문 5. 다음 ㉠~㉣ 중 '臣所謂泉石膏肓, 煙霞痼疾者'와 가장 밀접한 표현은?

> ㉠ 江강湖호애 病병이 깁퍼 竹듁林님의 누엇더니, 關관東동 八팔百빅 里니에 方방面면을 맛디시니, 어와 聖셩恩은이야 가디록 罔망極극ᄒ다. 延연秋츄ᄱ門문 드리ᄃ라 慶경會회南남ᄱ門문 ᄇ라보며, 下하直직고 믈너나니 玉옥節졀이 알픠 셧다. 平평丘구驛역 믈을 ᄀ라 黑흑水슈로 도라ᄃ니, 蟾셤江강은 어듸메오, 雉티岳악이 여긔로다. 昭쇼陽양江강 ᄂ린 믈이 어드러로 든단 말고. ㉡ 孤고臣신 去거國국에 白빅髮발도 하도 할샤. 東동州쥐 밤 계오 새와 北븍寬관亭뎡의 올나ᄒ니, ㉢ 三삼角각山산 第뎨一일峰봉이 ᄒ마면 뵈리로다. 弓궁王왕 大대闕궐 터희 烏오鵲쟉이 지지괴니, 千쳔古고 興흥亡망을 아ᄂ다, 몰ᄋᄂ다. 淮회陽양 녜 일홈이 마초아 ᄀ틀시고. ㉣ 汲급長댱孺유 風풍彩ᄎ를 고텨 아니 볼 게이고.

① ㉠   ② ㉡   ③ ㉢   ④ ㉣

문 6. 다음 방송 뉴스에서 취재 기자가 취하고 있는 태도를 가장 잘 설명한 것은?

> 앵커: 네, 이미 10년 전에 멸종된 것으로 알려진 천연 기념물 장수하늘소가 경기도 광릉 숲에서 다시 발견되었습니다. 그런데 이 장수하늘소는 수컷인데도 암컷의 모양을 하고 나타나서 논란을 불러일으키고 있습니다. 취재 기자를 연결합니다.
>
> 기자: 곤충 가운데 유일하게 천연 기념물로 지정된 장수하늘소. 예전에는 북한산과 강원도 산간에서 볼 수 있었지만, 최근 10년 동안에는 한 번도 발견되지 않았습니다. 이렇게 멸종된 것으로 알려졌던 장수하늘소가 경기도 광릉 숲에서 다시 나타났습니다. 그러나 이번에 발견된 장수하늘소는 수컷이 암컷의 모양을 하고 있습니다. 이 때문에 장수하늘소가 환경 파괴로 기형이 되었다는 주장이 제기되고 있습니다.
>
> 인터뷰1: "이번에 발견된 장수하늘소가 그 모양이 암컷의 특징을 갖고 있는 그 변종 형태로 나타났기 때문에……."
>
> 기자: 기형이라는 환경 단체의 주장과는 달리 광릉 수목원측은 다른 종류의 장수하늘소라는 입장입니다.
>
> 인터뷰2: "저희가 장수하늘소의 조사된 개체를 확인해 본 결과 수컷 중에서 동일종에서 나타나는 개체 변이의 일종이……."
>
> 기자: 카페와 호텔이 들어서고 차량 통행이 늘어나면서 최근 10년 동안 20여 종의 희귀 곤충들이 광릉 숲 주변에서 완전히 자취를 감추었습니다. 그리고 10년 만에 다시 나타난 장수하늘소는 암수가 뒤바뀌었다는 논란과 함께 우리 곁에 찾아왔습니다.

① 자신의 가치 판단을 중심으로 정보를 전달하고 있다.

② 상반된 주장의 한 쪽만을 집중적으로 부각시키고 있다.

③ 사실을 쟁점화하여 시청자의 관심을 불러일으키고 있다.

④ 자신의 시각보다는 방송사의 입장을 강하게 내세우고 있다.

문 7. ㉠~㉣의 어휘적 의미를 잘못 풀이한 것은?

> - 앞서거니 뒤서거니 하여 도랑이면 건너뛰고 굽은 길이면 ㉠논틀밭틀로 질러가면서 귀에서 바람이 씽씽 나게 달아났다.
> - 한편으로는 저도 모르는 사이에 그에게 끌리면서도 그에게 ㉡시삐 보이기는 죽어도 싫었던 것이다.
> - 할머니만이 홀로 청청해 가지고 첫새벽부터 기진맥진한 사람들을 게으른 소 ㉢잡도리하듯 했다.
> - 그 알량한 남편 양반 받드느라 삯바느질이야 남의 집 품 빨래야 화장품 장사야 그 ㉣칙살스러운 벌이를 해다가 겨우 겨우 목구멍에 풀칠을 하지요.

① ㉠: 논두렁이나 밭두렁을 따라 난 좁은 길

② ㉡: 별로 대수롭지 않은 듯하게

③ ㉢: 아주 요란스럽게 닦달하거나 족치다

④ ㉣: 이랬다저랬다 하는, 변하기 쉬운 태도나 성질이 있는

문 8. 다음 두 문장 간의 관계를 유의 관계로 보기 <u>어려운</u> 것은?

① 경찰이 범인을 잡았다./범인이 경찰에게 잡혔다.

② 언니는 그는 키만 크다고 했다./언니는 그는 키도 크다고 했다.

③ 그는 동생과의 약속을 못 지켰다./그는 동생과의 약속을 지키지 못했다.

④ 아버지께서는 전답을 유산으로 남겼다./아버지께서는 논밭을 유산으로 남겼다.

문 9. ㉠~㉢에 들어갈 예를 바르게 묶은 것은?

> ─── <보 기> ───
>
> 어간이 '르'로 끝나는 용언은 모음 어미와 결합했을 때 활용하는 양상에 따라 다음과 같이 세 가지 유형으로 분류할 수 있다.
>
> • '따르다' 유형: 例 어머니를 **따라** 시장 구경을 갔다. --㉠
> • '푸르다' 유형: 例 앞산이 한결 더 **푸르러** 보인다. ---㉡
> • '부르다' 유형: 例 지나가는 친구를 큰 소리로 **불렀다**. - ㉢

	㉠	㉡	㉢
①	치르다	이르다[至]	나르다
②	기르다	이르다[謂]	치르다
③	고프다	이르다[至]	구르다
④	빠르다	이르다[謂]	모르다

문 10. <보기>의 문장에 대한 이해로 적절하지 <u>않은</u> 것은?

> ─── <보 기> ───
>
> ㉠ 이 그림은 **불후(不朽)의** 명작이다.
> ㉡ 사내가 돼 가지고 **고만** 힘도 없어서 낑낑거리니?
> ㉢ **대학원생인** 형은 영어를 아주 잘하는 편이다.
> ㉣ **자기** 전에 할 일을 모두 끝내야 한다.

① ㉠에서는 명사가 관형격 조사와 결합하여 관형어로 쓰였군.

② ㉡에서는 관형사가 다른 성분의 도움 없이 바로 관형어로 쓰였군.

③ ㉢에서는 동사가 관형사형 어미와 결합하여 관형어로 쓰였군.

④ ㉣에서는 동사의 명사형이 관형어로 쓰였군.

문 11. 단어의 사용이 어법에 맞고 문맥에 잘 어울리는 것은?

① 파업에 대한 찬반 투표를 <u>실시하고져</u> 하오니 모두 참석해 주시기 바랍니다.

② 사람들을 속이고 한 번도 아니고 두 번씩이나 그런 짓을 하다니 하늘이 두렵지 <u>않느냐</u>?

③ 참가자 중에서 수수께끼에 대한 답을 정확하게 <u>맞히면</u> 누구에게나 상품을 드립니다.

④ 다 자란 봄동이 지천으로 널려 있는 들판이 온통 눈으로 <u>덮힌</u> 광경이 장관이었다.

(12~13) 다음 글을 읽고 물음에 답하시오.

고대인은 운명에 대한 두려움 때문에 '점쟁이'를 찾았다. 자연의 거대한 힘 앞에서 초월적 존재에게 자신의 운명을 맡기는 나약한 인간들의 세계였다. 점쟁이의 말을 듣지 않음은 종종 재앙과 파국으로 연결되었다. 오이디푸스 신화 속 비극은 신탁을 믿지 않은 '발칙한' 인간들이 자초한 결과였다. 신의 명령대로 살아가는 것, 신의 매개자인 '점쟁이'의 말을 존중하는 것이 두려움을 극복하는 유일한 방법이었다.

하지만 데카르트의 명제 이후 이성의 찬란한 빛은 전 세계를 비추고 음습한 점쟁이들은 추방된다. 인간의 힘으로 자연을 극복할 수 있다는 믿음은 더 이상 점쟁이나 신을 필요로 하지 않게 되었다. 과학의 힘으로 전 세계가 밝혀졌으며 모든 것은 이성의 조망 아래 해석될 수 있으리라는 신념으로 넘치게 되었다.

넘치는 자신감이 계속되었으면 인간들은 얼마나 행복했을까. 안타깝게도 오늘날의 현실은 그렇지 못하다. 두 번의 거대한 전쟁과 원자탄의 위력은 과학이라는 도구가 인간을 아마겟돈으로 이끌지도 모른다는 불안감, 무한히 황금알을 낳던 자본주의의 암탉이 수시로 요동치며 공황이 다가올지도 모른다는 불안감이 우리를 위협하고 있기 때문이다.

새로운 두려움이 주위를 감싸고 가야 할 길이 보이지 않는 현실에서 우리는 매일 TV에서 ㉠'새로운 점쟁이'를 만난다. 하늘의 현상을 수리·역학적 모델로 환원하고 물리, 화학, 지질 등 알고 있는 온갖 이성을 동원한 일기예보가 오늘의 점쟁이다. 세계의 카오스를 이성을 동원하여 예측한다는 신념은 아직 살아 있는 셈이다. 슈퍼컴퓨터의 연산능력이라는 새로운 '계시'를 따르는 나약한 인간들은 우산을 준비하고, 선글라스를 챙긴다. 그러나 일기예보는 끊임없이 실제 자연 현상에 의해 우롱당하기 일쑤이다. 하지만 불안과 혼란에서 방황하는 인간들이 의지할 것이 따로 있을 리 없다. 하는 수 없이 또다시 일기예보를 보고 또다시 '운명의 예측 불가능'을 절감하는 수밖에.

문 12. 위 글의 필자가 궁극적으로 말하고자 하는 바는?
① 역사는 미신의 시대에서 이성의 시대로 발전하여 왔다.
② 과학을 비롯한 이성의 힘은 자연의 힘에 비해 보잘 것 없다.
③ 현대 과학의 힘이 부족한 것을 보완하여 자연을 극복하여야 한다.
④ 이성의 힘을 믿는 현대인도 미신에 휘둘리던 고대인과 다를 바 없다.

문 13. 위 글의 논지에 따를 때 ㉠에 해당하지 <u>않는</u> 것은?
① 경제연구소의 내년 GDP성장률
② 미래학자의 21세기 예상 보고서
③ 광고 기획사의 소비자 성향 변화 전망
④ 인터넷 포털사이트의 사주 상담 코너

(14~15) 다음 글을 읽고 물음에 답하시오.

사흘째 되는 날, 울안 샘에서 물동이를 들다가 벌렁 나자빠지는 걸 볼 때까지 나는 이모가 뒤란 대밭 속이나 침침한 부엌 안에서 우리 몰래 뭔가를 먹는 줄로만 알았다. 독하고 엉큼스런 구석이 있는 이모가 설마 사흘을 내리 굶지야 않겠지, 생각하고 안심했었다.

어머니나 이모는 그래도 괜찮은 편이었다. 무엇보다 우려되는 건 할머니와 외할머니 간의 불화였다. 외삼촌과 이모를 공부시키기 위해 살림을 정리해서 서울로 떠났던 외가가 어느 날 보퉁이를 꾸려 들고 느닷없이 우리들 눈앞에 나타났을 때, 사랑채를 비우고 같이 지내기를 먼저 권한 사람은 할머니였다. 난리가 끝나는 날까지 늙은이들끼리 서로 의지하며 살자는 말을 여러 번 들을 수 있었고, 얼마 전까지만 해도 두 사돈댁은 사실 말다툼 한번 없이 의좋게 지내 왔었다. 수복이 되어 ㉠<u>완장(腕章)</u>을 두르고 설치던 삼촌이 인민군을 따라 어디론지 쫓겨가 버리고 그때까지 대밭 속에 굴을 파고 숨어 의용군을 피하던 외삼촌이 국군에 입대하게 되어 양쪽에 다 각기 입장을 달리하는 근심거리가 생긴 뒤로도 겉에 두드러진 변화는 없었다. 그러던 두 분 사이에 얼추 금이 가기 시작한 것은 저 사건――내가 낯모르는 사람의 꼬임에 빠져 ㉡<u>과자</u>를 얻어먹은 일로 할머니의 분노를 사면서였다. 할머니의 말을 옮기자면, 나는 짐승만도 못한, 과자 한 조각에 삼촌을 팔아먹은, 천하에 무지막지한 사람 백정이었다. 외할머니가 유일한 내 편이 되어 궁지에 몰린 외손자를 감싸고 역성드는 바람에 할머니는 그때 단단히 비위가 상했던 것이다. 다음으로 두 분을 아주 갈라서게 만든 결정적인 계기는 ㉢<u>전사 통지서</u>를 받은 그 이튿날에 왔다. 먼저 복장을 지른 쪽은 외할머니였다. 그날 오후도 장대 같은 벼락불이 건지산 날망으로 푹푹 꽂히는 험한 날씨였는데, 마루 끝에 서서 그 광경을 지켜보던 외할머니가 별안간 무서운 저주의 말을 퍼붓기 시작한 것이다.

"더 쏟아져라! 어서 한 번 더 쏟아져서 바웃새에 숨은 뿔갱이 마자 다 씰어가그라! 나무 틈새기에 엎딘 뿔갱이 ㉣<u>숯뎅이</u> 같이 싹싹 끄실러라! 한 번 더, 한 번 더, 옳지! 하늘님 고오맙습니다!"

소리를 듣고 식구들이 마루로 몰려들었으나 모두들 어리둥절해져서 외할머니를 말리는 사람이 없었다. 벼락에 맞아 죽어 넘어지는 하나하나의 모습이 눈에 선히 보인다는 듯이 외할머니는 더욱 기가 나서 빨치산이 득실거린다는 건지산에 대고 자꾸 저주를 쏟았다.

"저 늙다리 예펜네가 뒤질라고 환장을 헜다?"

그러자 안방 문이 우당탕 열리면서 악의를 그득 담은 할머니의 얼굴이 불쑥 나타났다. 외할머니를 능히 필적할 만한 인물이 그제까지 집안 한쪽에 도사리고 있었음을 나는 뒤늦게 깨닫고 긴장했다.

"여그가 시방 누 집인 종 알고 저 지랄이랴, 지랄이?"

옆에서 흔들어 깨우는 바람에 갑자기 잠꼬대를 그친 사람처럼 외할머니는 멍멍한 눈길로 주위를 잠깐 둘러보았다.

– 윤흥길, 〈장마〉

문 14. 위 글의 서술상 특징으로 적절하지 <u>않은</u> 것은?

① 특정 인물의 시선을 통해 주변 인물들의 행동을 그려 내고 있다.

② 속어를 활용하여 인물의 격앙된 내면 감정을 겉으로 드러내고 있다.

③ 인물들의 갈등보다 인물이 처한 상황을 중심으로 사건을 전달하고 있다.

④ 중심 사건이 벌어지기 이전의 사건들을 요약을 통해 직접 서술하고 있다.

문 15. ㉠~㉣에 대한 이해로 적절하지 <u>않은</u> 것은?

① ㉠: 삼촌이 빨치산 활동을 평범하게 하지는 않았다는 것을 의미한다.

② ㉡: 내가 할머니 대신 외할머니의 편이 되기로 결심하는 계기가 된다.

③ ㉢: 그때까지의 기대가 물거품으로 돌아가게 되는 결정적 원인이다.

④ ㉣: 아들을 죽인 세력에 대하여 느끼는 분노와 증오가 집약되어 있다.

문 16. 밑줄 친 표현에서 추출할 수 있는 내용으로 적절하지 <u>않은</u> 것은?

<보 기>

㉠ 해 질 녘이니 이제 그만 돌아가 <u>주시겠어요</u>?

㉡ 약속 시간에 조금 늦게 갔더니 친구들이 모두 가 <u>버렸다</u>.

㉢ 아버지가 귀가하시자, 어머니는 솥을 <u>씻어서</u> 쌀을 안쳤다.

㉣ 어머니께서 주시는 밥을 다 먹고 <u>보니</u> 배가 너무 불렀다.

① ㉠: 화자의 완곡하게 말하는 태도가 드러나 있다.

② ㉡: 앞말이 나타내는 행동이 이미 끝났음을 나타낸다.

③ ㉢: 서술된 행위의 수단이나 방법을 나타낸다.

④ ㉣: 앞말이 뒷말의 원인이나 근거가 됨을 나타낸다.

문 17. ㉠의 이론을 적용할 필요성이 <u>없는</u> 것은?

주시경의 〈대한국어문법〉을 보면 주로 받침과 관련하여 '그 말의 원체와 본음의 법식'이라는 표현을 자주 썼음을 확인할 수 있다. 예를 들면 '덮어도, 덮으면, 덮고, 덮는'이라고 쓰는 것이 이 말의 '원체와 본음과 법식'에 옳은 것이요, '더퍼도, 더프면, 덥고, 덥는'이라고 쓰는 것은 그르다고 하고 있다. 즉 '덮-'이 '-고'나 '-는' 위에서 '덥-'으로 나는 것은 '접변(接變)'의 규칙에 의한 것일 뿐이라는 것이다.

이 책에서 그는 자신의 접변 이론을 처음 소개하였는데, 이것은 본음의 이론을 전제로 해서만 가능한 것이다. 여기에 〈대한국어문법〉에 실린 접변의 처음 두 규칙을 옮겨 보면 다음과 같다.

– ㄱ이 ㄴ이나 ㅁ 위에서는 ㅇ으로 변함. (본) 빅년(百年), 빅니(百里), 빅만(百萬)

– ㄴ이 ㄹ 위에서나 앞에서는 ㄹ로 변함. (본) 쳔리(千里), 팔년(八年)

이들 예에서는 '빅, 쳔, 년' 등을 본음으로 봄으로써, 이들의 말음이나 두음이 'ㄱ→ㅇ, ㄴ→ㄹ'로 변한다고 말할 수 있는 것이다. 그리하여 그는 〈국어문전음학〉에서 '벗(友)과 벋-(蔓→)'이 자음 위에서 상동(相同)하게 되는 것은 "임시의 자연한 음리"요, '백년(百年)'은 "임시의 음"으로는 '빙년'이라고 하였다. 이 ㉠ '본음'과 '임시의 음' 이론은 무엇보다도 생성음운론의 기저표시와 음성표시의 이론을 연상하게 한다. 이것이 비단 필자에 국한된 일은 아닐 것이다.

① <u>굳이</u> 주겠다면 마다하지 않겠지만, 내게 꼭 필요하지는 않은 물건이다.

② 하면 <u>좋고</u> 안 해도 괜찮은 일이라면 꼭 할 필요는 없다고 생각한다.

③ 사람이 <u>먹는</u> 음식을 가지고 장난을 치다니 몹쓸 사람들이다.

④ <u>남자</u>가 여자보다 신체적으로 더 강하다는 것은 자랑이 아니다.

문 18. ㉠의 예로 적절하지 <u>않은</u> 것은?

> ───── < 보 기 > ─────
>
> 1930년대 이전에도 장편 소설의 창작이 없었던 것은 아니지만 그 수는 극히 적은 편이었다. 1930년대에 이르면 다양한 문예지와 잡지, 신문을 통해 장기적인 연재가 가능해지고 출판 기술도 정교해져 연재소설 형식의 장편 소설이나 단행본 형태의 장편 소설이 다양하게 창작된다. 장편 소설의 붐은 역사 소설의 창작과 함께 시작되었다고 볼 수도 있는데, 1930년대 전 시간에 걸쳐 과거의 역사적 사실에 근거하여 새로운 이야기를 꾸려낸 다수의 역사 소설이 출간된다. 이와 같은 장편 소설의 대중화 흐름 속에서 ㉠ <u>가족사 소설과 같은 새로운 형식의 장편 소설</u>이 등장하기도 한다. 가족사 소설은 몇 세대에 걸친 가족 구성원들의 삶과 의식을 통해 식민지 시대에 누적된 세대적 갈등과 고민, 개인과 사회의 대립·갈등, 자본주의적 질서의 전면화 등의 시대적 문제들을 보다 확대된 지평 속에서 탐구해 들어갔다.

① 염상섭의 〈삼대〉 (1932)

② 김남천의 〈대하〉 (1939)

③ 채만식의 〈태평천하〉 (1938)

④ 박태원의 〈천변풍경〉 (1938)

(19~20) 다음 글을 읽고 물음에 답하시오.

> (가)
> 동짓달 기나긴 밤을 한 허리를 베어 내어
> 춘풍(春風) 이불 아래 서리서리 넣었다가
> 어론님 오신 날 밤이어든 굽이굽이 펴리라.
>
> — 황진이
>
> (나)
> 어이 못 오던가, 무슨 일로 못 오던가
> 너 오는 길에 무쇠로 성을 쌓고 성 안에 담 쌓고 담 안에 집을 짓고 집 안에 뒤주 놓고 뒤주 안에 궤를 놓고 그 안에 너를 필(必) 자형으로 결박하여 넣고 쌍배목(雙排目) 걸쇠*에 금거북 자물쇠로 깊숙이 잠가 있더냐, 네 어이 그리 아니 오더냐
> 한 해도 열두 달이오 한 달 서른 날에 날 와 볼 하루가 없으랴.
>
> (다)
> 개를 여남은 마리나 기르되 요 개같이 얄미우랴
> 미운 임 오며는 꼬리를 홰홰 치며 반겨서 내닫고 고운 임 오며는 뒷발을 버둥버둥 물렀다 나았다 캉캉 짖어서 돌아가게 한다.
> ㉠ <u>쉰밥이 그릇그릇 난들 너 먹일 줄이 있으랴.</u>
> *쌍배목 걸쇠 : 문고리를 걸어 두는 걸쇠.

문 19. (가)~(다)의 공통점으로 가장 적절한 것은?

① 개인적 시련을 이겨내는 바람직한 태도를 제시하고 있다.

② 부재하는 대상을 기다리는 화자의 마음을 형상화하고 있다.

③ 기억 속의 과거와 대비되는 현재의 불안감을 보여주고 있다.

④ 사회적 이념과 현실의 괴리에서 오는 절망감을 표현하고 있다.

문 20. ㉠을 〈보기〉와 같이 고쳐 썼다고 할 때, 그 과정에서 구상한 내용으로 가장 적절한 것은?

> ───── < 보 기 > ─────
>
> 이튿날 문밖에 개 사옵세 외치는 장수 가거들랑 찬찬 동여 내어 주리라.

① 순우리말을 구사하여 뜻을 더 쉽게 전달해 보자.

② 음절수를 조절하여 율격을 더 규칙적으로 만들어 보자.

③ 개를 시적 청자로 표면에 내세워 극적 성격을 강화해 보자.

④ 대응하는 방식을 바꿔서 미워하는 마음을 더 강하게 드러내 보자.

16회

문 1. 국어의 역사에 대한 다음 설명 중, 알맞지 <u>않은</u> 것은?

① 중세국어에서 'ㅚ, ㅐ, ㅔ'는 이중모음이었으며, 현대국어와 같은 단모음으로 변화한 것은 근대국어에서의 일이다.

② 중세국어는 성조(聲調)를 가지고 있는 이른바 성조언어였으며, 현대국어의 일부 방언에 그 흔적이 남아 있을 뿐이다.

③ 중세국어의 경우 주격조사는 모음 뒤에서도 'ㅣ'가 사용되었으며, 현대국어의 '가'는 중세국어 말기에 생성된 것으로 추정된다.

④ 중세국어에서 '빋'은 '값'의 뜻만을 가졌는데, 근대국어에 와서 현대국어의 '값'과 '빚'의 두 뜻을 가지게 되었다.

문 2. '훈민정음'에 대한 다음 설명 중 알맞지 <u>않은</u> 것은?

① 자음자 'ㄱ, ㄴ, ㅁ, ㅅ, ㅇ'은 상형의 원리에 따라 만들었다. 예를 들어 'ㄱ'과 'ㄴ'은 발음할 때 혀의 모양을, 'ㅁ'은 입의 모양을, 'ㅅ'은 이의 뾰족한 모양을, 'ㅇ'은 목구멍의 둥근 모양을 본떠서 만들었다.

② 'ㅋ, ㅌ, ㅍ, ㅊ' 등은 '가획'의 원리에 따라 만든 자음자로, 이것은 소리를 낼 때 좀 더 거세어지는 특징을 획이 하나 늘어나는 형태로 반영한 것이다. 즉 'ㅋ'은 'ㄱ'보다 거센 소리, 'ㅌ'은 'ㄷ'보다 거센 소리임을 나타낸다.

③ 모음자 'ㆍ, ㅡ, ㅣ'는 각각 하늘, 땅, 사람을 상형하여 만들었다. 구체적으로 'ㆍ'는 하늘의 둥근 모양을, 'ㅡ'는 땅의 평평한 모양을, 'ㅣ'는 사람의 서 있는 모양을 상형하여 만든 것이다.

④ 자음자 중 '상설부상악지형(象舌附上腭之形)'의 원리에 따라 제자한 것으로 기본자로는 'ㄱ'을 들 수 있고, 가획자로는 'ㅋ'을 둘 수 있으며, 이체자로는 'ㆁ'을 들 수 있다.

문 3. ㉠~㉣을 수정한 결과로 올바른 것은?

> ─── 〈보 기〉 ───
> ㉠ 원래 농사일이란 단 하루만 걸러도 표가 나는 법이다.
> ㉡ 큰 죄를 짓고도 그는 백주에 버젓이 대중 앞에 나섰다.
> ㉢ 마당에는 짤다란 나무 한 그루가 자라고 있을 뿐이었다.
> ㉣ 아내도 뒤따라 들어와서 부리나케 자리를 개 없는다.

① ㉠ : [농산닐]로 발음하므로 사이시옷을 넣어 '농삿일'로 적어야 한다.

② ㉡ : '버젓-'에 부사파생접미사가 결합한 것으로 '버젓히'로 적어야 한다.

③ ㉢ : 겹받침의 끝소리가 드러나지 아니하는 경우이므로 '짤따란'으로 적는다.

④ ㉣ : 어간 '개-'에 어미 '-어'가 결합한 것이므로 반드시 '개어'로 적어야 한다.

문 4. 〈보기〉와 같은 구조의 문장에 해당하는 예로 가장 적절한 것은?

> ─── 〈보 기〉 ───
> 예 그녀가 결혼했다는 소문이 떠돌았다.
> － 관형사절을 안은문장에 해당한다.
> － 관형사절이 만들어지는 과정에서 원래 문장의 종결어미가 그대로 유지된다.

① 나는 그를 본 기억이 없다.

② 나는 그가 죽었다는 사실을 몰랐다.

③ 나는 너에게 사랑을 고백할 용기가 없다.

④ 그녀가 이혼했다고 하는 소문이 떠돌았다.

문 5. 다음 중 어법에 맞고 가장 자연스러운 문장은?

① 일이 꺼림칙하게 되어 가더니만 결국 사단(事端)이 났다.

② 장군은 전쟁에서 공을 세운 병사에게 쌀 한 가마를 하사(下賜)하였다.

③ 하 교수님은 이번에 출간한 저서와 발표한 논문과의 권말(卷末)에 각각 상세한 색인(索引)을 덧붙였다.

④ 하 대령은 이번에 전역하면서 준장으로 추증(追贈)되는 영광을 누릴 수 있어 기쁘다고 말했다.

(6~7) 다음을 읽고 물음에 답하시오.

> 손이 주옹(舟翁)에게 묻기를,
>
> "그대가 배에서 사는데, 고기를 잡는다 하자니 낚시가 없고, 장사를 한다 하자니 물건이 없고, 뱃사공 노릇을 한다 하자니 물 가운데에만 있어 왕래가 없구려. 변화불측한 물에 조각배 하나를 띄워 가없는 만경(萬頃)을 헤매다가, 바람 미치고 물결 놀라 돛대는 기울고 노까지 부러지면, 정신과 혼백이 흩어지고 두려움에 싸여 명(命)이 지척(咫尺)에 있게 될 것이로다. 이는 지극히 험한 데서 위태로움을 무릅쓰는 일이거늘, 그대는 도리어 이를 즐겨 오래오래 물에 떠가기만 하고 돌아오지 않으니 무슨 재미인가?" 하니, 주옹이 말하기를 다음과 같이 말했다. "아아, 손은 생각하지 못하는가? 대개 사람의 마음이란 다잡기와 느슨해짐이 무상하니, 평탄한 땅을 디디면 태연하여 느긋해지고, 험한 지경에 처하면 두려워 서두르는 법이다. ㉠<u>두려워 서두르면 조심하여 든든하게 살지만, 태연하여 느긋하면 반드시 흐트러져 위태로이 죽나니</u>, 내 차라리 위험을 딛고서 항상 조심할지언정, 편안한 데 살아 스스로 쓸모없게 되지 않으려 한다. 하물며 내 배는 정해진 꼴이 없이 떠도는 것이니, 혹시 무게가 한쪽에 치우치면 그 모습이 반드시 기울어지게 된다. 왼쪽으로도 오른쪽으로도 기울지 않고, 무겁지도 가볍지도 않게끔 내가 배 한가운데서 평형을 잡아야만 기울어지지도 뒤집히지도 않아 내 배의 평온을 지키게 되나니, 비록 풍랑이 거세게 인다 한들 편안한 내 마음을 어찌 흔들 수 있겠는가? 또, 무릇 인간 세상이란 한 거대한 물결이요, 인심이란 한바탕 큰 바람이니, 하잘것없는 내 한 몸이 아득한 그 가운데 떴다 잠겼다 하는 것보다는, 오히려 한 잎 조각배로 만 리의 부슬비 속에 떠 있는 것이 낫지 않은가? 내가 배에서 사는 것으로 사람 한 세상 사는 것을 보건대, 안전할 때는 후환을 생각지 못하고, 욕심을 부리느라 나중을 돌보지 못하다가, 마침내는 빠지고 뒤집혀 죽는 자가 많다. 손은 어찌 이로써 두려움을 삼지 않고 도리어 나를 위태하다 하는가?"
>
> 이리 말하고 주옹은 뱃전을 두들기며 노래하기를, "아득한 강 바다여, 유유하여라./빈 배를 띄웠네, 물 한가운데./밝은 달 실어라, 홀로 떠가리./한가로이 지내다 세월 마치리." 하고는 손과 작별하고 간 뒤, 더는 말이 없었다.
>
> \- 권근, 〈주옹설(舟翁說)〉

문 6. 다음 시조 중, 윗글의 주제를 가장 잘 살린 것은?

① 功名(공명)을 즐겨마라 榮辱(영욕)이 半(반)이로다.
富貴(부귀)를 貪(탐)치 마라 위기를 밥ᄂᆞ니다.
우리ᄂᆞᆫ 一身(일신)이 한가커니 두려온 일 업세라.
\- 김삼현(金三賢)

② 春山(춘산)에 눈 노긴 ᄇᆞ람 건듯 불고 간ᄃᆡ 업다.
져근듯 비러다가 불리고쟈 마리 우희
귀 밋ᄐᆡ ᄒᆡ 무근 서리를 노겨 볼가 ᄒᆞ노라.
\- 우탁(禹倬)

③ 三冬(삼동)에 뵈옷 닙고 巖穴(암혈))에 눈비 마자
구름 ᄭᅵᆫ 볏뉘도 쬔 적이 없건마ᄂᆞᆫ
서산(西山)에 ᄒᆡ지다 ᄒᆞ니 눈물겨워 ᄒᆞ노라.
\- 조식(曹植)

④ 두터비 ᄑᆞ리를 물고 두험 우희 치ᄃᆞ라 안자
것넌 山(산) ᄇᆞ라보니 白松骨(백송골)이 써잇거ᄂᆞᆯ 가슴이 금즉ᄒᆞ여 풀덕 쒸여 내ᄃᆞᆺ다가 두험 아래 잣바지거고
모쳐라 ᄂᆞᆯ낸 낼싀만졍 에헐질 번ᄒᆞ괘라.
\- 작자 미상

문 7. 다음 중 밑줄 친 ㉠과 유사한 발상을 보여주고 있는 것은?

① 산에는 꽃 피네, 꽃이 피네. 갈 봄 여름 없이 꽃이 피네.

② 살고자 하는 사람은 죽을 것이요, 죽고자 하는 사람은 살 것이다.

③ 닭아 닭아 우지 마라, 네가 울면 날이 새고 날이 새면 나 죽는다.

④ 모란이 지고 말면 그뿐, 내 한 해는 가고 말아, 삼백 예순 날 하냥 섭섭해 우옵내다.

문 8. 다음 글에 대한 설명 중, 적절하지 <u>않은</u> 것은?

> 국순(麴醇)의 자(字)는 자후(子厚)이다. 그 조상은 농서 사람이다. 90대 할아버지인 모(牟)가 후직을 도와 만백성을 먹여 살린 공이 있었다. '시경(詩經)'에 "내게 밀과 보리를 준다."라고 한 것이 그것이다. 모(牟)가 처음 숨어 살며 벼슬하지 않고 말하기를, "나는 반드시 밭을 갈아야 먹으리라." 하여 밭에서 살았다.
>
> 임금이 그 자손이 있다는 말을 듣고 조서를 내려 안거(安車)로 부를 때, 군(郡)과 현(縣)에 명하여 곳마다 후하게 예물을 보내게 하였다. 신하를 시켜 친히 그 집에 나아가, 드디어 방아와 절구 사이에서 교분을 정하였다. 화광동진(和光同塵)하게 되니, 훈훈하게 찌는 기운이 점점 스며들어서 온자(蘊藉)한 맛이 있어 기뻐 말하기를, "나를 이루어 주는 자는 벗이라 하더니, 과연 그 말이 옳다." 하였다. 드디어 맑은 덕으로써 들리니, 임금이 그 집에 정문(旌門)을 표하였다. 임금을 따라 원구(圓丘)에 제사한 공으로 중산후(中山侯)에 봉해졌다. 식읍(食邑)은 일만 호이고, 성은 국(麴)이라 하였다. 5대 손이 성왕(成王)을 도와 사직을 제 책임으로 삼아 태평성대를 이루었고, 강왕(康王)이 위에 오르자 점차로 박대를 받아 금고(禁錮)에 처해졌다. 그리하여 후세에 나타난 자가 없고, 모두 민간에 숨어 살게 되었다.
>
> 위(魏)나라 초기에 이르러 순(醇)의 아비 주(酎)가 세상에 이름이 알려져서, 상서랑(尙書郞) 서막(徐邈)과 더불어 서로 친하여 그를 조정에 끌어들여 말할 때마다 주(酎)가 입에서 떠나지 않았다. 마침 어떤 사람이 임금께 아뢰기를, "막이 주와 함께 사사로이 사귀어 점점 난리의 계단을 양성합니다." 하므로 임금께서 노하여 막을 불러 힐문하였다. 막이 머리를 조아리며 사죄하기를, "신이 주를 좇는 것은 그가 성인(聖人)의 덕이 있기에 수시로 그 덕을 마셨습니다." 하니, 임금께서 그를 책망하였다. 그 후에 진(晉)이 이어 일어서고 세상이 어지러울 줄을 알고 다시 벼슬할 뜻이 없어 유령(劉伶), 완적(阮籍)의 무리들과 함께 죽림(竹林)에서 노닐며 그 일생을 마쳤다.
>
> * 화광동진(和光同塵): 빛을 감추고 티끌 속에 섞여 있다는 뜻으로, 자기의 뛰어난 지덕을 나타내지 않고 세속을 따름을 이르는 말. '도덕경'에 나오는 말이다.

① 우의적(寓意的)인 표현 방식을 통해 현실의 문제를 비판하는 풍자적 성격이 강한 문학이다.

② 현실적으로 믿기 어려운 괴기하고 신기한 내용들이 중점적으로 표현되며, 초인적 능력을 발휘하는 인간이나 자연물 등이 그 내용의 중심을 이룬다.

③ 사물을 의인화하여 사물의 가계와 생애 및 성품 등을 전기(傳記) 형식으로 기록한 가전체 문학이다.

④ 구체적 사물과 경험을 중시하면서 그것들을 해석한다는 점에서 교술문학으로서의 성격도 있고, 사물과 경험을 어떤 인물의 구체적인 생애로 서술한다는 점에서 서사적 성격도 있다.

문 9. 다음 글에 대한 이해로 적절하지 <u>않은</u> 것은?

> [A]
>
> "성님도 조심하이소. 산다는 기 따로 있습니껴. 첫째는 절대로 전쟁이 안 나야 되고, 둘째는 그저 등 뜨시고 배부르게 사는 기 제일이라예."
>
> 갑득이가 말했다.
>
> "작은성님 말이 맞심더. 우리 세대에서는 그런 고생이 없어야 지예. 왜정 때는 관두고라도 육이오 전후를 한분 보이소. 진영이사 적 치하에 점령도 안 되고 해서 내사 다 들은 얘기구(이야기구)지마는 참말로 동족끼리 죽이고 뽑고 그기 무신 도깨비 놀음입니껴. 성님도, 저 유복자 치모도 다 그 희생자들 아닝교."
>
> "그라모 고초는 안 당했단 말이제?"
>
> 추 노인이 무얼 캐어내려는지 나에게 다그쳐 물었다. 눈꼬리에는 흰 눈곱이 꾀죄죄 달려 있었다.

-(중략)-

> 노을에 비낀 고향이 차츰 나의 시야에서 빠르게 흘러가기 시작했다. 이제 언제쯤 나는 다시 고향을 찾게 될 것인가, 차창변으로 지나가는 여래리와 그 뒤쪽 선달바우산을 멀거니 내다보며 나는 중얼거렸다. 숙모가 돌아가시면 그때쯤이나 내려오게 될는지, 어쩌면 이제 나는 영원히 찾지 못할지도 몰랐다. 나는 고향을 버렸기 때문에 내려올 이유를 구태여 만들 필요도 없었다. 그러나 고향을 떠나 산 스물아홉 해 동안 나는 하루도 고향을 잊어본 적이 없었다. 치모의 말처럼 고향을 잊으려고 노력해 온 만큼 이곳은 나로 하여금 더욱 잊지 못하게 하는 어떤 힘을 지니고 있었다. 그것을 좌익 폭동의 상처라 해도 좋고 굶주림이라 해도 좋다. 그러나 그런 이유를 떠나서라도 고향은 오늘의 나를 있게 한 모태가 된 것만은 사실이었다. 인간은 누구나 두 군데의 고향을 가질 수 없으므로 나는 객지의 햇살과 비와 눈발 속에 떠돌면서도 뿌리만은 항시 고향에다 내리고 살아왔던 것이다.
>
> 산 위에 걸린 쌘구름이 노을빛에 물들어 있었다. 오늘은 산과 가까운 쪽일수록 찬란한 금빛을 띠고 차츰 거리가 멀어질수록 보라색 쪽으로 어리어져, 노을은 단순히 붉다고만 볼 수는 없었다. 자세히 보면 그 속에는 여러 가지의 색이 교묘히 섞여 있음에도 불구하고 사람들은 노을을 붉다고만 말한다. 진노란색, 옅은 푸른색, 회색도 저 속에 섞여 있지 않은가? 그런데도 세상 사람들은 그렇게 무엇인가 한가지로 뭉뚱그려 구별지어 버리기를 좋아하는 것일까. 그러자 문득 아버지와 헤어져 봉화산에서 내려왔던 저녁이 생각났다. 장마 뒤끝이라 노을이 유독 아름다웠다. 폭동의 잔재도 완전히 소멸되고 백태도 기수도 죽고 없는 텅 빈 넓은 장터 마당에서 절름발이 마송이만이 홀로 종이비행기를 날리고 있었다. 제대로 걷지를 못하므로 늘상 하늘을 날고 싶은 꿈만 키워 온 병약한 마송이, 그날따라 그가 날려 올리는 종이비행기가 아주 유연하게 포물선을 그리며 노을빛 고운 하늘을 맴돌았다. "갑수야, 저 노을 있제? 저 노을꺼정 이 비행기가 날아올라간대이. 나를태우고 말이다."

미송이가 배시시 웃으며 말했다. 그리고 노을 속에다 힘차게 비행기를 띄워 보냈다. 미송이가 그렇게 나는 희망을 키우는 만큼 그의 눈에 비친 하늘은 분명 어둠을 맞는 핏빛 노을이 아니라 내일 아침을 기다리는, 오색찬란한 무지개빛이리라. 그와 마찬가지로 지금 차창 밖을 내다보고 있는 현구의 눈에 비친 아버지의 고향도 반드시 어둠을 기다리는 그런 상처 깊은 고향이기보다는 내일 아침을 예비하는 다시 오고 싶은 고향일 수도 있으리라.

– 김원일, <노을>

① 인물 간의 대화를 통해 '나'의 상처가 역사적 사건과 연관됨을 암시하고 있다.
② 중심인물의 심리 상태를 배경의 색채 이미지를 통해 형상화하여 보여주고 있다.
③ 중심인물은 주변의 설득에도 불구하고 현실에 대한 비관적인 전망을 고수하고 있다.
④ 중심인물이 회상하고 있는 내용에는 부정적인 것과 긍정적인 것이 혼재하고 있다.

문 10. 다음 시에 나타난 시적 화자의 상황과 가장 유사한 것은?

> 시를 믿고 어떻게 살아가나
> 서른 먹은 사내가 하나 잠을 못 잔다.
> 먼 기적 소리 처마를 스쳐가고
> 잠들은 아내와 어린것의 베갯맡에
> 밤눈이 내려 쌓이나 보다.
> 무수한 손에 뺨을 얻어맞으며
> 항시 곤두박질해 온 생활의 노래
> 지나는 돌팔매에도 이제는 피곤하다.
> 먹고 산다는 것
> 너는 언제까지 나를 쫓아오느냐.
> 등불을 켜고 일어나 앉는다.
> 담배를 피워 문다.
> 쓸쓸한 것이 오장을 씻어 내린다.
> 노신이여
> 이런 밤이면 그대가 생각난다.
> 온 세계가 눈물에 젖어 있는 밤
> 상해 호마로 어느 뒷골목에서
> 쓸쓸히 앉아 지키던 등불
> 등불이 나에게 속삭어린다.
> 여기 하나의 상심한 사람이 있다.
> 여기 하나의 굳세게 살아온 인생이 있다.
>
> – 김광균, 〈노신〉

① 나이 사십에도 궁티를 못 벗은 나를/살 붙이고 살아온 당신마저 비웃지만/서러운 것은 가난만이 아니다/우리들의 시대는 없는 사람이 없는 대로/맘 편하게 살도록 가만 두지 않는다.　　　－ 정희성, 〈길〉
② 판잣집 유리 딱지에/아이들 얼굴이/불타는 해바라기마냥 걸려 있다.//내려 쪼이던 햇발이 눈부시어 돌아선다./나도 돌아선다./울상이 된 그림자 나의 뒤를 따른다.　　　－ 구상, 〈초토의 시〉
③ 너는/어디로 갔느냐./그 어질고 안쓰럽고 다정한 눈짓을 하고./형님!/부르는 목소리는 들리는데/내 목소리는 미치지 못하는,/다만 여기는/열매가 떨어지면/툭 하는 소리가 들리는 세상.　　　－ 박목월, 〈하관(下棺)〉
④ 창 밖에 밤비가 속살거려/육첩방(六疊房)은 남의 나라.//시인이란 슬픈 천명(天命)인 줄 알면서도/한 줄 시를 적어 볼까.//땀내와 사랑내 포근히 품긴/보내 주신 학비 봉투를 받아/대학노트를 끼고/늙은 교수의 강의 들으러 간다.　　　－ 윤동주, 〈쉽게 씌어진 시〉

(11~12) 다음 글을 읽고 물음에 답하시오.

> 이 듕에 시름 업스니 어부(漁父)의 생애(生涯)이로다.
> 일엽편주(一葉片舟)를 **만경파(萬頃波)**에 띄워 두고
> 인세(人世)를 다 니젯거니 날 가는 주를 알랴.
>
> ㉠구버난 천심녹수(千尋綠水) 도라보니 만첩청산(萬疊靑山)
> **십장홍진(十丈紅塵)**이 언매나 가롓는고
> 강호(江湖)에 월백(月白)하거든 더욱 무심(無心)하얘라.
>
> 청하(靑荷)애 밥을 싸고 녹류(綠柳)에 고기 꿰어
> 노적화총(蘆荻花叢)애 배 매야 두고
> ㉡일반청의미(一般淸意味)를 어내 부니 아라실고.
>
> 산두(山頭)에 한운(閑雲)이 기(起)하고 수중(水中)에 백구
> (白鷗)이 비(飛)라.
> 무심(無心)코 다정(多情)하니 이 두 거시로다.
> ㉢일생(一生)애 시르믈 닛고 너를 조차 노로리라.
>
> 장안(長安)을 돌아보니 **북궐(北闕)**이 천 리(千里)로다
> ㉣어주(漁舟)에 누어신들 잊은 때가 있으랴
> 두어라 내 시름 아니라 **제세현(濟世賢)**이 업스랴.
>
> ― 이현보, 〈어부가(漁夫歌)〉

문 11. ㉠~㉣에 대한 설명으로 적절하지 <u>않은</u> 것은?

① ㉠: '녹수'와 '청산'은 화자와 속된 세상을 단절하는 기능
을 한다.

② ㉡: 자연의 참된 즐거움을 누리지 못하는 화자의 안타까
운 처지를 나타낸다.

③ ㉢: 화자의 세속적인 욕심을 부리지 않는 삶에 대한 소
망과 의지를 나타낸다.

④ ㉣: 나라를 걱정하는 마음이 전혀 없는 것은 아님을 알
수 있는 부분이다.

문 12. 〈보기〉의 ⓐ와 함축적 의미가 유사한 시어를 이 작품에서 찾
으면?

> 狂奔疊石吼重巒(돌 사이 세찬 물에 온 산이 부르짖어)
> 人語難分咫尺間(곁에 사람 말소리도 알아듣기 어려워라.)
> 常恐ⓐ是非聲到耳(옳다 그르다 시비 소리 귀에 들까 늘 두려워)
> 故敎流水盡籠山(일부러 흐르는 물로 온 산을 에워쌌네.)
> ― 최치원, 〈제가야산독서당(題伽倻山讀書堂)〉

① 만경파(萬頃波) ② 십장홍진(十丈紅塵)

③ 북궐(北闕) ④ 제세현(濟世賢)

문 13. 시대별로 두드러진 한국 문학사의 경향에 대한 설명으로 적절
하지 <u>않은</u> 것은?

① 1920년대: 1910년대의 계몽주의 문학에서 탈피하여 문
학의 예술성을 강화하는 양상을 보여주었다. 소설에 있
어서 근대적 형식과 문체를 이루어 냈다고 평가받는 김
동인이나 염상섭은 무엇보다도 소설을 사회나 사상으로
부터 벗어난 독자적 예술 영역으로 구축하는 작업을 우
선 과제로 삼았다. 시문학에 있어서는 서구의 문예사조
를 흡수, 변형하여 한국적 서정시의 틀을 마련한 시기로
정리될 수 있다. 김억, 김소월은 한국적 민요의 형식과
정서를 현대적으로 표현해 내었으며 서구 낭만주의의 영
향을 받은 시인들의 서정시 창작도 활발하게 이루어졌
다. 계급주의 문학을 내세운 카프 문학도 이 시기에 발
흥하였다.

② 1930년대: 다양한 문학적·사상적 흐름들이 혼재되었던
시기이다. 시와 소설에서 전통적 서정성과 감성을 형상
화한 작품들이 창작되기도 했지만 이보다 큰 흐름을 이
루었던 것은 근대적 문예 사조를 반영한 모더니즘적 작
품들이었다. 시에 있어서 모더니즘은 김기림이나 정지용,
김광균 등의 시인들에 의해 주도되었다. 이들은 시에 있
어서 시각적 이미지를 적극 활용하여 도시 문명의 이중
적 면모를 다양하게 형상화해내고 있다. 소설에 있어서
의 모더니즘은 인간의 내면 심리와 현실 세태라는 두 가
지 큰 축을 중심으로 전개되어나갔다. 이상은 근대 도시
문명 속에서 분열하는 자아의 내면을 〈날개〉 등의 작품
에서 특유의 기법으로 그려내었으며, 박태원은 〈천변풍
경〉 등을 통해 현실의 다양한 인간 군상들과 그들의 일
상 풍속·세태를 사실적으로 형상화하여 한국 소설의 새
로운 영역을 개척하였다. 김유정은 문화적으로 모더니즘
의 영향을 받으면서도 이상, 박태원 등과는 다르게 농촌
의 토속적 삶과 도시 빈민들의 가난하면서도 때로는 생
명력이 넘치는 삶을 해학적으로 그려내었다.

③ 1950년대: 흔히 전후문학으로 통칭되나, 이 시기에는 전
쟁의 영향으로 말미암아 실존주의와 모더니즘, 그리고
일종의 휴머니즘적 리얼리즘 문학이 대두한다. 전쟁의
참상과 비극은 공동체적 가치관이 흔들리고, 죽음의 유
한성을 직·간접으로 체험하게 되어 '실존'의 문제, '인간
존재'의 문제에 직면하게 됨으로써 서구의 실존주의를
자연스럽게 수용하고, 그러한 현실적 상황과 영향에서
실존주의는 휴머니즘적 성격을 띠면서 작품으로 구체화
된다. 이 시기 문학의 성과로는 「요한시집」(장용학), 「잉
여인간」(손창섭), 「암사지도」(서기원), 「쑈리 킴」(송병수),
「불신시대」(박경리), 「모반」(오상원), 「오발탄」(이범선)
등을 들 수 있다.

④ 1960년대: 4·19의 성공과 좌절로 시작된 1960년대의 문학사상은 선명한 리얼리즘, 즉 역사의 재인식과 역사에 대한 책임, 고발과 비판, 현실참여 등의 주장, 순수와 참여의 논쟁, 그리고 또 한편 자의식과 생존논리의 추구 양상을 보이지만, 대체로 전후문학의 연장선에 놓인다. 민족의 분단현실이나 민중의 소외를 반영하는 문학이라는 넓은 관점에서 보면 이 시기 문학의 대다수 성과가 민중문학이라는 범주에 포괄된다. 황석영의 「객지」, 윤흥길의 「아홉켤레의 구두로 남은 사내」에서 출발하여 조세희의 「난장이가 쏘아올린 작은 공」에서 보여주었던 노동자, 도시빈민의 삶도 민중문학의 대표작이라 할 수 있다. 시의 경우는 신경림의 「농무」, 김용택의 「섬진강」 등 농촌의 삶을 다룬 시집들에서부터 풍자시집 김지하의 「오적」, 시대현실과 도시빈민들의 삶의 다룬 신동엽의 「누가 하늘을 보았다 하는가」, 최두석의 「성에꽃」, 정희성의 「저문 강에 삽을 씻고」에 이르기까지 다양한 문학성 성과들이 이루어졌다.

문 14. 〈보기〉의 밑줄 친 부분과 다의 관계에 있는 '쓰다'의 용례로 가장 알맞은 것은?

---- 〈보 기〉 ----

요즘은 문서 작성에 컴퓨터를 <u>쓰지</u> 않는 사람이 드물다.

① 공적인 일을 추진하는 데에는 억지를 <u>쓰면</u> 안 된다.
② 요즘 박사 학위 논문을 <u>쓰느라고</u> 며칠 밤을 꼬박 새웠다.
③ 양지바른 곳을 묏자리로 <u>쓰는</u> 것이 자식으로서의 도리이다.
④ 며칠을 앓았더니 입맛이 <u>써서</u> 맛있는 게 없다.

문 15. 다음 문장을 분석한 결과로 올바르지 <u>않은</u> 것은?

① 하늘에 흰 구름이 떠 있다.
  - 형태소 단위로 분석하면, '하늘/-에/희-/-ㄴ/구름/-이/뜨-/-어/있-/-다'(10개)가 된다.
② 하늘은 스스로 돕는 자를 돕는다.
  - 형태소 단위로 분석하면, '하늘/-은/스스로/돕-/-는/자/-를/돕-/-는-/-다'(10개)가 된다.
③ 아름다운 사람은 머문 자리도 아름답겠죠?
  - 형태소 단위로 분석하면, '아름답-/-운/사람/-은/머물-/-ㄴ/자리/-도/아름답-/-겠-/-지/-오'(12개)가 된다.
④ 떡볶이를 먹지 않을 사람은 어서 집에 가.
  - 형태소 단위로 분석하면, '떡/볶-/-이/-를/먹-/-지/않-/-을/사람/-은/어서/집/-에/가-/-아.'(15개)가 된다.

문 16. 〈보기〉의 문장이 갖는 문제점을 분석한 결과로 적절하지 <u>않은</u> 것은?

---- 〈보 기〉 ----

㉠ 그는 착하려고 노력하였다.
㉡ 내가 시험에 합격하고자 영희는 열심히 공부했다.
㉢ 눈이 오거든 스키장에 가느냐?
㉣ 친구가 지난번에 잃은 것을 찾으러 많은 애를 썼다.

① ㉠: 동사와 어울려 쓰이는 어미가 형용사에 사용되면서 부자연스러운 문장이 되었다.
② ㉡: 선행절과 후행절의 주어가 일치하지 않아 뜻하는 바가 불명확한 문장이 되었다.
③ ㉢: 어미 '-느냐'가 미래 상황을 가정하여 말하는 데에 어울리지 않아 부자연스럽다.
④ ㉣: 안은문장과 안긴문장의 시제가 불일치하여 부자연스러운 문장이 되었다.

(17~18) 다음 글을 읽고 물음에 답하시오.

> (가) 사회 복지 방법론은 고통을 받고 있는 사람들이 인간답게 살 수 있도록 도와주는 데 필요한 전문 지식과 기술로 구성되는데, 이는 크게 둘로 나눌 수 있다. 하나는 도움을 필요로 하는 개인에 초점을 맞추고 문제를 개별화하여 그 해결 방안을 찾는 미시적 방법론이다. 다른 하나는 문제를 집합적으로 보면서 전체적인 사회 차원에서 그 해결 대책을 강구하는 거시적 방법론이다.
>
> (나) 두 방법론은 사회 체제와의 관계에서도 차이가 있다. 미시적 방법론을 활용하는 사회 복지 전문가들은 사회 체제 자체에 별 관심을 보이지 않는다. 이들은 단지 사회 체제 안에서 개인에게 도움을 줄 수 있는 효과적인 방법들, 곧 자신이 담당하고 있는 임상(臨床) 분야의 전문성을 강화하는 데 관심을 기울인다. 반면에 거시적 방법론을 활용하는 사회 복지 전문가들은 개인의 생활에 영향을 미치는 정부의 정책이나 사회 체제 자체를 중요시한다. 이들은 사회의 발전 과정에서 나타나는 사회 세력들 사이의 역동적인 측면에 관심을 보이며, 정부의 정책 과정 및 그것을 둘러싼 정책 환경에 관련된 지식들을 바탕으로 사회 복지 방법론의 지식과 기술을 발전시키고자 한다.
>
> (다) 역사적으로 볼 때, 사회 복지 방법론은 미시적 방법론을 중심으로 발전해 왔다. 현재의 사회 복지 방법론을 구성하고 있는 내용의 대부분은 사회학, 심리학, 사회심리학, 정신의학, 집단역학 등 인접 학문으로부터 빌려 온 많은 지식들을 바탕으로 사람들을 돕는 데 필요한 실천 지향적인 전문 지식과 기술로 이룩된 것들이다. 그 결과 사회 복지 방법론은 개별적인 차원에서 문제을 다루거나, 복지 서비스를 효과적으로 전달하는 데 필요한 전문적인 지식과 기술을 갖추는 데에는 일단 성공을 하였다. 그러나 도움을 받는 사람과 사회 체제의 관계, 사회적 약자의 욕구가 정책에 반영되는 과정, 그리고 사회 체제에 내재해 있는 편향성 등의 문제에 대해서는 간과하는 경향이 있다.
>
> (라) 이처럼 한쪽으로 치우쳐 발전된 사회 복지 방법론은 단지 사회 복지 서비스를 전달하는 일 자체에만 관심을 집중함으로써 ‘인간의 존엄성과 가치의 유지 및 보존’이라는 사회 복지 본래의 목표 달성을 어렵게 만들었다. 왜냐 하면, 기형적으로 발전된 이러한 사회 복지 방법론만 가지고서는 사회 복지를 실천하는 데 영향을 미칠 수 있는 정부의 정책을 비판하기 어렵고, 창조적 대안을 제시할 수 없기 때문이다.

문 17. 각 문단의 중심 내용과 거리가 먼 것은?

① (가) – 사회 복지 방법론의 두 가지 유형
② (나) – 미시적 방법론과 거시적 방법론의 차이점
③ (다) – 사회 복지 방법론과 인접 학문의 관계
④ (라) – 사회 복지 방법론의 현재 상황

문 18. 윗글에서 ‘미시적 방법론’과 ‘거시적 방법론’이 주로 관심을 기울이고 있는 사항을 바르게 짝지은 것은?

	미시적 방법론	거시적 방법론
①	과정	제도
②	기술	지식
③	이념	실천
④	임상	정책

(19~20) 다음 글을 읽고 물음에 답하시오.

　　사회 구성원들이 경제적 이익을 추구하는 과정에서 불법 행위를 감행하기 쉬운 상황일수록 이를 억제하는 데에는 금전적 제재 수단이 효과적이다.

(가) 이 제도는 불법 행위의 피해자가 손해액에 해당하는 배상금에다 가해자에 대한 징벌의 성격이 가미된 배상금을 더하여 배상받을 수 있도록 하는 것을 내용으로 한다. 일반적인 손해 배상 제도에서는 피해자가 손해액을 초과하여 배상받는 것이 불가능하지만 징벌적 손해 배상 제도에서는 ㉠그것이 가능하다는 점에서 이례적이다. 그런데 이 제도는 민사적 수단인 손해 배상 제도이면서도 피해자가 받는 배상금 안에 ㉡벌금과 비슷한 성격이 가미된 배상금이 포함된다는 점 때문에 중복 제재의 발생과 관련하여 의견이 엇갈리며, 이 제도 자체에 대한 찬반양론으로 이어지고 있다.

(나) 현행법상 불법 행위에 대한 금전적 제재 수단에는 민사적 수단인 손해 배상, 형사적 수단인 벌금, 행정적 수단인 과징금이 있으며, 이들은 각각 피해자의 구제, 가해자의 징벌, 법 위반 상태의 시정을 목적으로 한다. 예를 들어 기업들이 제품 가격을 담합했다가 적발된 경우, 그 기업들은 피해자에게 손해 배상 소송을 제기당할 수도 있고, 법원으로부터 벌금형을 선고받을 수도 있고, 행정 기관으로부터 과징금도 부과 받을 수도 있다. 이처럼 하나의 불법 행위에 대해 세 가지 금전적 제재가 내려질 수 있지만 제재의 목적이 서로 다르므로 중복 제재는 아니라는 것이 법원의 판단이다.

(다) 그런데 우리나라에서는 기업의 불법 행위에 대해 손해 배상 소송이 제기되거나 벌금이 부과되는 사례가 드물며, 과징금 등 행정적 제재 수단이 억제 기능을 수행하는 경우가 많다. 이런 상황에서는 과징금 등 행정적 제재의 강도를 높임으로써 불법 행위의 억제력을 끌어올릴 수 있다. 그러나 적발 가능성이 매우 낮은 불법 행위의 경우에는 과징금을 올리는 방법만으로는 억제력을 유지하는 데 한계가 있다. 또한 피해자에게 귀속되는 손해 배상금과는 달리 벌금과 과징금은 국가에 귀속되므로 과징금을 올려도 피해자에게는 ㉢직접적인 도움이 되지 못한다. 이 때문에 적발 가능성이 매우 낮은 불법 행위에 대해 억제력을 높이면서도 손해 배상을 더욱 충실히 할 수 있는 방안들이 요구되는데 그 방안 중 하나가 '징벌적 손해 배상제도'이다.

(라) 이 제도의 반대론자들은 징벌적 성격이 가미된 배상금이 피해자에게 부여되는 ㉣횡재라고 본다. 또한 징벌적 성격이 가미된 배상금이 형사적 제재 수단인 벌금과 함께 부과될 경우에는 가해자에 대한 중복 제재가 된다고 주장한다. 반면에 찬성론자들은 징벌적 성격이 가미된 배상금을 피해자들이 소송을 위해 들인 시간과 노력에 대한 정당한 대가로 본다.

　　따라서 징벌적 성격이 가미된 배상금도 피해자의 구제를 목적으로 하는 민사적 제재의 성격을 갖는다고 보아야 하므로 징벌적 성격이 가미된 배상금과 벌금이 함께 부과되더라도 중복 제재가 아니라고 주장한다.

문 19. 윗글의 자연스러운 배열 순서로 가장 적절한 것은?
① (가)-(나)-(다)-(라)
② (나)-(다)-(가)-(라)
③ (다)-(나)-(가)-(라)
④ (라)-(나)-(가)-(다)

문 20. ㉠~㉣의 문맥적 의미에 대한 설명으로 적절하지 않은 것은?
① ㉠은 피해자가 손해액을 초과하여 배상받는 것을 가리킨다.
② ㉡은 불법 행위에 대한 행정적 제재 수단으로서의 성격을 말한다.
③ ㉢은 피해자가 금전적으로 구제받는 것을 의미한다.
④ ㉣은 배상금 전체에서 손해액에 해당하는 배상금을 제외한 금액을 의미한다.

공단기/하희정

교육행정직

동형 모의고사

정답과 해설

교행직 단원별 모의고사 문학편(하)

1	③	2	②	3	③	4	③	5	④
6	③	7	④	8	②	9	③	10	④
11	④	12	④	13	①	14	①	15	④
16	④	17	②	18	②	19	④	20	②

1. 〈해설〉 [진술 방식의 이해]

시간의 흐름에 따라 변화하는 대상의 움직임이나 사건의 전개 양상을 서술하고 있는 '서사'의 글이다. 서사는 '사건의 시간적 진술'이라 정의되며, 무엇이 일어났는지(사건)에 더 중점을 두는 진술 방식이다.

〈더 알아두기〉

①, ②, ④는 묘사에 의해 글을 전개시키고 있다. 묘사는 어떤 구체적인 대상을 감각적인 인상에 세부적으로 나누어 그림을 그리듯이 그려내는 서술 방식이다. 묘사는 대상으로부터 받은 인상과 느낌을 읽는 이에게 현장감과 더불어 생동감을 생생하게 전달하기 위한 진술 방식이다.

2. 〈해설〉 [한자성어의 이해]

'屋烏之愛(옥오지애)'는 한 사람을 사랑하면 그의 집 지붕에 있는 까마귀까지도 사랑스럽게 보인다는 뜻으로, 사람을 사랑하는 마음은 그 사람의 주위의 것에까지도 미침을 이름을 이르는 말이다. "아내가 고우면 처갓집 말뚝에도 절을 한다지 않아요."와 뜻하는 바가 가장 관련이 깊다.

〈더 알아두기〉

① 朝雲暮雨(조운모우): 아침에는 구름이 되고 저녁에는 비가 된다는 뜻으로, 남녀의 친밀한 교제를 비유하는 말.

③ 梅妻鶴子(매처학자): 유유자적한 풍류 생활을 이르는 말. 중국 송나라의 임포(林逋)가 서호(西湖)에 은거하면서, 처자도 없이 오직 매화를 심고 학을 기르며 생활을 즐겼다는 데서 유래한다.

④ 糟糠之妻(조강지처): 지게미와 쌀겨로 끼니를 이을 때의 아내라는 뜻으로, 몹시 가난하고 천할 때에 고생을 함께 겪어 온 아내를 이르는 말.

3. 〈해설〉 [소설의 서술 방식 이해]

이 소설은 1인칭 관찰자 시점이며 서술자는 어린이인 '옥희'이다. 위 글에서 옥희는 종이에 쓰인 글이 무엇인지, 어머니의 지금 심정은 어떠한지 알지 못하기 때문에 구체적으로 드러내지 못하고 있다. '옥희'는 어머니와 사랑 손님의 매개자이며 관찰자이지만 해설자는 될 수 없다.

4. 〈해설〉 [작품의 비교 감상]

먼저 [A]의 '종로 네거리에 한길 가득히 오가는 것들'은 '황충'과 같은 것들이라는 의미를 갖는다. 즉 농사를 해치고 곡식을 짓밟는 놈들에 해당한다. 결국 백성을 괴롭히는 족속들을 의미하는 것으로 볼 수 있다. 그런데 〈보기〉의 '제비'는 그러한 괴롭힘을 당하는 백성들을 의미한다. 둘의 처지는 유사한 것이 아니라 반대된다고 해야 맞는다.

〈더 알아두기〉 〈민옹전(閔翁傳)〉에 대하여

1757년(영조 33)에 박지원이 지은 한문 전기이다. 《연암별집(燕巖別集)》 〈방경각외전〉에 실려 있다. 실존인물인 민유신(閔有信)이 죽은 뒤, 그가 남긴 몇 가지 일화와 작자 스스로 민유신을 만나 겪었던 일들을 엮고 뇌(죽은 사람의 생전의 공덕을 기리는 글)를 붙인 전기이다. 이 작품의 창작 경위에 대해서 작자는 그 작품 안에서 "금년 가을에 나는 병이 심하나 민옹을 볼 수 없으므로 민옹과 주고받았던 은어(隱語)·골계 등을 엮어 〈민옹전〉을 짓는다." 하고 다시 〈방경각외전〉자서에서 "민옹이 골계에 의탁하여 풍자한 것이 세상을 비웃는 공손하지 못함이 있으나 경구(驚句)를 써서 분발한 것은 게으른 이들을 경계할 수 있을 것이므로 이에 〈민옹전〉을 썼다"고 서술하고 있다. 이 말은 문학의 효용을 설명한 것으로 희언(戲言)이 희언으로만 그치지 않는 것임을 증언한 것이다. 이 작품은 유능한 재주와 포부를 가지고 있으면서도 펼 수 없는 조선 말기의 무반(武班)계통을 풍자적으로 설정하여, 불우한 무관이었던 민옹을 그린 것이어서 이 작품을 통해서도 작자의 인정의 기미를 날카롭게 파헤친 실학적 인도주의의 바탕을 엿볼 수 있다.

5. 〈해설〉 [작품의 비교 감상]

화자의 태도에 주목하여 문제 풀이에 임해야 한다. (가)의 화자는 "낙원이 먼 곳에 있는 게 아닌데/무엇하러 벼슬길에 헤매고 있으리요."라고 했다. 벼슬길에 나섰던 것은 사실이나 이제 그것은 더 이상 추구하는 바가 아니다. 노동하는 삶의 현장을 낙원이라고 한 것에서도 그것은 잘 드러난다. 즉 화자가 이루고자 하는 목표가 아니다. (나)의 경우도 사정은 비슷하다. '녀나믄 일'을 부러워하지 않는다는 것에서 잘 드러난다. 자연 속에서 여유롭게 지내는 삶이 훨씬 낫다는 태도를 보여주고 있는 것이다.

〈더 알아두기〉 정약용의 '보리타작[打麥行]'

정약용의 한시는 사회 제도의 모순, 관리나 토호들의 횡포, 백성들의 고충, 농어촌의 가난 등을 주제로 하는 것이 많다. 물론 개혁적인 그의 정치사상이 반영된 결과다. 그래서 그의 시는 대부분 현실을 사실적으로 그리고 있으며, 시어도 평민적이다. 〈타맥행〉도 궁핍한 현실 속에서 건실하게 일하는 농민의 모습을 보여 주고 있는데, 그 모습은 시인에게 반성의 계기가 된다. 벼슬에 집착하던 자신의 삶이 부질없는 것임을 깨닫게 되는 것이다. 한편 이 시는 '행(行)'을 그 형식으로 하고 있다. '행'이란 한대(漢代)의 악부시(樂府詩)에서 나온 시체(詩體)의 일종으로, 대체로 자기의 감정이나 사물을 거침없이 가볍게 노래할 때 시의 제목 뒤에 붙인다.

6. 〈해설〉 [시나리오의 이해와 감상]

'오발탄'은 '철호'라는 인물이 전후의 힘든 상황에서 가족에 대한 책임과 걱정을 짊어진 샐러리맨으로 힘들게 살다가 삶의 방향을 잃고 '오발탄'과 같은 존재가 되었다는 내용으로 이범선의 소설 작품을 시나리오로 각색한 것이다. '철호'의 치통은 절망적이고 힘든 현실에서 느끼는 고통을 상징한다고 할 수 있으므로 ①은 적절하며, '철호'가 부르짖는 '가!'라는 외침은 처절한 현실에서 방향 감각을 잃고 부르짖는 '철호'의 감정 표출이므로 ②도 적절하다. ④에서 '오발탄'은 '잘못 쏘아진 총알'이라는 의미를 지니고 있는 것으로 '철호'가 삶의 방향 감각을 상실한 인물임을 부각시키기 위해 작가가 설정한 문학적 장치라고 할 수 있다.

반면 '철호'의 아내는 이미 죽었으며, 더구나 '철호'와 '아내'가 평소 행복한 삶을 꿈꾸며 '해방촌'을 행복한 삶이 실현되는 공간으로 설정하고 소망했었다는 근거를 본문에서 찾을 수 없으므로 ③은 적절하지 않은 표현이다.

〈더 알아두기〉 이범선의 '오발탄'

1959년 10월 『현대문학』에 발표된 이범선의 단편소설이다. 해방촌의 붉은 산비탈 계리사 사무실 서기인 송철호는 이른 봄 힘없이 비탈길을 내려와 판잣집으로 향한다. 판잣집에는 북쪽에 두고 온 산하(山河)와 고향이 그리워 '가자! 가자!'를 외치고 있는 어머니와 산월이 된 아내, 그리고 제대하고 2년이 넘도록 방황하고 있는 동생 영호와 양공주가 된 누이동생 명숙이 함께 살고 있다. 어머니는 삼팔선이 가로막혀 갈 수 없다고 해도 '가자! 가자!'를 외치고 있고, 동생 영호는 자기 방식대로 살겠다고 하면서 사회를 저주하고 철호를 힐난한다.

이튿날 영호는 권총 강도를 하려다가 체포되어 경찰서에 갇힌다. 철호는 경찰서에 가려다가 아내가 위독하다는 소식을 듣고 명숙의 돈을 빌려 병원에 갔으나 아내는 죽어 있었다. 철호는 치과병원 앞을 지나다가 갑자기 이가 아픈 것을 느끼고 의사의 만류에도 불구하고 이를 다 뽑아버린다. 택시를 탄 철호는 경찰서로 가자고 외치듯이 말한다. 경찰서에 다 왔다는 말이 어슴푸레하게 들리는데 철호는 그저 '가자!'를 외치고는 정신을 놓는다. 운전사가 "어쩌다가 오발탄 같은 손님이 걸렸어"라고 중얼거리는데 철호의 입에서는 피가 흐른다. 신호가 떨어져 차는 어디로 가는지도 모르는 차선을 따라 네거리를 지나간다.

이 작품은 철호 일가의 삶을 통해서 전후의 비참하고 혼란한 상황을 그리면서 한국전쟁 직후의 한국인은 오발탄과 같은 비극적인 존재라는 인식을 보여주고 있다. 전후라는 극한상황은 고향이 그리워 절규하는 어머니와 꿈 많던 음악도였던 아내, 제대하여 방황하면서 사회적 불만을 토로하는 영호, 살기 위하여 양공주가 되어 있는 명숙 등 주인공을 둘러싸고 있는 외적 상황을 통해서 적절하게 그려지고 있다. 주인공의 이가 아픈 것은 이러한 외적 요인이 내적 요인으로 전화한 결과이다. 이 두 요인이 조화되지 못하고 갈등과 좌절로 비극화되어 있는 것이 이 소설의 특징이다.

7. 〈해설〉 [작중 상황의 이해와 적용]

글에 제시된 사실적 정보를 바탕으로 시나리오의 촬영 시 연출자가 지시할 만한 사항을 이해하고 있는가를 묻는 문제이다. ④에서 'S# 120'의 '운전수'는 'S# 117'에서 알 수 있듯이 '철호'가 갈 곳을 정하지 못하고 힘들게 하는 것에 대해 못마땅해 하고 있다. 이런 상황에서 '운전수'에게 '철호'를 따뜻한 정감을 가지고 바라보는 시선이 느껴지도록 하라는 연출 방안은 적절하지 않다.

〈더 알아두기〉

①의 경우 'S# 116'에서는 '철호'가 치과에서 나와 괴로워하는 모습을 강조할 필요가 있으므로 클로즈업한 후, '철호'가 피를 흘리며 어지러워하는 상황을 표현하기 위해 카메라를 상하 좌우로 움직여 촬영하는 'PAN. (Panning)'기법을 사용하는 것은 적절하다.

8. 〈해설〉 [고전소설의 종합적 감상]

이 글은 주인공인 '광문'과 관련된 몇 개의 사건 혹은 일화(광문이 거지들의 우두머리가 되어 지내다가 쫓겨난 일, 동네 영감을 만나 의로움을 인정받은 일, 약방 고용살이를 하며 약방 주인을 감동시킨 일 등)를 발생 순서에 따라 열거하는 형식으로 이야기를 엮어 나가고 있다.

〈더 알아두기〉 박지원의 '광문자전'

조선후기의 실학파 문인 연암 박지원의 한문단편이다. 박지원의 문집인 ≪연암집≫권8 별집 〈방경각외전〉에 실려 있다. 〈광문전〉이라고도 한다. 〈광문자전〉 본문 다음에 첨부되어 있는 「서광문전후」에 의하면, 연암이 18세 때 병이 있어서 밤이면 늘 문하의 옛 겸인들을 불러 여염의 기이한 이야기를 듣곤 하였는데 대개 광문에 대한 이야기였다고 한다. 연암도 어렸을 때에 광문을 본 적이 있었는데 그 모습이 극히 추하였다. 연암이 문장공부에 주력할 때에 이 〈광문자전〉을 지어 여러 어른들에게 보였더니 칭찬을 했다고 한다. 〈광문자전〉의 저술 시기는 20대 전반기이고, 〈서광문전후〉는 〈광문자전〉을 지은 후 얼마간의 세월이 흐른 후의 작품으로 추정된다.

작품 내용은, ① 거지두목이었다가 쫓겨난 사건, ② 약방에 점원으로 있을 때의 돈 분실 사건, ③ 남을 위해 자신의 신용으로 보증을 서준 사건, ④ 웃음으로 싸움을 중재한 일과 그의 재주, ⑤ 결혼과 치산에 대한 견해, ⑥ 운심(雲心)의 기방(妓房)에서 있었던 사건 등과, 〈서광문전후〉에서의 ⑦ 거짓 동생과 아들에 얽힌 사건, ⑧ 표철주와의 대화 속에 나타나는 시정(市井)의 뒷골목 풍경 등 광문에 관한 일화들을 치밀하게 엮어 하나의 작품으로 만든 것이다.

〈광문자전〉은 실제로 존재했던 광문 또는 달문이라는 인물에 대한 일화가 사람들의 입을 거치면서 여러 유형을 낳았던 것이며, 시정에 유전하던 광문 설화는 연암의 문장력에 의해 한 편의 훌륭한 문학 작품으로 형성된 것이다.

9. 〈해설〉 [인물의 심리 추리]

㉢의 앞부분에서 약방 부자는 돈을 방에다 두고 외출하면서, 혹시 광문이 훔쳐 가지 않을까 하는 의심을 하고 있음을 알 수 있다. 이는 약방 부자가 광문이를 아직 완전히 신뢰하지 않고 있음을 보여 주는 것이다. 약방 부자의 이러한 의심은 처조카가 와서 광문의 무고함이 밝혀질 때까지 계속됨이 ㉢에 이어지는 부분을 통해 알 수 있다. 따라서 외출에서 돌아온 약방 부자는 돈이 없어진 것을 알고 광문이를 계속 의심하는 상황이므로, ③은 적절하지 않다.

〈더 알아두기〉 박지원의 한문 단편 〈양반전〉과 〈호질〉

① 〈양반전〉

≪연암집≫권8 별집 〈방경각외전〉에 실려 있다. 정선군에 어질고 글 읽는 것을 좋아하는 양반이 살았다. 그 고을에 군수가 새로 부임하면 반드시 그의 집에 찾아가 경의를 표하였다. 그러나 양반은 몹시 가난하여 해마다 관청의 환곡을 빌려 먹은 것이 천석(千石)이나 되었다. 관찰사가 그 고을을 순시하다가 환곡의 출납을 살펴보고는 그 양반을 가두게 했다. 군수는 양반의 사정을 안타깝게 여겼으나 아니 가둘 수도 없었다. 한편 양반은 밤낮 울기만 할 뿐 무슨 뾰족한 방책을 내지 못하였다.

이 때 이러한 사정을 알게 된 그 고을의 서민부자(庶民富者)가 양반을 찾아가서 환곡을 대신 갚아 주기로 하고 양반을 샀다. 이 사실을 알게 된 군수는 문서를 작성하지 않고 사사롭게 양반을 사고 팔면 송사의 단서가 된다고 하며 고을 백성을 관아에 모아놓고 군수 자신이 매매 증서를 작성했다. 첫 번째 문권은 양반으로서 지켜야 할 수많은 행동지침을 열거하고 만약 이를 어기면 양반은 이 증서를 관청에 가지고 와서 양반권을 회복할 수 있음을 밝혀 놓았다. 이에 서민부자는 증서의 내용을 좀더 이롭게 고쳐줄 것을 요구하였다. 군수는 두 번째 문권을 작성하기 시작하였는데, 그 내용은 포악 무도한 양반의 행위를 정당화하는 내용이었다.

문권 작성 도중에 서민부자는 하도 기가 막혀 혀를 내밀고는 "그만두시오. 그만두시오. 맹랑하구료. 나를 도적으로 만들 작정이오." 하고는 머리를 내저으면서 가버렸다. 그리고 죽을 때까지 다시는 양반의 일에 대해서 입에 담지 않았다고 한다.

〈양반전〉의 작품 배경은 조선 후기라는 역사적 전환기에서의 신분변동을 배경으로 하고 있다. 〈방경각외전〉 '자서(自序)'에 의하면, 단지 문벌과 세덕을 팔아먹는 장사치와 다름없는 양반답지 못한 양반을 풍자하기 위해 쓰여진 글이라고 했지만, 이 작품에서 축적된 경제력을 바탕으로 신분상승을 꾀하려는 서민계층과 경제적 빈곤으로 말미암아 양반의 신분을 유지할 수 없게 된 몰락양반 사이에서 야기되었던 해괴한 양반매매사건을 그려냄으로써 18세기 역사적 전환기에 격화되고 있던 신분변동 양상의 일단을 보여주고 있다.

② 〈호질〉

≪연암집≫권12 별집 ≪열하일기≫의 「관내정사」 7월 28일자에 실려 있다. 「관내정사」에 의하면, 이 글은 연암이 북경으로 가는 도중 하룻밤 묵었던 옥전현(玉田縣)의 심유붕(沈由朋)의 점포 벽상에 걸려 있는 격자(格子)의 기문을 동행한 정진사와 함께 베껴온 글로서, 그 베낀 동기는 국내에 돌아와 우리나라 사람들에게 읽혀 배를 움켜잡고 한바탕 웃게 하기 위해서였다고 했다. 이 작품에는 원래 작자 성명과 제목이 없었으나, 근세 중국인이 비분하여 지은 작품인 것 같고, 글 중의 '虎叱' 두 글자를 뽑아 제목으로 삼았다고 했다.

작품의 줄거리는 먼저 제왕의 위엄과 덕성으로 비유된 범이 등장하여 창귀들과 먹을 것을 의논하는 장면이 제시된 다음, 북곽선생(北郭先生)이라는 위학자(僞學者)가 동리자(東里子)라는 수절 과부의 방에서 밀회(密會)를 하다가 성이 다른 동리자의 다섯 아들에게 들켜 도망가다가 들판의 똥구덩이에 빠진다. 간신히 기어나오니 앞에 범이 있어 놀란 북곽선생이 아첨하는 말을 하니 범은 더러우니 가까이 오지 말라 한다.

그리고 범은 짐승보다 더 잔악한 인간들을 비판하고 범의 어짐을 장황하게 말하였다. 이에 북곽선생이 머리를 굽혀 용서를 빌고 명(命)을 기다렸으나 오래도록 조용하여 머리를 들어보니 범은 어디론가 사라졌다. 이 때 새벽 일찍 밭에 나온 농부가 무엇하고 있느냐고 묻자, 북곽선생은 '하늘이 비록 높다 해도 머리 어찌 안 굽히며, 땅이 비록 두텁다 해도 어찌 조심스럽게 딛지 않을 수 있겠는가'라고 근엄하게 말했다.

이 작품은 우언(寓言)으로서 대화 형식에 의해 서술자의 의도를 은밀하게 드러내고 있다. 연암은 '후지'에서 이 글은 근세 중국인이 비분강개하여 지은 것으로서 청조(淸祖)의 위선적인 정책과 그러한 청조에 곡학아세하며 일신의 안주를 추구한 한족(漢族) 출신 유학자들에 대한 풍자 비판이라고 했다. 그러나 연암의 작품으로 간주한다면, 풍자 대상은 마땅히 당시 조선 유학자들의 곡학아세와 부정한 행위에 대한 비판, 더 나아가 조선후기 사회의 모순에 대한 풍자 비판으로 보아야 할 것이다.

10. 〈해설〉 [글의 논지 전개 방식 파악]

(라)에서 논의되고 있는 것은 '글을 하는 도' 즉 글을 쓰는 방법에 관한 것이다. 그리고 무엇보다 좋은 글을 쓰려면, 요령(要領) 즉, 가장 긴요하고 으

뜸이 되는 골자나 핵심을 놓치지 않아야 한다고 밝혀 설명하고 있다. 제기된 문제의 해결이 쉽지 않은 이유를 밝히고 있는 것이 아니다.

〈더 알아두기〉

① 글쓰기의 방법을 병법에 비유한 것은 화제를 이끌어내고 글을 자연스럽게 시작하기 위한 글쓰기 전략의 일환이다.

② (가)에서 글쓴이는 글쓰기와 병법을 일대일로 대응시키며 설명하였다. 이어지는 (나)에서는 다시 전고와 비유, 억양반복의 방법을 활용하여 글쓰기와 병법의 유사성을 보충하여 설명함으로써 독자의 이해를 돕고 있다.

③ 비유적 설명 방법을 앞의 문단과 비슷하게 구사하고 있다. 또 내용적으로 보면, 글을 쓰는 사람이 무엇을 써야 하는지 핵심을 찾지 못하는 문제에 대한 원인을 밝혀 설명하고 있다. 그 이유는 아무런 계책 없이 갑작스레 화제를 접하기 때문이라는 것이다.

11. 〈해설〉 [논지의 파악]

글쓴이는 글자나 구절의 우아함, 속됨 즉 세련됨보다는 요령이 있는 글 즉 핵심을 놓치지 않는 글이 되어야 함을 강조하고 있다. 따라서 ④는 글쓴이의 견해와 거리가 멀다.

〈더 알아두기〉

① '제목을 깨뜨리고 나서[破題] 다시 묶어주는 것은 성벽을 먼저 기어 올라가 적을 사로잡는 것'이라고 한 부분과 관련되는 견해이다.

② '전장 고사는 싸움터의 진지'라고 한 부분과 관련되는 견해이다.

③ '함축을 귀하게 여긴다는 것은 반백의 늙은이를 사로잡지 않는 것이고, 여줌이 있다는 것은 군대를 떨쳐 개선하는 것'이라고 한 부분과 관련되는 견해이다.

12. 〈해설〉 [정보의 파악과 다른 상황에의 적용]

절을 직접 드러내 그리지 않았지만, 독자가 스스로 절의 존재를 상상하도록 그림을 그렸다는 것이다. 글에서 말하지 않고 말하는 방법과 유사하다. 이 점에서 함축적인 표현의 중요성을 일깨우고 있는 ⓔ과 일맥상통한다.

13. 〈해설〉 [주제의 파악]

선귤자가 엄 행수의 삶을 높이 평가한 것은 자기 분수를 알고 그 속에서 무실역행하며 사는 삶의 즐거움을 알고 있기 때문이다. 거기에는 무위도식하며 체면만을 내세우는 당시 양반들의 생활 방식에 대한 비판 의식이 담겨 있다. 또 선귤자는 벗을 사귐에 있어 이해(利害)아 아첨으로 맺어지는 교우 관계를 비판하고, 진실한 마음으로 교우하여야 함을 강조하고 있다. 여기에는 체면과 외양에만 집착하는 당대 양반층의 태도에 대한 비판 의식이 담겨 있다.

〈더 알아두기〉 박지원의 '예덕선생전'

조선 정조 때의 문인이자 학자인 박지원이 지은 한문 단편소설이다. 《연암별집》 〈방경각외전〉에 실려 있으며, 작자 20세 전후의 작품이라 하나 확실하지 않다. 선귤자(蟬橘子:李德懋의 별호)에게 예덕선생이라는 벗이 있었는데, 그가 바로 종본탑(宗本塔) 동편에 살면서 분뇨를 쳐 나르는 역부의 우두머리 엄행수(嚴行首)다. 선귤자의 제자 자목(子牧)은 그의 스승이 사대부와 교유하지 않고 비천한 엄행수를 벗하는 데 대하여 노골적으로 불만의 뜻을 표시한다.

그러나 선귤자는 이해(利害)로 사귀는 시교(市交)와 아첨으로 사귀는 면교(面交)가 오래 갈 수 없는 것이며, 마음으로 사귀고 덕을 벗하는 도의의 사귐이어야 함을 강조한다. 대체로 엄행수의 사는 모양은 어리석은 듯이 보이고, 하는 일은 비천한 것이지만 그는 남이 알아주기를 구함이 없고 남에게서 욕먹는 일이 없으며, 볼만한 글이 있어도 보지 않고 종고(鐘鼓)의 음악에도 귀기울이지 않는 사람이다. 이처럼 타고난 분수대로 즐겁게 살아가는 엄행수야말로 더러움 속에서 덕행을 파묻고 세상을 떠나 숨은 사람이다. 엄행수의 하는 일은 불결하지만 그 방법은 지극히 향기로우며, 그가 처한 곳은 더러우나 의를 지킴은 꿋꿋하니 엄행수를 보고 부끄러워하지 않을 사람이 몇이나 되랴. 이에 감히 그 이름을 부르지 못하고 예덕선생이라 부른다는 것이다.

이처럼 작자는 엄행수에게서 생활철학을 배운다는 선귤자의 입을 통하여 비

천한 생활 속에서 즐거움을 가지고 살아가는 한 인간을 제시하여, 본디 빈천한 이는 빈천함을 행한다는 중용(中庸)의 정신을 형상화하면서 삶의 한 전형과 참다운 인간관계를 그리고 있다. 엄행수와 같은 소외되기 쉬운 서민을 등장시킨 것에서 작가의 진정한 인간의 단면을 읽을 수 있다.

예덕선생이 분뇨를 나르는 사람이라는 점에 착안하여 〈예덕선생전〉이 천농사상(賤農思想)을 비판한 작품이라는 견해가 제시되고 있으나, 이 작품에서 예덕선생이 가지는 의미는 농부나 역부로 제한되는 것이 아니라 자기의 분수를 알고 그 속에서 즐거움을 가지는 모든 인물로 확대되는 데 있다. 선귤자를 비난한 자목이 선귤자의 긴 설명을 들은 뒤에도 아무런 대답이 없는 것은 이 작품의 여운이다.

14. 〈해설〉 [태도상의 공통점 파악]

'엄 행수'나 〈보기〉의 화자나 풍족한 생활과는 거리가 먼 삶을 살고 있다. 하지만 자신의 분수를 알고 그에 만족하는 삶의 태도를 보여주고 있다. 안분지족(安分知足)과 태도가 유사하다.

〈더 알아두기〉

② 비단옷을 입고 밤길을 간다는 뜻. 곧 아무 보람 없는 행동의 비유. 입신출세하여 고향으로 돌아가지 않음의 비유.

③ 농을 얻고 나니 촉을 갖고 싶다는 뜻. 곧 인간의 욕심은 끝이 없음을 이르는 말. 한 가지 소원을 이룬 다음 또다시 다른 소원을 이루고자 함을 비유. 만족할 줄 모름의 비유.

④ 술이 못을 이루고 고기로 숲을 이룬다는 뜻으로, 극히 호사스럽고 방탕한 주연을 일컫는 말.

15. 〈해설〉 [반응의 적절성 평가]

우선 주역을 인용한 취지는 도적이 생기는 것은 결국 지나친 재물 때문이라는 것이다. 즉 정의롭지 못한 방법으로 얻게 된 재물은 결국 좋지 않은 평가를 받게 되고, 결국은 도적을 불러 오기까지 한다는 것이다. 그렇다면 당대의 독자로서 보일 수 있는 반응은 부의 편중과 부를 부러워하는 자연스러운 인간의 마음 때문에 도적질을 하게 된다는 정도일 것이다. 먹고 살기 힘들면 누구나 도적질을 하게 된다는 것은 적절한 반응이라 할 수 없다.

〈더 알아두기〉

① 귀하고 천함이 타고나는 것이라면 신분제는 철폐의 대상이라고 할 수 없다.

② 제 분복에 대해 누구를 원망하는 것이 옳지 않다는 주장에 대해서 당대 민중이라는 ②와 같은 반문이 가능하다.

③ 제 분복에 만족하지 못하다는 사람이 많다는 지적은 현대의 독자의 입장에서는 얼마든지 가능하고 적절한 것이다.

16. 〈해설〉 [표현상의 특징 파악]

'삼 년', '새' 등의 어휘의 반복적 사용으로 리듬감을 얻고 있으며, 시집살이를 개집살이에 비유하고 '맵다, 어렵다, 푸르다' 등의 어휘를 다의적으로 사용하는 등 언어유희의 구사를 통해 해학적 분위기를 조성하고 있다. 또 '배꽃과 호박꽃, 백옥과 오리발, 삼단과 비사리춤' 등의 대조와 대구 표현을 통해 화자의 처지를 드러내고 있다. 시집살이의 어려움을 열거하며 화자가 처한 부정적 상황을 드러내고 있다. 하지만 종결어미를 빈번하게 생략하고 있지는 않다. 물론 그것을 통해 여운을 남기는 것도 아니다.

17. 〈해설〉 [작품의 공통점 파악]

윗글은 시집살이의 힘겨움을 솔직하고 해학적으로 노래하고 있는 민요(民謠)이고, 〈보기〉는 맵고 고된 시집살이의 어려움을 노래한 사설시조이다. 그런데 〈보기〉의 화자는 고통스러운 처지에 있는 것이 아니라 고달픈 처지에 있는 며느리의 모습을 노래하고 있는 인물이다. 따라서 화자 자신의 고통스러운 처지를 한탄하고 있다는 것은 두 작품의 공통점이 될 수 없다.

18. 〈해설〉 [표현 방식에 대한 이해]

(가)는 거미 가족을 차례로 방문 밖으로 내보내는 과정과 이에 따른 화자의

심리 변화를 시간의 경과에 따라 순차적으로 그려내고 있다. (나)는 장례를 치르는 순간부터 장례를 치른 이후까지 죽은 아우를 떠나보내는 화자의 심리 변화를 시간의 경과에 따라 순차적으로 그려내고 있다.

19. 〈해설〉 [시어의 문맥적 의미 이해]

㉣은 새끼 거미의 두려움과 원망의 마음을 그려냄으로써 화자가 자신의 잘못을 뉘우치는 모습을 암시하고 있다. 이런 점을 고려하면, 화자가 자신의 가족과 고향에 대해 느낄 법한 감정은 자책과 회오이다. 답지와 같이 고향의 가족이 화자에 대해 원망의 감정을 품고 있다고 판단할 만한 근거는 찾을 수 없다.

20. 〈해설〉 [외적 준거를 활용한 작품 감상]

(가)에서 화자는 '거미' 가족이 재회하는 순간을 그려본다. 하지만 이런 예상은 화자가 거미 가족의 미래를 낙관적인 관점에서 바라보고 있음을 의미하지는 않는다. 또한, 화자가 자신이 속한 '지금-이곳'의 현실이 쉽게 극복될 수 있을 것이라고 기대하는 모습은 작품 어디에도 나타나지 않는다.

교행직 맞춤형 모의고사 11회 정답 및 해설

1	④	2	④	3	①	4	②	5	①
6	④	7	①	8	②	9	④	10	②
11	①	12	②	13	①	14	③	15	①
16	④	17	④	18	③	19	③	20	①

1. 〈해설〉 [올바른 단어의 사용]

먼저 '발휘(發揮)하다'는 '재능, 능력 따위를 떨치어 나타내다'의 뜻이다. '능력을 발휘하다/의협심을 발휘하다/진가를 발휘하다/솜씨를 발휘하다'처럼 쓴다. 다음으로 '면모(面貌)'는 '사람이나 사물의 겉모습, 또는 그 됨됨이'의 뜻으로 쓰는 말이다. '면모를 일신하다/면모를 풍기다/면모를 과시하다'처럼 쓴다. 그러니 '면모를 발휘하다'는 자연스러운 표현이 아니다.

〈더 알아두기〉

① '봇물(洑-)'은 '보에 괸 물, 또는 거기서 흘러내리는 물'이다. 결국 '봇물을 이루다'나 '봇물처럼 쏟아지다'란 말이 성립하기 위해서는 '봇물'이란 단어의 의미가 '막혔던 곳이 터져 쏟아지는 물' 정도로 바뀌어야 한다. 하지만 아직 일반적으로 '봇물'을 그런 의미로 쓰는 사람은 없다. 그러니 '봇물을 이루다'나 '봇물처럼 쏟아지다'란 말은 온전한 표현이 아니고, 반드시 '터지다'라는 말이 들어가야 본래 의도하는 의미를 구성하게 되는 것이다.

② '군락(群落)'은 동일한 생육 조건의 지역에서 같이 자라는 여러 종류의 식물(植物)의 무리를 이르는 말이다. '소나무 군락'처럼 쓴다. '동물이 어떤 일정한 환경에 깃들여 삶'의 뜻으로는 '서식(棲息)'을 쓴다.

③ '어떤 곳이나 일에 관심을 집중하여 기울임'의 뜻으로는 '주위(周圍)'가 아니라 '주의(注意)'를 쓴다. '주의가 산만하다/주의를 기울이다/주의를 끌다/주의를 집중하다/주의를 환기하다'가 그런 예이다.

2. 〈해설〉 [부정문의 이해]

'내가 그를 쏜 것은 권총으로가 아니었다.'에는 '아니다'라고 하는 부정소가 포함되어 있다. 그러나 문장의 의미를 긍정으로 볼 수 없다. ㉣의 예로는 '학생인 제가 어찌 감히 그 일을 하지 않을 수 있겠습니까?' 정도를 들 수 있다. 이는 수사의문문이며, 의미상으로는 긍정이지만, 부정소를 포함하고 있는 경우에 해당하기 때문이다.

〈더 알아두기〉

① '몰염치(沒廉恥)하다'가 부정의 접두사가 있는 단어에 해당한다.

② '모르다'가 부정의 의미를 갖는 서술어에 해당한다.

③ 수사의문문이다. 부정소를 포함하고 있지 않지만, 문장의 의미는 부정이다.

3. 〈해설〉 [표준 발음의 이해와 적용]

명사 '밭이랑'의 표준 발음은 [반니랑]이다. 부사 '야들야들'의 표준 발음은 [야들랴들/야드랴들]이다.

〈더 알아두기〉

② 받침 뒤에 모음 'ㅏ, ㅓ, ㅗ, ㅜ, ㅟ'들로 시작되는 실질 형태소가 연결되는 경우에는, 대표음으로 바꾸어서 뒤 음절 첫소리로 옮겨 발음한다. 따라서 '겉옷[거돋]'이 맞는다. 그렇지만 겹받침의 경우에는, 그중 하나만을 옮겨 발음한다. 따라서 '값있는[가빈는]'이 맞는다.

③ 합성어 및 파생어에서, 앞 단어나 접두사의 끝이 자음이고 뒤 단어나 접미사의 첫음절이 '이, 야, 여, 요, 유'인 경우에는, 'ㄴ' 음을 첨가하여 [니, 냐, 녀, 뇨, 뉴]로 발음한다. 따라서 '막막염[망망념]'이 맞는다. 비슷한 예로는 다음과 같은 예가 있다.

〔예〕 늑막염[능망념], 영업용[영엄뇽], 식용유[시굥뉴], 국민윤리[궁민뉼리]

④ '반창고(絆瘡膏)'의 표준 발음은 [반창고]이다. 또 관형사형 '-(으)ㄹ' 뒤에 연결되는 'ㄱ, ㄷ, ㅂ, ㅅ, ㅈ'은 된소리로 발음한다. 다만, 끊어서 말할 적에는 예사소리로 발음한다. 따라서 '만날 사람'은 [만날싸람] 또는 [만날#사람]으로 발음하는 것이 맞는다.

4. 〈해설〉 [표준어의 이해와 적용]

'장난감'에 이어 '놀잇감'도 표준어가 되었으나 '놀이감'은 표준어가 아니다. 또 '눈두덩'에 이어 '눈두덩이'도 표준어가 되었으나 '눈두댕이'는 표준어가 아니다.

5. 〈해설〉 [반의 관계의 이해]

반의 관계는 대립되는 의미들 사이의 관계 속성에 따라 등급적 반의 관계, 상보적 반의 관계, 상관적 반의 관계로 나눌 수 있다. 〈보기〉에서 설명하고 있는 것은 등급적 반의 관계에 해당한다.

'길다/짧다'가 그러한 예이다. 먼저 '길지도 않고 짧지도 않다'와 같이 의미 관계를 이루는 어휘 항목을 동시에 부정하는 것이 가능하다. 양쪽 어디에도 속하지 않는 중립적인 의미 영역이 존재하기 때문이다.

다음, 한 항목을 포함한 진술은 다른 항목을 포함한 부정 진술을 함의하나 그 역은 성립하지 않는다. 예를 들어 'A는 길다.'라는 문장은 'A는 짧지 않다.'라는 진술을 함의한다. 그러나 'A는 짧지 않다.'가 'A는 길다.'를 함의하지는 않는다.

마지막으로 등급적 반의 관계를 이루는 양 항목은 모두 정도 부사의 수식을 받을 수 있고 또 비교 표현도 가능하다. 예를 들어 'A는 (매우/조금, 꽤) 길다/짧다.'가 가능하고, 'A는 B보다 (더) 길다/짧다.'도 가능하다.

〈더 알아두기〉

②, ③은 상보적 반의 관계에 해당한다. 참고로 상보적 반의 관계를 이루는 어휘 항목은 동시에 긍정하거나 부정할 수 없다.

④는 상관적 반의 관계에 해당한다. 참고로 상관적 반의 관계를 이루는 어휘 항목은 상호 의존적이기는 하지만, 그 영역을 철저히 양분하므로 정도 표시나 비교, 대조 표현이 자연스럽지 못하다.

6. 〈해설〉 [속담의 올바른 풀이]

〈삼국유사〉에 '기사지망(己事之忙) 대가지춘촉(大家之春促)'으로 한역되어 전하는 속담으로 우리나라 속담의 최초 형태라고 한다. 두 가지 뜻으로 쓰인다. 「1」 큰댁의 방아를 빌려서 자기 집의 쌀을 찧어야 하겠으나 할 수 없이 큰댁의 방아 찧는 일을 먼저 거들어 주어야 한다는 뜻으로, 내 일을 하기 위하여 부득이 다른 사람의 일부터 해 줌을 비유적으로 이르는 말. 「2」 일이 바쁠 때는 모든 도구를 갖추지 못하고서도 서둘러 함을 이르는 말. 신라 때, 욱면(郁面)이라는 계집종이 일을 빨리 마치고 제가 하고 싶은 염불을 외우기 위하여 주인이 시킨 쌀 찧는 일을 부지런히 하였다는 이야기에서 나온 말이다.

7. 〈해설〉 [대등적으로 이어진문장의 이해]

'철수와 영희가 오늘 결혼한다.'는 접속조사 '와'가 사용된 대등적으로 이어진문장으로 볼 수 있다. 왜냐하면 '철수가 오늘 결혼한다.'와 '영희가 오늘 결혼한다.'가 이어진문장으로 볼 수 있기 때문이다.

한편 이 문장은 중의적이다. '철수와 영희가 오늘 각각 다른 사람과 결혼한다.'로 해석될 수도 있고, '철수와 영희가 오늘 둘이 결혼한다.'로 해석될 수도 있기 때문이다. 후자라면 '와'는 접속조사가 아니라 동반의 부사격 조사가 된다. 이런 경우는 홑문장으로 볼 수 있다.

〈더 알아두기〉

② 대등적으로 이어진문장이기는 하나, 중의적인 문장은 아니다. 고로 홑문장으로 볼 여지도 없다.

③ 종속적으로 이어진문장이다. 홑문장으로 볼 여지도 없다.

④ 서술절은 안은문장이다. 즉 이어진문장이 아니다.

8. 〈해설〉 [접두사와 관형사의 구별]

'맨주먹'의 '맨-'은 '다른 것이 없는'의 뜻을 더하는 접두사이다. 앞말에 붙여 써야 맞는다. '맨눈/맨다리/맨땅' 등도 그러하다. 이와 관련하여 알아 둘 것은 '맨'은 관형사로도 쓰이며, 그때는 '더 할 수 없을 정도나 경지에 있음'의 뜻이라는 점이다. '산의 맨 꼭대기/맨 먼저/맨 구석 자리/맨 가장자리'가 그러한 예이다.

〈더 알아두기〉

① '다른 일'의 '다른'은 '딴'과 같은 의미로 쓰여서 관형사이다. '다른'이 접두사로 쓰이는 일은 없다.

③ '덧-'은 '거듭된' 또는 '겹쳐 신거나 입는'의 뜻을 더하는 접두사이다. '덧니/덧신/덧저고리' 등에서 그러하다.

④ '새'가 '새 손톱/새 기분/새 담배/새 학기/새 책/새 건물/새 옷'처럼 쓰이면 관형사이다. 그러나 '새나무'의 '새'는 합성어를 이루는 어근이다. 볏과 식물을 통틀어 이르는 말이며, 띠, 억새 따위가 있다. 즉 '새나무'는 띠, 억새 따위의 땔감을 이르는 말이다. 한 단어이므로 당연히 붙여 쓴다.

9. 〈해설〉 [외래어의 올바른 표기]

① → 함부르크(Hamburg)는 도이칠란트(Deutschland)의 대표적인 무역항이다.

② → 말레이시아(Malaysia)의 수도는 쿠알라룸푸르(Kuala Lumpur)이다.

③ → 산타클로스(Santa Claus)는 지금의 터키(Turkey)에서 태어났다고 전한다.

10. 〈해설〉 [구체적 정보의 파악]

앞에 제시된 정보에 주목해야 한다. 임금에게 아첨하며 출세한 신하가 백성을 수탈했다는 내용이다. 결국 ㉠은 백성을 수탈하는 신하로 인한 고통을 이야기하는 것이니 '가렴주구(苛斂誅求)'가 가장 적절하다. '가렴주구(苛斂誅求)'는 '세금을 가혹하게 거두어들이고, 무리하게 재물을 빼앗음'의 뜻이다.

〈더 알아두기〉

① 군자표변(君子豹變): 군자는 허물을 고쳐 올바로 행함이 아주 빠르고 뚜렷함.

③ 엄이도령(掩耳盜鈴): 귀를 막고 방울을 훔친다는 뜻으로, 모든 사람이 그 잘못을 다 알고 있는데 얕은꾀를 써서 남을 속이려 함을 이르는 말.

④ 양금택목(良禽擇木): 좋은 새는 나무를 가려서 깃들인다는 뜻으로, 훌륭한 사람은 좋은 군주를 가려서 섬김을 비유적으로 이르는 말.

11. 〈해설〉 [언해 문학의 이해]

두보는 처자를 데리고 난리를 피해 굶주림 속에 곡강에 이르렀다. 거기서 그는 집을 짓고 살았는데 그때의 심경을 그린 작품이 바로 '강촌(江村)'이다. 세상은 그에게 다시는 기회를 주지 않았고 그는 거기서 너무도 가난한 생활을 했다. 그러나 그의 뜻과 시는 끝까지 임금에게 충성을 다했고 백성을 아꼈다. 전체적으로 안빈낙도(安貧樂道)를 노래한 작품이며, 호탕한 정회를 노래한 것은 아니다. 그 점은 큰 병을 얻어 신산한 삶을 살고 있지만, 약물을 제외하면 더 바랄 것이 없다고 한 것에서 잘 드러난다.

12. 〈해설〉 [인물의 태도 이해]

토끼가 특별히 남의 권세를 빌려 위세를 부리고 있는 장면은 없다.

〈더 알아두기〉

① 토끼는 자라가 자신을 칭찬하는 말을 듣고 기분이 좋기는 하나, 스스로에 대해 그리 높게 생각하지 않는지라, 반신반의하고 있다.

③, ④ '문자로 수작 내어'에 이어지는 부분에서 확인할 수 있는 내용. 후반부에서 서술하고 있는 바에 따를 때, 토끼는 '속에 글이 없는' 것으로 그려지고 있기 때문이다. 즉 토끼는 자신의 학식에 대해 자격지심(自激之心)을 가지고 있다.

13. 〈해설〉 [생략된 내용의 추리]

토끼가 어쭙잖게 문자를 써서, 난생 처음 보는 처지인데 왜 저를 불렀냐고 한다. 그러자 자라가 이렇게 찾아 왔는데, 왜 처음 본다고 괄시하냐고 응대하고 있는 장면이다. 따라서 문맥상 이렇게 벗이 찾아오면 기쁘지 않느냐는 내용이 와야 적절하다.

〈더 알아두기〉

① 친한 벗이 먼 곳에서 찾아오면 또한 즐겁지 아니한가?

② 남이 알아주지 않아도 성내지 않으면 또한 군자가 아니겠는가.

③ 마을이 인후하여 아름답다. 마을을 택하되 인후한 풍속에 처하지 않는다면, 지혜롭다고 할 수 없다.

④ 빈천은 누구나 다 싫어하는 것이다. 그러나 그것이 비록 정당한 방법으로 얻은 것이 아니라 할지라도, 부당한 방법으로 벗어나려고 노력하지 않는다.

14. 〈해설〉 [서술상의 특징 파악]

– '곰이~눈이 작고 털이 덮여'[외양] → '태양 정기 부족하니 미련함'[특성]

– '범이~얼굴 가운데가 움푹하니'[외양] → '단명(短命)함'[특성]

15. 〈해설〉 [서술상의 특징 파악]

ⓐ는 등장인물의 생각이 아니라, 서술자의 등장인물에 대한 생각에 해당한다.

〈더 알아두기〉

②, ③ 별주부의 생각에 해당한다.

④ 토끼의 생각에 해당한다.

16. 〈해설〉 [시의 종합적 감상]

(가)의 경우 제1연의 제1~3행이 모두 화자 자신과 관련한 상황에 초점을 맞추고 있다. 이어지는 제4행은 삶의 태도를 드러낸다. 허무한 삶에 대한 회의(懷疑), 그리고 그것에 대한 대결 의지를 노래한 것으로 볼 수 있다. (나)의 경우 제1연과 제2연에서 화자 자신의 상황에 초점을 맞추고 있다. 제3연은 삶의 태도를 드러낸다. 존재의 본질을 찾을 수 없는 상황과 그것을 끝내 찾으려는 삶의 태도를 노래한 것으로 볼 수 있다.

〈더 알아두기〉

① 명사형 종결은 (가)의 제2연을 제외하면 없다.

② (가)의 경우에 공간 이동 관련 표현이 있다. 그마저도 현장을 자아내는 것은 아니다.

③ (가)의 '나' 정도는 그렇게 볼 여지가 없지 않으나, (나)와는 아주 거리가 멀다.

17. 〈해설〉 [시구의 함축적 의미의 파악]

㉠은 화자가 진정한 자아를 찾는 과정에서 불가피하게 맞닥뜨려야 하는 일을, ㉡은 화자가 존재의 의미를 찾는 과정에서 불가피하게 맞닥뜨려야 하는 일을 나타내므로 ④는 적절한 이해와 감상이라 할 수 있다.

〈더 알아두기〉

① ㉠에도 ㉡과 마찬가지로 자아를 인식하려는 화자의 욕망이 내포되어 있다.

② ㉠ 역시 ㉡처럼 긍정적인 것으로 화자에게 인식되고 있다.

③ ㉡은 화자가 현실에서 타자로 인해 어떤 개인적 상실감을 지니게 되었음을 나타내는 것이 아니다. 존재의 본질을 인식하려는 화자의 고뇌와 열정을 나타내는 것이다.

18. 〈해설〉 [내용의 사실적 이해]

언어 정책적 차원에서 계획적으로 만들어진 새말이라도, 민중들의 호응 여부에 따라 기성 어휘로서의 지위를 굳히는 것도 있고, 잠시 쓰이다가 버림을 받는 것도 있고, 처음부터 별로 호응을 받지 못하여 일반화되지 못하는 것도 있다. 즉 언어 정책상 계획적으로 만든 새말은 민중으로부터 선별적으로 호응을 받는다.

〈더 알아두기〉

① 자연 발생적으로 만들어진 새말에는 고유어, 한자어, 외래어 등이 모두 재료로 쓰인다.

② 표현의 참신성을 위해 생겨난 새말은 자연 발생적으로 만들어진다. 자연 발생적으로 만들어진다는 것은 그 말을 누가 만들었는지 알 수 없다는 의미이기도 하다.

④ 새로 나타난 말들이 기성 어휘로 굳어지면 그 생명력이 길지만, 그렇다고 무조건 그 생명력을 잃지 않게 되는 것은 아니다.

19. 〈해설〉 [구체적 사례에의 적용]

'몰래바이트'의 경우 언어 표현의 진부함 때문에 만들어진 새말이 아니다. 새로운 개념을 나타내기 위해 만들어진 예로 보아야 적절하다.

20. 〈해설〉 [화법의 이해]

'여간 반갑지 않구나.'는 '반가움'을 표현한 것이지, '반갑지 않음'을 표현한 것이 아니다. 그러므로 ①은 적절한 해석이 아니다.

교행직 맞춤형 모의고사 12회 정답 및 해설

1	②	2	②	3	③	4	③	5	④
6	④	7	①	8	③	9	①	10	④
11	②	12	②	13	①	14	③	15	②
16	②	17	④	18	③	19	②	20	④

1. 〈해설〉 [맞춤법의 이해와 적용]

'편편하고 얇으면서 꽤 넓다'는 뜻으로 쓰이는 표준어는 '넓적하다'이다. 따라서 '밀가루 반죽을 홍두깨로 넓적하게 폈다.'라고 쓰는 것이 맞다. '넙적하다'와는 다른 말이다.

- 넙적하다: 「동사」「1」 말대답을 하거나 무엇을 받아먹을 때 입을 닝큼 벌렸다가 닫다. 「2」 몸을 바닥에 바짝 대고 닝큼 엎드리다. 「3」 망설이거나 서슴지 않고 선뜻 행동하다.

〈더 알아두기〉

① '하마터면'은 한글맞춤법 제40항에 따라, 소리대로 적는 부사에 해당된다. 따라서 '하마트면'으로 쓰면 잘못된 표현이다.

③ '까탈스럽다'는 '까다롭다'의 잘못이다.

　　까다롭다: 「형용사」「1」 조건 따위가 복잡하거나 엄격하여 다루기에 순탄하지 않다. 〈예〉 조건이 까다롭다. 「2」 성미나 취향 따위가 원만하지 않고 별스럽게 까탈이 많다. 〈예〉 까다로운 손님

④ '애닲다'는 '애달프다'의 잘못.

　　애달프다: 「형용사」「1」 마음이 안타깝거나 쓰라리다.

　　〈예〉 애달픈 사연

　　「2」 애처롭고 쓸쓸하다.

　　〈예〉 구름 같은 검은 머리털을 썩둑썩둑 깎아 버리고 죽장망혜로 산속에나 들어가 애달픈 일생을 한가히 지내보는 것도 좋으려니 하여 보았다.

2. 〈해설〉 [한글 맞춤법 이해와 적용]

'시꺼멓다'는 접두사가 붙어 이루어진 파생어다. '꺼멓다'는 '물체의 빛깔이 조금 지나치게 검다.'라는 뜻의 단어이다. 여기에 '매우 짙고 선명하게'의 뜻을 더하는 접두사 '시-'가 붙어 '매우 꺼멓다'라는 뜻이 되었다. 따라서 '시꺼멓다'는 제27항에 따라 각각 그 원형을 밝히어 적은 것이다.

〈더 알아두기〉

㉮가 곧바로 '산듯하다'는 틀린 것으로 봄을 의미하지는 않는다는 점에 유의해야 한다. '기분이나 느낌이 깨끗하고 시원하다.'의 뜻으로 '산듯하다'를 쓰며, 그보다 센 느낌을 주는 말이 '산뜻하다'이다. '움질거리다'와 '움찔거리다'도 사정은 비슷하다. 물론 '움찔'의 덜 센 말로 '움질'을 인정하는 것은 아니다.

3. 〈해설〉 [말하기의 이해와 평가]

'그림2'가 복도에도 걸려있으며, 올해 달력 제작에도 사용된 작품이라는 점을 언급하고 있다. 즉 '그림2'와 청중과 관련된 경험을 상기시켰다. 이는 지금 말하고 있는 정보가 청중과 어느 정도 관련성이 있다는 점을 강조해, 청중의 흥미를 유발하거나 관심을 지속하기 위한 것이다.

4. 〈해설〉 [글쓰기의 구상과 적용]

사물놀이 영상물을 제작하기 위한 회의 결과를 제작 계획서에 제대로 반영하였는지를 알아보는 문제이다. 이 영상물 제작은 젊은 세대의 사물놀이에 대한 관심이 줄어들고 있다는 것을 전제로 한다. 예상 시청자가 사물놀이에 무관심한 젊은 세대인 것, 그리고 사물놀이에 대한 관심을 새롭게 불러일으키는 것을 목적으로 하고 있다는 것에서 알 수 있다. 그렇다면 사물놀이에 대한 학문적 평가가 다양함을 학자들과의 인터뷰를 통해 보여준다는 설정은 적절하지 않다. 사물놀이에 관련한 기초적인 정보를 제공한다는 것과도 어긋난다.

5. 〈해설〉 [개요의 작성과 보완]

이 글의 결론에 해당하는 부분이다. 이미 2에서 종자 자급률이 낮을 경우 발생할 수 있는 문제점을 언급했으므로, 결론에서 다시 언급하는 것은 적절하지 않다. 주장의 설득력을 높이기 위해서는 국내 종자 산업을 육성하기 위한 노력을 촉구하고, 그로 인해 기대할 수 있는 긍정적인 전망을 제시하는 것이 효과적이다.

6. 〈해설〉 [중세 국어의 이해]

〈월인석보〉의 '석보상절 서'의 서두에 등장하는 구절이다. '배시니라'는 '바[所]+-ㅣ (서술격 조사)+-시-+-니+-라'로 분석된다. 이때의 '-시-'는 주체 높임 선어말어미이다. 즉 주체 높임 선어말어미로 '-시-'를 쓰는 것은 현대 국어와 차이가 없다.

〈더 알아두기〉

① 중세 국어의 주격 주사는 앞 체언의 끝소리에 따라서 {-이/-ㅣ/ ∅ }의 변이 형태로 실현된다. 자음으로 끝나는 체언 다음에는 '-이'로 실현된다. 반면 /ㅣ/나 반모음인 /j/를 제외한 모음으로 끝나는 체언 다음에는 '-ㅣ'로 실현된다. 또한 /ㅣ/나 반모음인 /j/로 끝나는 체언 다음에는 주격 조사가 '∅', 즉 드러나지 않는다. 현대 국어의 경우라면 모음으로 끝나는 체언 다음에는 주격 조사 '가'가 결합한다. 주격조사 '가'가 생성된 것은 근대국어에 와서의 일이다.

② 중세 국어의 부사격 조사 '-애/-에/-예'는 '위치, 원인, 비교' 등을 나타내는데, '-애'는 앞선 체언의 끝 음절이 양성 모음일 때, '-에'는 음성 모음일 때, '-예'는 /ㅣ/나 반모음 /j/일 때 실현된다. 현대 국어에서는 '-에'로 통일하여 사용된다.

중세 국어의 관형격 조사 '-ㅅ'은 그 앞의 체언이 무정 명사이거나 높임의 대상인 유정 명사일 때 쓰이고, 그 외의 경우에는 {-인/-의/-ㅣ}로 실현된다. 반면 현대 국어의 경우 관형격 조사로는 '의'를 쓴다.

③ 중세 국어의 접속 조사 '-과/-와'는 그것이 이어 주는 앞 체언과 뒤 체언 모두에 붙을 수 있다는 특징이 있다. 다음은 그 예이다.

　　〈예〉 입시울와 혀와 엄과 니왜 다 됴ᄒ며 [석상 19:7]

반면 현대 국어에서는 마지막 체언에는 접속 조사가 붙지 않는다.

7. 〈해설〉 [반의어의 이해와 적용]

[A] '수면에서 바닥까지 거리가 멀다'는 의미의 '깊다'는 '밑에서 위까지의 거리가 짧다'는 뜻의 '얕다'를 반의어로 갖는다. '얇다'는 '두껍다'의 반의어이다.

[B] '빛깔이 짙다'는 의미의 '깊다'의 예문은 '산 그림자가 깊다'가 맞다. '그녀는 그림에 조예가 깊다'에서 '깊다'는 '수준이 높거나 정도가 심하다'의 뜻으로 쓰인 예이다. 또 '그는 사려가 깊다'의 '깊다'는 '생각이 듬쑥하고 신중하다'의 뜻으로 쓰인 예이다.

[C] '마당이 깊다'에서는 '깊다'가 '주위보다 바닥이 낮거나 패어 있다'는 의미로 쓰였다. 따라서 그 반의어는 '높다'가 된다.

8. 〈해설〉 [글의 이해]

개별자 수준과 집단 수준의 인과가 연관된다고 하는 주장에 대해 대립적 입장, 즉 개별자 수준과 집단 수준의 인과가 독립적이라고 주장하는 글을 찾는 문제다. 이 경우, 집단 수준의 인과와 개별자 수준의 인과가 필연성을 갖지 않는다고 본다. 즉 스트레스가 병의 원인이라는 진술은 스트레스는 병의 필연적인 원인이 아니라 단지 병을 발생시킬 확률을 높이는 요인일 뿐인 것이다. 스트레스와 병은 필연적인 관계가 아니라 개연적인 관계에 놓인 것이므로 A와 B가 특정한 병에 걸렸다고 하더라도 집단 수준에서는 그 병의 원인을 스트레스로 단언할 수 없다고 본다.

9. 〈해설〉 [조사의 쓰임]

㉠은 지위나 신분 또는 자격을 나타내는 격 조사로 쓰였다. ①도 그러하다.

〈더 알아두기〉

② 시간을 나타내는 격 조사이다. 〈예〉 조석으로 부모님께 문안드리다.

③ 어떤 일의 수단·도구를 나타내는 격 조사이다. 〈예〉 약으로 병을 고치다.

④ 변화의 방향을 나타내는 격 조사이다. 〈예〉 자식을 훌륭한 사람으로 키우다.

10. 〈해설〉 [사자성어의 이해]
전거가감(前車可鑑): 앞 수레가 엎어진 것을 보고 뒷 수레가 경계하여 넘어지지 않도록 한다는 말로, 전인의 실패를 보고 후인은 이를 경계로 삼아야 한다는 의미이다. 이 점에서 '온고지신(溫故知新)'과도 일맥상통한다.

〈더 알아두기〉
① 반면교사(反面敎師): 다른 사람이나 사물의 부정적인 측면에서 가르침을 얻는다는 말이다.
② 후생가외(後生可畏): 젊은 후학들을 두려워할 만하다는 뜻으로, 후진들이 선배들보다는 젊고 기력이 좋아 학문을 닦음에 따라 큰 인물이 될 수 있으므로 가히 두렵다는 말이다.
③ 계포일낙(季布一諾): 계포가 한번 한 약속이라는 뜻으로, 약속을 반드시 지킴을 이르는 말. 남아일언중천금(男兒一言重千金)과 뜻하는 바가 일맥상통함이 있는 말이다.

11. 〈해설〉 [한자어의 이해]
- 향상(向上): 실력, 수준, 기술 따위가 나아짐. 또는 나아지게 함.
- 퇴보(退步): 뒤로 물러감. 또는 정도나 수준이 이제까지의 상태보다 뒤떨어지거나 못하게 됨.
- 식별(識別): 분별하여 알아봄.
- 낭자(狼藉): 여기저기 흩어져 어지러움.
- 빙자(憑藉): 말막음을 위하여 핑계로 내세움.
- 진보(進步): 정도나 수준이 나아지거나 높아짐.
- 개선(改善): 잘못된 것이나 부족한 것, 나쁜 것 따위를 고쳐 더 좋게 만듦.
- 개변(改變): 상태, 제도, 시설 따위를 근본적으로 바꾸거나 발전적인 방향으로 고침.
- 개혁(改革): 제도나 기구 따위를 새롭게 뜯어고침.
- 촉진(促進): 다그쳐 빨리 나아가게 함.

12. 〈해설〉 [의미 변화의 이해]
중세국어의 '싁싁하다'가 '엄하다'는 의미였으나, '싁싁하다'에서 온 '씩씩하다'는 현재 '엄하다'는 의미가 사라지고 '씩씩하다'라는 의미로 사용된다. 따라서 의미의 전이에 해당한다. 의미의 축소에 해당하는 예로는 다음과 같은 것이 있다.
예 '가르치다'는 옛말에서 '가르치다(敎)'와 '가리키다(指)'의 의미를 지니고 있었으나 지금은 '가르치다(敎)'의 뜻으로만 사용된다.

13. 〈해설〉 [논리적 추론의 이해와 적용]
〈보기〉에 따르면 유추의 결정적인 단점은 자신이 아는 단 하나의 경험에만 의지하여 다른 사례도 같을 것이라고 판단하는 것이라고 했다. 따라서 이에 대한 보충 설명으로 똑같은 모양의 상자 더미에서 단 하나의 상자 안에 토끼 인형이 있다는 것을 경험했을 뿐인데, 다른 상자에도 같은 인형이 있을 것이라고 추리하는 것을 들 수 있다.

〈더 알아두기〉
② 도박사의 오류(Gambler's Fallacy)라고 부른다. 지금 이 순간 A와 B가 일어날 확률은 각각 동일하게 절반씩임에도 불구하고 (이전에 발생했던 A와 B의 누적 빈도가 어떤가에 따라) 그 A 혹은 B 중 어느 하나에 더 강한 느낌이 가는 현상들을 통칭하는 말이다.
③ 분할의 오류에 해당한다. 부분의 성질로부터 그것의 전체의 성질을 잘못 추리하는 것이 '결합의 오류'이고, 그 반대로 전체의 성질로부터 그 부분의 성질을 잘못 추리하는 것이 '분할의 오류'이다.
④ 무지(無知)에 호소하는 오류이다. 논쟁하는 상대방이 어떤 주장이 참임을 입증할 수 있는 방도를 모른다 또는 그 주장이 거짓임을 모른다는 것을 근거로 하여, 그것이 거짓 또는 참이라고 논증하는 오류이다.

14. 〈해설〉 [글의 이해와 추론]
이 글에 따르면 1990년대 중반, 협찬 제도를 운영하고 있을 때에도 보도,

시사, 토론 등의 프로그램에서 간접 광고는 불가했다. 따라서 토론 프로그램 내에서 상호 노출을 하는 것은 애초에 불법이었으므로 ㉡이 도입된 이후 광고를 할 수 없게 되었다는 말은 적절하지 않다.

15. 〈해설〉 [문단의 자연스러운 배열]
먼저, 도입부로 가장 적당한 문단은 ㄴ이다. 겨울이 되면 손발이 차가워지는 사람들이 있다며 글을 시작하고, 그 원인을 설명하고 있어서 그렇다. 그 다음, 추위 때문에 피부 온도가 낮아지면 모세혈관으로 들어가는 피의 양이 줄어드는데, 이때 글로뮈라는 관으로 피가 흐르면서 손발이 다시 따뜻한 상태로 회복된다는 글이 이어지는 것이 자연스럽다. 즉 ㄹ이 그 다음으로 와야 한다. 글로뮈는 평소에 닫혀 있다가 날씨가 추워지면 열리게 되는데, 이 기능을 제대로 하지 못할 경우 손발이 차가워진다. 따라서 ㄱ으로 이어지고 ㄷ으로 글을 마무리하는 것이 자연스럽다.

16. 〈해설〉 [작품의 분석적 이해]
권섭의 〈독자왕유희유오영(獨自往遊戲有五詠)〉이다. 이 시조는 작자가 벗들과 남산에 놀러갈 것을 약속했지만, 한 벗은 과거 시험 준비로 바빠서 거절하고, 다른 벗은 일상의 고단함을 이유로 거절하자 혼자서 놀러 가게 되었다는 사연을 담았다. 제1수에서 작자는 벗에게 남산 유람을 제안하고, 제2수에서는 벗이 과거를 핑계로 유람을 거절한다. 제3수에서 작자가 다른 벗에게 다시 제안하고, 제4수에서 다른 벗은 일상의 고단함을 이유로 거절한다. 그러자 제5수에서 작자는 혼자서라도 아름다운 풍경을 보고 오겠다는 다짐을 한다.

17. 〈해설〉 [인물 제시 방법의 이해]
전체적인 1인칭 화자의 회고 형식으로 이루어진 글이다. 그리고 그 내용은 유종렬이라는 인물의 예술 세계와 활동이다. 구체적으로 말하는 미래의 시간을 찍는다고 했지만, 과거의 시간대 속에 사는 사람이었다는 것이다.

〈더 알아두기〉
① 독자는 인물의 정보를 직접 접하는 것이 아니다. '나'의 입을 통해서 알 수 있을 뿐이다.
② 작가가 아니라 '나'가 단순히 인물의 외모와 정서적 반응을 소개하는 데에 그치고 있지 않다. 평가적 진술이 제시되어 있다. '그는 오히려 늘 지나간 과거의 시간대 속에서 살고 있는 사람이었다.' 등이 그러하다.
③ '극적 상황'이 아니다. 한 인물이 회고하고 있는 내용이다.

18. 〈해설〉 [글의 이해와 분석]
웃음을 다양한 시각에서 고찰하며 웃음의 속성을 밝히고 있는 글이다. 이 글에 따르면 동양에서는 너무 헤프게 웃는 것을 경계해왔다. 치자다소(癡者多笑)란 어리석고 못난 사람이 잘 웃는다는 뜻으로, 실없이 잘 웃는 사람을 놀림조로 이르는 말이다. 다만, 미소를 짓는 것은 소리 없이 빙긋이 웃는 것으로 헤프게 웃는 것과는 거리가 있다. 또한 희로애락을 드러내지 않는 것을 신의 경지에까지 접근하려는 노력으로 보았으므로, 이를 부정적으로 바라보고 있다는 말도 적절하지 않다.

19. 〈해설〉 [현대시의 이해와 감상]
㉡은 화자의 임에 대한 사랑의 다짐이 느껴지는 장면이다. 임에 대한 화자의 사랑은 화자가 죽고 난 뒤에나 온전히 표현될 수 있을 정도의 감정임을 드러내고 있다. 그러한 감정의 깊이로 인하여 '아득한 거리'는 사랑의 장애물은 결정적인 방해 요인이 되지 못한다.

〈더 알아두기〉
③ '잊어버린다.'와 '못 잊어 차라리 병이 되어도'라는 대조적 문장을 나란히 배치하여 내적인 심리 상태의 동요를 강조하고 있다. 임을 잊고 싶어 하는 마음과 병이 되더라도 못 잊을 것 같은 화자의 양면 심리를 보여주는 구절이다.
④ 임에 대한 화자의 사랑이, 임이 화자를 대하는 사랑으로 전환되는 것을

보여주는 장면이다. 즉 꽃을 들여다보고 그 안에서 임의 맑은 눈을 바라
보는 것은 화자이지만 이제는 임과 동화되어 꽃 속의 임이 맑은 눈을 들
어 화자를 쳐다보는 것이다.

20. ⟨해설⟩ [현대소설의 이해와 감상]
박태원의 ⟨천변풍경⟩의 부분이다. 이 작품은 1930년대 청계천변을 배경으
로 한다. 서민층의 삶의 공간인 청계천변에 살고 있는 남녀노소의 생활을 담
고 있다. 다양한 인물들의 일상적인 삶의 모습을 보여주는 작품을 세태 소설
이라고 하는데, 특히 이 작품은 그 모습을 마치 카메라나 캠코더로 찍듯이
그려내고 있다. 박태원은 등장인물 가운데 재봉이 등 비교적 비중이 덜하고
한가로운 인물의 시각을 빌려, 객관적인 카메라의 눈처럼 그의 시선에 비친
외부 세계를 묘사해 보여준다. 반면 '우리가 이미 알고 있는 바와 같이' 혹
은 '우리는 별로 그것에 괴이한 느낌을 갖지 않아도 좋을 것이다.'처럼 서술
자가 마치 고전 소설의 이야기꾼처럼 설명하는 부분도 나타난다. 하지만 하
나의 장면에 주목하고 있으니 빈번한 장면 전환이라고 하는 것은 적절하지
않다.

교행직 단원별 모의고사 독해편(상)

1	③	2	②	3	④	4	③	5	③
6	①	7	②	8	③	9	④	10	①
11	④	12	②	13	②	14	④	15	③
16	③	17	④	18	③	19	③	20	④

1. 〈해설〉 [내용의 추론적 이해]

성종의 생부인 덕종, 인조의 생부인 원종, 헌종의 생부인 익종은 모두 왕자의 신분으로 자신이 왕위에 오르지는 못하였으나, 사후에 아들들이 왕이 되어 국왕의 지위로 예우가 격상되었다. 이들은 모두 '-종', 또는 '-조'를 붙인 묘호가 있으므로 종묘 사당에 모셔졌을 것이라고 추론할 수 있다.

2. 〈해설〉 [문단의 자연스러운 배열]

인터넷 뉴스의 유료화 문제와 관련한 글이다. 글은 인터넷 뉴스를 무료로 제공하는 원인에서부터 시작한다(ㄴ). 그러나 인터넷 뉴스를 무료로 제공하자 문제점이 발생하였다(ㄹ). 그 문제점을 해결하기 위해 인터넷 뉴스를 유료화해야 한다는 의견이 제기었으나, 그렇게 되면 소비자들의 불만이 발생할 수 있다(ㄱ). 마지막으로 이를 잘 해결한 사례로 해외 신문 중 일부 경제 전문지의 경우를 소개하였다(ㄷ). 이처럼 공급자는 수준 높은 정보를 공급하고, 소비자는 그에 맞는 값을 지불함으로써 이 문제를 해결할 수 있다는 글로 마무리하였다.

3. 〈해설〉 [개념의 이해와 적용]

물과 기름이 섞여 있는 경우, 흡착포는 그중 기름만을 흡수하는 성질이 있다. 즉 여러 물질이 섞여 있을 때, 일부 물질만 달라붙게 하여 그 물질을 분리해 내는 성질이 있다. 이와 유사한 예로는 클립, 유리, 나무 조각 등 여러 물질이 섞여 있는 경우에 클립과 달라붙는 성질이 있는 자석을 이용하여, 클립을 분리해 내는 ④가 가장 적절하다.

〈더 알아두기〉

① 화학적 방법을 이용하여 분리한 경우이다.
② 물과 식용유의 밀도의 차이를 이용하여 분리한 경우이다.
③ 관성의 법칙을 이용하여 이불에서 먼지를 털어낸 경우이다.

4. 〈해설〉 [구체적 사례에의 적용]

경수는 할머니의 불행이 할머니의 탓인 것으로 인식하고 있으며 그 불행이 자신에게는 닥치지 않을 것이라고 생각하고 있다. 즉 연민의 두 가지 조건이 충족되지 않은 것이다. 그러나 경수는 할머니에게 연민을 느껴 전화 모금에 참여 하였는데, 이는 이전에는 전혀 알지 못했던 할머니의 불행을 통신을 통해 간접적으로 접하고, 그 불행을 의식하였기 때문이다.

5. 〈해설〉 [추론적 독해]

이 글에 따르면 '말씀'은 중세 국어에서 중앙어에 해당한다. 그리고 같은 뜻으로 쓰인 '말심'은 '말씀'의 방언형이다. 따라서 '말씀'을 '말심'으로 표기한 것은 지역적 차이로 인한 것이므로, 언문일치가 이뤄지지 않았음을 보여준다는 말은 적절하지 않다.

〈더 알아두기〉

① 언간은 조선 시대에 쓰인 옛 한글 편지이고, 우리말의 옛 모습과 당시 언중들의 생활상을 엿볼 수 있는 중요한 자료이다. 특히 언간은 특정 청자와의 대화 상황을 전제로 하기 때문에 구어적 성격이 강하다는 설명을 통해 추론할 수 있는 내용이다.
② '한테'의 옛 형태인 '한듸'가 이미 16세기 언간에서부터 쓰이고 있었다는 설명을 통해 추론할 수 있다.
④ 조선 시대 언간의 자료를 보면 '자내'는 아내가 남편에게도 쓰이는 호칭어였다. 그러나 오늘날에는 듣는 이가 친구나 아랫사람인 경우 쓰인다. 즉 과거보다 오늘날에 이르러 높임의 의미가 약화되었다고 추론한 것은 적절하다.

6. 〈해설〉 [글의 추론적 이해]

〈보기〉를 통해서는 추론할 수 없는 내용이다. 문인들이 전문적이고 정교한 기법이나 기교에 바탕을 둔 장식적인 채색풍을 의식적으로 멀리하였다는 설명에서 모필을 뭉툭하게 하고, 투박한 손짓으로 그려내야 한다는 말을 이끌어 내기에는 무리가 있다. 문인들은 그림의 기법보다는 고매한 인품을 그림에 구현해 내는 것을 더욱 중요하게 여겼다.

7. 〈해설〉 [생략된 내용의 추리]

하이데거는 세계 속에 자신의 의도와 상관없이 던져진 인간이 불안을 통해서 이 상황(피투성)을 자각하는 동시에 죽음의 자각을 통해서 자신의 삶의 의미를 포착하고 인간 존재에 대한 진정한 의미를 깨닫게 한다고 보았다. 즉, 인간은 불안과 죽음의 자각을 통해서 진리에 대해 질문을 던질 수 있게 되는 것이다.

8. 〈해설〉 [글의 이해와 적용]

'핸드폰'은 외국어에서 차용된 말이 아니고, 우리말 속에서 새롭게 생성된 말이기 때문에, 외국어가 의미 면에서 국어에 동화되었다고 볼 수 없다. ⓒ의 예로는 '미팅(meeting)'이 '남녀가 사교를 목적으로 갖는 모임'의 뜻으로 쓰이는 것과 같이, 외국어가 우리말 속에 들어와 의미가 바뀐 경우가 와야 적절하다.

9. 〈해설〉 [고쳐 쓰기]

'유인하다'는 '주의나 흥미를 일으켜 꾀어내다'라는 뜻이다. 소비자의 관심을 자신의 상품으로 끌어낸다는 의미이므로 '유인하다'라는 단어의 사용이 적절하지 않다는 설명은 맞지 않다. '유도하다'는 '사람이나 물건을 목적한 장소나 방향으로 이끌다'라는 뜻이다.

10. 〈해설〉 [상징적 의미 파악]

'물레'는 간디의 비폭력주의를 이해하는 데에 필요한 핵심 소재로서 산업 문명의 핵심 생산 수단인 '거대 기계'에 대비되는 것이다. '거대 기계'는 착취와 억압의 구조를 형성하고 인간을 병들게 하는데 반해, '물레'는 민중이 소유한 생산 수단이므로 인간을 결코 소외시키지 않는다고 하였다. '물레는 무엇보다 인간의 노역에 도움을 주면서 결코 인간을 소외시키지 않는 인간적 규모의 기계의 전형이다.'에 그러한 생각이 잘 드러나 있다.

11. 〈해설〉 [글의 이해]

공공재에 대한 설명이다. 등대와 같은 공공재는 배제성은 물론 경합성도 없는 재화라 할 수 있다. 즉 사람들이 재화를 소비하는 것을 막을 수도 없으며, 한 사람이 재화를 소비하면 다른 사람이 소비에 제한을 받지도 않는다.

〈더 알아두기〉

'공유자원의 비극'은 사람들이 함께 사용해야 하는 공유자원을 아무런 규정 없이 사용하게 두었을 때 사람들의 이기심 때문에 생기는 위기를 말한다.

① '공유자원의 비극' 현상을 설명하고자 한 실험이다. 실험 참가자들이 각자 10달러씩 기여하였다면 모든 참가자들이 20달러를 얻을 수 있었지만 사람들의 이기심 때문에 참가자들이 점차 적은 액수를 기여하게 되고 결국에는 한 푼도 내지 않는 결과를 초래하였다.
② 여기서 목초지는 공유자원이다. 사람들은 자유롭게 목초지를 사용할 수 있지만 무분별하게 사용하다 보면 목초지가 황폐화하여 아무도 사용하지 못하게 된다.
③ 깨끗한 공기는 공유자원에 속한다. 기업들은 경제적 이익을 위해 무분별하게 이산화탄소를 배출했고, 그 결과 대기 오염이 심각해졌다.

12. 〈해설〉 [내용의 개괄적 이해]

윗글에 따를 때, 동양화가들은 사물의 외형적 질서를 맹목적으로 따르지 않게 되었다고 했다. 또 대상을 효과적으로 표현하고 화면의 예술적 효과를 얻어내기 위해, 화가 자신이 가장 절실하다고 느낀 부분을 적절하게 안배하고 중요하지 않은 부분은 대담하게 생략함으로써 동양화의 구도가 융통성을 갖게 되었다고 했다. 이러한 설명은 '대상의 객관적 요소를 사실적으로 그려내는 데 유리하다.'는 설명과 배치되는 것이다.

13. 〈해설〉 [글의 이해와 적용]

사람들이 동조를 하는 원인은 정보의 부족이나 집단의 압력 때문이다. 동조는 상황에 따라 그 정도가 달라지는데, 가지고 있는 정보가 부족하여 판단을 내리기 어려운 상황일수록, 집단의 구성원 수가 많고 그 결속력이 강할수록, 특정 정보를 제공하는 사람의 권위와 그 사람에 대한 신뢰도가 높을수록 동조의 정도가 높아진다. ②에서 길을 건너려고 할 때 무단 횡단을 하는 사람들에게 동조하는 것은 가지고 있는 정보가 부족하지도 않고 그 결속력이 강하지도 않은 반면, 친구 집단은 결속력이 높으므로 동조의 정도가 비교적 높다고 보아야 한다.

14. 〈해설〉 [관점의 파악과 적용]

〈보기1〉의 관점에서 보면 양반이든 상인이든 농사짓고 배불리 먹는 것을 부끄러워하지 않아도 되고 오히려 맛있는 음식을 먹는 것을 중요한 일이라고 하였다. '부잣집 담 밑에 쌓인 곡식'은 화자의 처지와 대비되어 화자가 부러워하는 대상이다. 이는 사람에게는 자연스러운 '인심'이다. 따라서 '도심'보다 '인심'을 중시하는 세태를 비판하고 있다는 내용은 적절하지 않다.

15. 〈해설〉 [글의 내용 파악]

별다른 말이 없이도 의사소통을 하는 것을 '통찰에 의한 의사소통'이라고 한다. 통찰의 언어는 의사가 제대로 전달되지 않아 때때로 실수나 오해를 빚기도 한다. 이는 통찰에 의한 의사소통의 부정적인 측면이라고 할 수 있다. 그러한 예로 ③이 적절하다. 시어머니가 배가 고파 며느리에게 밥을 차리라는 의미로 아기를 안겠다고 자처했으나, 며느리는 그 뜻을 이해하지 못했다.

〈더 알아두기〉
①과 ②는 통찰에 의한 의사소통이 잘 이루어진 예이다.
④는 서구식의 정확한 의사소통이 이루어진 예이다.

16. 〈해설〉 [관점 해석]

관념론적 관점에서 대문에 금줄을 치는 문화를 바라본다면, 금줄이 잡귀와 같은 부정(不淨)을 막아준다고 믿었기 때문이라는 해석이 적당하다. 숯이 오염물질을 정화한다고 보는 것은 유물론적 관점에서 바라본 것이다.

17. 〈해설〉 [유사한 사례에의 적용]

노직은 소득을 얻는 과정이 공정하다면 국가가 소득을 강제로 재분배할 이유와 권리가 없다고 주장했다. 즉 노직은 소득 형성의 기회가 사회 구성원에게 균등하게 보장되는 한 그 결과로 형성된 소득을 사회가 인위적으로 재분배할 이유가 없다고 본다. 따라서 국가는 소득을 얻을 수 있는 기회를 평등하게 보장하기만 하면 된다고 주장한다.

그런데 답지 ④의 가정적 전제는 '명규가 먼저 먼 곳에 있는 오아시스를 차지해서 어쩔 수 없이 덕주가 가까운 오아시스에 가게 되었다'는 것이다. 노직에 논리에 따르자면 이는 '소득을 얻는 과정이 공정하다면'에 해당하지 않는다. 따라서 ④는 노직의 논리에 어긋난다.

18. 〈해설〉 [논지의 파악]

③은 '인터넷상의 명예훼손행위는 그 특성상 해당 악플의 내용이 인터넷 곳곳에 퍼져 있을 수 있어 명예감정의 훼손 정도가 피해자의 정보수집량에 좌우될 수 있다'와 부합하는 내용이다.

〈더 알아두기〉
① '만약 악플 대상자의 외적 명예가 침해되었다고 하더라도 이는 악플에 의한 것이 아니라 악플을 유발한 기사에 의한 것으로 보아야 한다.'와 부합하지 않는 내용이다.
② '악플이 달린다고 해서 즉시 악플 대상자의 인격적 가치에 대한 평가가

하락하는 것은 아니므로'와 부합하지 않는 내용이다.
④ '인터넷상의 명예훼손이 통상적인 명예훼손보다 더 심각하다고 보기 어렵다.'와 부합하지 않는 내용이다.

19. 〈해설〉 [내용의 개괄적 이해]

이 글은 인간의 말소리에 관한 것이다. 따라서 'bow'를 두 번 쓴 것이 'bowwow'가 되는 것은 인간의 말소리에 해당하는 내용인 것이다. 이는 자연계의 실제 소리와는 범주가 다르다. 즉 실제로 강아지가 짖는 소리와는 관련이 없으므로 적절한 이해가 아니다.

20. 〈해설〉 [논거의 적절성 판단]

이 글은 여러 사례를 통해 'ㅂ'과 'ㅜ/ㅗ'가 밀접한 관계에 있고, 'ㅈ/ㅊ'이 'ㅣ'와 관련성이 높음을 밝히고 있다. 즉 이 글은 자음과 모음이 서로 영향 관계에 있음을 설명하고 있는 글이다. 이러한 논지를 뒷받침할 수 있는 근거로 적절하지 않은 것은 ④에 해당한다. ④는 비음 화가 일어난 예이다. 비음화는 평파열음 'ㅂ, ㄷ, ㄱ'이 비음 앞에서 비음으로 바뀌는 음운 현상이다. 즉 자음끼리 영향을 주고받은 경우이기 때문에 적절한 뒷받침 사례라고 볼 수 없다.

교행직 맞춤형 모의고사 13회 정답 및 해설

1	③	2	④	3	④	4	②	5	④
6	③	7	④	8	②	9	③	10	②
11	②	12	①	13	④	14	④	15	②
16	①	17	④	18	③	19	④	20	②

1. 〈해설〉 [어미의 이해와 활용]

ㅁ을 검토해 보면, '-러'와 '-고자'는 종결 어미로 쓰이지 않는다는 것을 확인할 수 있다. 즉 '-고자'는 연결 어미이다. 반면, '-려고'는 종결 어미로도 사용된다는 것을 알 수 있다.

〈더 알아두기〉

① 어미 '-러'는 가거나 오거나 하는 동작의 목적을 나타낸다. 따라서 뒤에 오는 서술어는 '이동'의 뜻이 있다. ㄱ과 ㄷ을 비교하여 이를 확인할 수 있다.

② ㄴ을 참고하면, '-려고'와 '-고자'는 청유형에 쓰이지 않는다는 것을 확인할 수 있다.

④ ㄹ을 보면, 부정 부사 '안'이 쓰였다. 부정문에서 어미 '-러'가 쓰이면 비문이 되는 것을 알 수 있다.

- 러 :「어미」 ((받침 없는 동사 어간, 'ㄹ' 받침인 동사 어간 또는 어미 '-으시-' 뒤에 붙어)) 가거나 오거나 하는 동작의 목적을 나타내는 연결 어미. 예 나물 캐러 가자./아저씨는 동네방네 엿을 팔러 다녔다.

- 려고 :「어미」 [1] ((받침 없는 동사 어간, 'ㄹ' 받침인 동사 어간 또는 어미 '-으시-' 뒤에 붙어))「1」어떤 행동을 할 의도나 욕망을 가지고 있음을 나타내는 연결 어미. 예 내일은 일찍 일어나려고 한다.「2」곧 일어날 움직임이나 상태의 변화를 나타내는 연결 어미. 예 하늘을 보니 곧 비가 쏟아지려고 할 태세다. [2] (('이다'의 어간, 받침 없는 용언의 어간, 'ㄹ' 받침인 용언의 어간 또는 어미 '-으시-' 뒤에 붙어)) 해할 자리에 쓰여, 어떤 주어진 사태에 대하여 의심과 반문을 나타내는 종결 어미. 예 아무려면 싸우기야 하려고.

- 고자 :「어미」 (('있다, 없다, 계시다'의 어간, 동사 어간 또는 어미 '-으시-' 뒤에 붙어)) 어떤 행동을 할 의도나 욕망을 가지고 있음을 나타내는 연결 어미. 예 그는 특별히 예의라는 것을 엄격히 지키고자 노력하였다.

2. 〈해설〉 [단어의 의미 파악]

'여기다'는 '마음속으로 그러하다고 인정하거나 생각하다.'라는 뜻으로 다음과 같이 쓰인다.

'…이 …으로 여기다' 예 그는 모든 일이 잘되고 있는 것으로 여긴다.

'…이 -고 여기다' 예 사람들은 내가 범인이라고 여긴다.

'…이 …을 …으로 여기다' 예 그 사람만이 자기 직업을 천직으로 여긴다.

'…이 …을 -게 여기다' 예 그녀는 자신의 행운을 당연하게 여겼다.

'…이 …을 -고 여기다' 예 우리는 그를 선배라고 여겨 본 적이 없다.

(('…으로'나 '-게' 성분은 각각 '…처럼', '-은/을 듯이' 따위의 부사어나 '-이/히' 부사로 대체될 수 있다))

〈더 알아두기〉

① '깔다'는 '바닥에 펴 놓다.'라는 의미로 쓰였다. 여기서 '젖혀서 벌리다'의 의미를 갖는 단어는 '펴다'이다.

② 여기서 '채우다'는 '…이 …을 …에 채우다'와 같은 구조로 쓰였다. '…이 …을 …으로'로 쓰인 예는 '동생이 저금통을 동전으로 채우다'가 있다.

③ '맡기다'는 '맡다'의 사동사로 '…이 …에/에게 …을 맡기다'와 같은 구조로 쓰인다.

3. 〈해설〉 [한자의 올바른 표기]

'왜소(矮小)하다'는 '몸뚱이가 작고 초라하다'의 뜻이다. '矮(작을 왜)'를 쓴

다. '倭(왜나라 왜)'를 쓰지 않음에 유의한다. '왜인(倭人)'은 일본 사람을 낮잡아 이르는 말이고, '왜인(矮人)'은 기형적으로 키가 작은 사람을 낮잡아 이르는 말이다.

〈더 알아두기〉

여부: 그러함과 그러하지 아니함. 如否(×)

호칭: 이름 지어 부름. 또는 그 이름. 號稱(×)

역전승: 경기 따위에서 지고 있다가 형세가 뒤바뀌어 이김. 逆戰勝(×)

4. 〈해설〉 [중세 국어 문법의 이해]

용언 '어듭다'는 어간에 모음으로 시작하는 어미가 붙으면 'ㅸ'이 실현되는 불규칙 용언이다. 통시적으로 '어드ᄫᅳᆫ〉어드운〉어두운'으로 변천하였다. 즉 'ㅸ'이 시간이 지남에 따라 '우'로 실현된 예이다. '엷다'도 어간에 모음으로 시작하는 어미가 오면 'ㅸ'이 나타난다. 그러나 '열ᄫᅳᆫ'이 현대 국어의 '엷은'과 대응하는 것으로 보아 '어드ᄫᅳᆫ'의 경우와는 다르다는 것을 확인할 수 있다. '엷은'으로 나타난 이유는 중세 국어에서 '엷다'는 'ㅂ불규칙 용언'이었으나, 현대 국어에서는 규칙 활용하기 때문이다. 따라서 이 예를 통해 'ㅸ'이 현대 국어에서 'w'로 실현되는 것을 알 수 있다는 ②의 설명은 적절하지 않다. 참고로 'ㅸ'은 현대 국어에서 '오/우'로 실현되거나 탈락한다.

〈더 알아두기〉

① '뒤헤는'은 '뒤ㅎ(ㅎ종성체언)+에(처소 부사격 조사)+는(보조사)', '앞픠ᄂᆞᆫ'은 '앒+ᄋᆡ(처소 부사격 조사)+ᄂᆞᆫ(보조사)'로 형태소 분석을 할 수 있다. 중세 국어의 처소 부사격 조사는 '애/에/예'가 기본이지만, 단어에 따라 'ᄋᆡ/의'가 쓰이기도 했다.

5. 〈해설〉 [음운 변동의 이해]

음운 도치는 한 단어나 어군의 내부에서 두 음소 또는 그 연속이 서로 위치를 바꾸는 현상을 말한다. ㉺에서 '빗복 〉 빗곱'의 통시적 변화는 ⓔ, 즉 음운 도치가 일어났기 때문이다. 'ㅂ'과 'ㄱ'의 위치를 바꾼 것이다. 이 변화는 아마도 제1음절과 제2음절의 첫 자음이 같은 양순 자음 'ㅂ'이며, 제2음절 모음이 원순 모음 'ㅗ'이기 때문에 일어난 것으로 보인다. 참고로 '배꼽'은 '비-꼽'의 합성어이다. 문헌에는 '빗곱·빗꼽'등으로 나와 있고, 또 '빗복·빌복·비복'으로 표기된 다른 형이 있는데 이것이 선행형인 듯하다. 한국어 음운론에서는 빗복 → 빗곱으로 변한 것으로 보고 -pok → -kop이 된 것이라 하여 음운 도치의 좋은 예로 삼고 있으나, 다른 학설도 존재한다.

6. 〈해설〉 [표준발음법의 적용]

'삶으니'는 용언의 어간 '삶-'에 모음으로 시작된 어미 '-으니'가 결합하는 경우이다. ⓑ에 따라 [살므니]로 발음하는 것이 맞다. 반면 '삶지'는 용언에 어간 '삶-'에 자음으로 시작하는 어미 '-지'가 결합하는 경우이다. 이 경우에는 ⓒ에 따라 어미의 첫소리 'ㅈ'을 된소리로 발음해야 한다. 따라서 '삶지'는 [삼 : 찌]로 발음하는 것이 맞다.

이와 관련하여 알아 둘 것은 단음절인 용언 어간에 모음으로 시작된 어미가 결합되는 경우에는 긴소리를 가진 음절이라도 짧게 발음한다는 것이다. 이 원칙에 따라 '삶으니'는 [살므니]로 발음하는 것이다. '밟다[밥 : 따]/밟으면[발브면]'도 비슷하다. 다만 다음의 경우는 예외로 한다.

예 끌다[끌 : 다]/끌어[끄 : 러], 떫다[떨 : 따]/떫은[떨 : 븐], 벌다[벌 : 다]/벌어[버 : 러], 썰다[썰 : 다]/썰어[써 : 러], 없다[업 : 따]/없으니[업 : 쓰니]

7. 〈해설〉 [대담의 말하기 방식]

진행자는 네모그룹의 사례가 '나누며 살자' 운동의 모범 사례가 될 것을 환기하며 대담을 마무리하고 있다. 청취자에게 '나눔 경영'을 할 것을 촉구하고 있다는 평가는 적절하지 않다.

〈더 알아두기〉

① '좀 더 자세히 소개해 주시겠습니까?'이 구체적인 설명을 요청하는 추가

질문에 해당한다.
② '아, 예…… . 물론 그런 면도 있음을 부인할 수는 없습니다.'가 거북할
　수도 있는 질문에 대한 진솔한 답변에 해당한다.
③ '그러니까 기업의 사회적 책임의 하나로서 '나눔 경영'을 실천하신다는 거
　군요.'와 관련된 답지이다.

8. 〈해설〉 [글의 이해와 적절한 감상]
〈보기1〉에 따르면 높은 선비의 맑은 향기를 그리기 위해 난을 치고, 아리따
운 여인의 빙옥 같은 심정을 그리기 위해 매화를 그렸다고 하였다. 글쓴이는
형태가 있는 것으로 형태가 없는 것을 표현하는 것에 초점을 두어, 표현된
것 자체가 아닌 그 너머의 정신을 중시하는 예술관을 강조하고 있다. 이와
같은 관점으로 〈한암조어〉를 감상한 것은 ②이다.

9. 〈해설〉 [부사의 이해]
'청소년의 미래가 바로 나라의 미래다.'에서 '바로'는 '다름이 아니라 곧.'이
라는 뜻이다. ㉢의 예로 적절한 것은 다음과 같다.
㉮ 국기를 바로 달다/한복을 바로 입다/정해진 답안지에 바로 쓰지 않으면
무효가 된다.
〈더 알아두기〉
「6」 다른 것이나 다른 데에 있는 것이 아니라는 뜻으로 특정의 대상을 집어
서 가리키는 말.
㉮ 바로 뒤에 앉다/바로 눈앞에 있는 것도 못 찾니?
「7」 다름이 아니라 곧.
㉮ 그건 바로 너다/바로 오늘이 내 생일이다.

의존명사 '바로': ((주로 지시 대명사 뒤에 쓰여)) 일정한 방향이나 곳,
또는 부근을 이르는 말.
㉮ 저 바로에 우리 학교가 있습니다.

10. 〈해설〉 [속담의 의미와 쓰임]
앞뒤 문맥으로 보아, 몹시 고생을 하는 삶에 어쩌다 반짝 좋은 일이 생기는
경우를 의미하는 속담이 와야 알맞다. 이런 속담으로는 '쥐구멍에도 볕 들
날 있다.'가 있다. 반면 '쥐구멍에도 눈이 든다.'는 어떤 사람도 불행을 면할
수는 없다는 말이다.
〈더 알아두기〉
① 산 입에 거미줄 치랴: 아무리 살림이 어려워 식량이 떨어져도 사람은 그
　럭저럭 죽지 않고 먹고 살아가기 마련임을 이르는 말.
③ 굳은 땅에 물이 괴다: 헤프게 쓰지 않고 아끼는 사람이 재산을 모으게
　됨을 비유적으로 이르는 말.
④ 목구멍이 포도청: 먹고살기 위하여, 해서는 안 될 짓까지 하지 않을 수
　없음을 이르는 말.

11. 〈해설〉 [글의 이해와 분석]
비트겐슈타인은 '게임'을 어떻게 정의하든지, 반드시 그 정의로부터 벗어나는
'게임'이 존재할 것이라고 보았다. 따라서 '게임'의 본질은 존재하는 것이 아
니라, '게임'이라 불리는 것들 사이의 '가족 유사성'에 의해 크게 포괄된다고
하였다. 즉 '게임'이라고 불리는 것들이 공통적으로 닮은 한 가지 특징을 가
지고 있지는 않아도, 어떤 대상이 이미 '게임'이라는 개념을 이루고 있는 구
성원 일부와 닮았다면, '게임'에 포함될 수 있다는 것이다. 이와 같은 관점으
로 '예술'에 대해 논한 것은 ②이다. 예술의 본질은 존재하지 않고, 예술이
라고 불리는 것은 '가족 유사성'에 의해 크게 포괄된다.

12. 〈해설〉 [조음 위치와 조음 방식]
'천리'가 [철리]로 발음되는 것은 'ㄹ'과 'ㄴ'이 만났을 때, 'ㄹ'의 영향으로
'ㄴ'이 'ㄹ'로 바뀌는 설측음화(≒유음화)가 일어났기 때문이다. 이때 'ㄴ'이
'ㄹ'로 바뀌는 것을 조음 방식이 비음에서 유음으로 바뀌었다고 설명해야 적

절하다. 조음 위치로 보면 둘은 모두 치조음이어서 변화가 없다.
〈더 알아두기〉
② '굳이'가 [구지]로 발음되는 것은, 구개음이 아닌 자음이 뒤에 오는 모음
　'ㅣ'나 'j'의 영향을 받아 구개음으로 바뀌는 구개음화가 일어났기 때문이
　다. 'ㄷ'이 'ㅈ'으로 바뀐 것은 조음 위치가 치조음에서 구개음으로, 조음
　방식이 폐쇄음에서 파찰음으로 바뀌었다고 설명할 수 있다.
③ '입는'이 [임는]으로 발음되는 것은, 비음 앞에 폐쇄음이 오면 그 폐쇄음
　이 비음의 영향을 받아 비음으로 바뀌는 비음화 때문이다. 'ㅂ'이 'ㅁ'으
　로 변하는 것은 조음 방식이 폐쇄음에서 비음으로 바뀐 것이라고 설명할
　수 있다.
④ '식물'이 [싱물]로 발음되는 것은 'ㄱ'이 'ㅁ'이 영향으로 'ㅇ'으로 바뀌
　는 '비음화' 때문이다.

13. 〈해설〉
〈동명왕본기〉는 고려 초기에 편찬된 삼국시대에 관한 역사책이나 현전하지
않는다. 그러나 기이한 내용을 생략하지 않고 옛 기록에 적힌 그대로 전재
했을 것으로 짐작할 수 있다. 반면 〈당현종본기〉는 기괴하고 허탄한 일을
싣지 않았다. 따라서 〈동명왕본기〉를 기록한 자는 시인 백낙천과, 〈당현종
본기〉를 기록한 자는 김부식과 비슷한 역사관을 가졌다고 보아야 한다.
〈더 알아두기〉
이 글에서 이규보는 자신이 어떤 연유로 이 서사시를 짓게 되었는가를 밝히
고 있다. 그는 동명왕의 이야기가 처음에는 단순히 허황된 이야기라고 치부
하였으나, 뒤에 《구삼국사》를 구해 꼼꼼히 읽고는 허황된 이야기가 아니
라, 성스럽고 신비한 이야기임을 깨달았기에 시를 지어 후세에 고려가 성인
의 나라였음을 알리고자 한다고 밝히고 있다.

14. 〈해설〉 [조사의 이해]
조사 '와'는 격 조사로도 쓰이고 접속 조사로도 쓰인다는 점에 유의해야 한
다. ④의 '와'는 상대로 하는 대상임을 나타내는 격 조사로 쓰인 것이다.
[참고]
[1] 격 조사 '와'
「1」 다른 것과 비교하거나 기준으로 삼는 대상임을 나타내는 격 조사.
㉮ 개는 늑대와 비슷하게 생겼다./빠르기가 번개와 같다./나는 그와 다르니
까 조심해.
「2」 일 따위를 함께 함을 나타내는 격 조사.
㉮ 그는 오랜만에 아내와 나들이를 했다./어제는 친구와 테니스를 쳤다./나
는 오빠와 함께 청소를 했다.
「3」 상대로 하는 대상임을 나타내는 격 조사.
㉮ 그와 맞서려 하지 마라. 그는 우리 같은 평범한 사람들이 당해 낼 수
있는 그런 인물이 아니야.
[2] 접속 조사 '와'
둘 이상의 사물을 같은 자격으로 이어 주는 접속 조사. 생략이 가능하며, 생
략된 자리에는 쉼표를 찍는다. ㉮ 개와 고양이/오빠와 누이 관계/우리는 자
유와 평등의 실현을 위해 싸웠다./너와 내가 아니면 우리 조국을 누가 지키
랴.

15. 〈해설〉 [작품의 표현상 특징]
(가) '니미 나를 ㅎ마 니ᄌ시니잇가.'에서 의문문을 사용하여 임에
　대한 원망의 마음을 우회적으로 표현하고 있다.
(나) '네 어이 그리 아니 오던다. 흔 둘이 셜흔 늘이여니 날 보라 올 흘
　리 업스랴.' 등 전체적으로 의문문의 형식을 취하고 있다. 이를 통해
　자신을 찾지 않는 임에 대한 원망을 우회적으로 드러내고 있다. '-
　ㄴ다'는 주어가 2인칭일 때 의문형임을 유의해야 한다.
〈더 알아두기〉
(가) 〈정과정〉은 임금을 향한 변함없는 충절을 드러낸 '정서'의 작품으
　로, 형식면에서 향가의 전통을 잇고 있는 향가계 여요이다. 감정 이

입을 통해 정서를 표현하였다. 다음은 현대어 풀이이다.

내가 임을 그리워하며 울며 지내더니/산 접동새와 난 비슷합니다./(임께서 믿고 계신 것은 사실이) 아니며 거짓이라는 것을 아아!/잔월효성(지는 달 새벽 별)만이 아실 겁니다./넋이라도 임과 함께 지내고 싶어라./(내가 허물이 있다고) 우기던 이는 누구였습니까?/(나는) 잘못도 허물도 전혀 없습니다./뭇 사람들의 참소하던 말입니다./슬프구나!/임께서 나를 벌써 잊으셨습니까?/(그렇게 하지) 마십시오. 임이여, 돌이켜 들으시어 (다시 나를) 사랑해 주소서.

(나) 임을 기다리는 마음을 해학과 과장을 통해 재치 있게 표현한 작자 미상의 시조이다. 열거법과 연쇄법 등을 사용하여 리듬감을 형성하고 있다. 다음은 현대어 풀이이다.

어이 못 오는가, 무슨 일로 못 오는가./너 오는 길 위에 무쇠로 성을 쌓고 성안에 담을 쌓고 담 안에 집을 짓고 집 안에 뒤주 놓고 뒤주 안에 궤를 놓고 그 안에 너를 결박하여 쌍배목 외걸쇠에 용거북 자물쇠로 깊이깊이 잠갔더냐. 네 어이 그리 아니 오는가./한 달이 서른 날이거든 날 보러 올 하루 없으랴.

16. 〈해설〉 [시의 표현 기법의 이해]

[A]에서 화자는 연쇄법을 활용하여 답답한 마음을 절절하게 표현했다. 연쇄법은 앞 구절의 끝 부분을 다음 구절의 첫머리에 다시 반복하여 말을 이어 가는 표현 기법인데, ①에서도 이 연쇄법이 사용되었다.

〈더 알아두기〉

②에 쓰인 수사법은 대조법이다. 대조법은 서로 반대되는 사물이나 관념을 나란히 놓아 비교하거나 대조시킴으로써 강렬한 느낌을 가지게 하는 표현 기법이다.

③에 쓰인 수사법은 도치법이다. 도치법은 정상적인 언어 배열 순서를 바꾸어 놓음으로써 강한 인상을 주려는 표현 기법이다. 역설법(모순 형용)도 쓰였다.

④에 쓰인 수사법은 반어법이다. 겉으로 표현한 내용과 속마음에 있는 내용을 서로 반대로 말함으로써, 어떤 의미를 강조하고 표현 효과를 높인다.

17. 〈해설〉 [개괄적인 정보의 이해]

민화의 공간 구성법과 관련한 내용을 다루고 있는 문단은 제3문단이다. 일단 민화의 공간 구성법은 당시 동북아시아에서 통용되던 전형적인 화법인 삼원법에 가깝다. 그러나 그 자유로움의 정도를 말한다면, 민화가 훨씬 더 자유로웠다는 것이 글쓴이의 생각이다.

〈더 알아두기〉

① "이들의 그림을 필요로 했던 사람들도 다양했다. 왕실부터 일반 가정에 이르기까지 거의 대부분의 계층이 민화의 수요자였다."라는 내용과 어긋난다.

② 대부분의 민화가 19세기에 그려진 것은 당시 사회 분위기를 반영한 것이지만, 그것이 기층 계층의 등장을 말하는 것은 아니다.

③ 민화 작가의 특성과 관련하여 화법이 자유분방함을 지적했지만, 주제가 다양하다는 말은 아니다.

18. 〈해설〉 [다른 사례에의 적용]

민화에는 내용 면에서 억압에서 벗어나려는 해방의 염원이 실려 있다고 했다. '당대 규범을 표현했고'라는 지적이 적절하지 않은 이유다.

〈더 알아두기〉

① '민화에서는 종종 그리려는 대상을 한층 더 완전하게 표현하기 위해 그 대상의 여러 면을 화면에 동시에 그려 놓는다.'와 관련하는 답이다.

② '민화가 농도 짙은 해학을 깔면서도 그러한 웃음을 통해 당시 부조리한 현실을 풍자했다는 것은 잘 알려진 사실이다.'와 관련하는 답이다.

④ '민화에서는~그 대상의 여러 면을 화면에 동시에 그려 놓는다. 그런 까닭에 민화의 화법은 서양의 입체파들이 사용하는 화법과 비교되기도 한다.'과 관련하는 답이다.

19. 〈해설〉 [현대시의 이해]

이 시는 '사소 설화'를 모티프로 하고, 화자인 '사소'가 꽃밭에서 하였을 독백을 가정한 작품이다. 사소는 '산돼지'와 '산새' 같은 인간 세계에 대한 회의를 느끼고 벗어나고자 하지만, '구름'과 '바닷가'라는 넘어설 수 없는 경계 앞에서 좌절하고 만다. 이때 '아침마다 개벽하는 꽃'을 발견한다. 하지만 화자는 헤엄도 모르는 아이마냥 꽃의 '닫힌 문'을 바라만 볼 뿐이다. 결국 화자는 '벼락과 해일'이라는 고통과 형벌을 감내하고서라도 이상 세계에 도달하고자 '꽃'을 향해 문을 열라며 소리친다. 여기서 '벼락과 해일'은 화자가 이상 세계에 이르기까지 극복하고 감내해야 할 고통과 형벌을 뜻하는 시어이다.

〈더 알아두기〉

다음은 '사소 설화'이다. "경주 선도산(仙桃山)에 신모(神母)가 있었는데 그 이름을 '사소'라 했다. 일찍이 신선술을 터득하여 멀리 바다 건너 서쪽 나라로부터 해동(海東)으로 들어왔다. 솔개가 날아가 내리는 곳에 집을 지으라는 계시를 받고서 선도산에 정착하여 신선이 되었다. 사소가 처음 삼한 땅에 이르러 자식을 낳으니, 그가 동국(東國)의 첫 왕이 되었다. 무릇 혁거세와 알영의 유래를 말하는 것이리라."

20. 〈해설〉 [소설의 서술상 특징]

'소설가 구보 씨의 일일'은 구보가 정오에 집을 나와 새벽 2시경에 귀가하기까지의 하루 동안의 여정을 중심으로 내용이 전개되고 있다. 이 작품은 1930년대 경성 시내를 돌아다니는 구보의 눈에 비친 도시의 일상과 그의 내면 의식을 보여주고 있는데, 특히 구보의 내면 의식을 그 흐름에 따라 두서없이 전개하고 있는 것이 이 작품의 서술상 특징이다.

〈더 알아두기〉

① 작가는 쉼표를 의도적으로 빈번하게 사용하고 있다. 이는 독자들의 읽기 속도에 변화를 줌으로써 그 부분에 주목하도록 하기 위한 장치이지, 현대인의 무기력함을 드러내기 위한 것은 아니다.

③ 이 작품은 부분적으로 시간의 순서에 따라 사건이 흘러가기도 하지만, 구보의 의식에 따라 과거를 회상하기도 하고, 생각만으로 내용이 전개되기도 한다. 또, 구보의 내면 의식이 두서없이 나타나고 있기 때문에 사건이 인과적으로 전개된다는 것은 적절하지 않다.

④ 현재형 어미를 사용하여 이야기를 현장감 있게 전달하는 것은 이 소설의 특징이다. 그러나 현재형 어미만을 사용하고 있지는 않다.

교행직 맞춤형 모의고사 14회 정답 및 해설

1	④	2	①	3	①	4	②	5	②
6	①	7	③	8	③	9	④	10	④
11	③	12	①	13	④	14	③	15	④
16	④	17	③	18	①	19	①	20	④

1. 〈해설〉 [로마자 표기법]

낙동강은 [낙똥강]으로 발음한다. 그러나 된소기되기는 로마자 표기법에 반영하지 않는다는 규정에 따라 'Nakttonggang'이 아닌 'Nakdonggang'으로 적어야 한다. g가 연달아 표기된 것은 '동'의 종성과 '강'의 초성이 각각 표기된 것이지, 된소리를 표기한 것이 아니다.

〈더 알아두기〉

〈로마자 표기 일람〉

ㄱ	ㄲ	ㅋ	ㄷ	ㄸ	ㅌ	ㅂ	ㅃ	ㅍ
g, k	kk	k	d, t	tt	t	b, p	pp	p

ㅈ	ㅉ	ㅊ	ㅅ	ㅆ	ㅎ	ㅁ	ㄴ	ㅇ	ㄹ
j	jj	ch	s	ss	h	m	n	ng	r, l

ㅏ	ㅓ	ㅗ	ㅜ	ㅡ	ㅣ	ㅐ	ㅔ	ㅚ	ㅟ
a	eo	o	u	eu	i	ae	e	oe	wi

ㅑ	ㅕ	ㅛ	ㅠ	ㅒ	ㅖ	ㅘ	ㅙ	ㅝ	ㅞ	ㅢ
ya	yeo	yo	yu	yae	ye	wa	wae	wo	we	ui

2. 〈해설〉 [정확한 맞춤법의 사용]

'예부터'가 맞는 표현이다. '예'는 '아주 먼 과거'를 뜻하는 명사고, '옛'은 '지나간 때의'라는 의미의 관형사다. 조사 '-부터' 앞에는 명사 '예'가 와야 한다.

〈더 알아두기〉

② 예스럽다: 옛것과 같은 맛이나 멋이 있다. ¶ 장롱이 예스럽다

③ 예: ((주로 '예나', '예로부터' 꼴로 쓰여)) 아주 먼 과거. ¶ 이 바위에는 예로부터 괴이한 전설이 하나 전해 내려오고 있었다.

④ 옛터: 예전에 집 따위가 있었거나 사건이 일어났던 곳. ¶ 드디어 옛터를 지나자 푸른 숲이 나타났다.

3. 〈해설〉 [동사의 활용의 이해]

'어떤 장소나 시간에 닿다.', '어떤 정도나 범위에 미치다.'의 의미인 '이르다[至]'는 '이르고-이르니-이르러'로 불규칙 활용한다. 따라서 '자정에 이르러서야 집에 돌아왔다.'라고 해야 옳다.

〈더 알아두기〉

② '무엇이라고 말하다.'의 의미인 '이르다(謂)'는 '이르고-이르니-일러'로 불규칙 활용한다.

③ '들르다'는 '들러-들르니'로 활용한다.

들르다: 지나는 길에 잠깐 들어가 머무르다. ¶ 친구 집에 들르다.

④ '들리다'는 '들리어[--어/--여](들려)-들리니'로 활용한다.

들리다: 「1」 병이 걸리다. ¶ 그녀는 건망증이 들린 사람처럼 아무것도 기억하지 못했다. 「2」 귀신이나 넋 따위가 덮치다. ¶ 귀신에 들린 사람

4. 〈해설〉 ['못하다'의 쓰임 이해]

'못∨하는'이 와야 할 문맥이다. 즉 형용사 '못하다'가 와야 할 문맥이 아니다. ㉤의 예로는 '세상 어디를 가도 이보다 **못한** 곳은 없을 것이다.'의 '못하다'를 들 수 있다. *잔망스럽다: 얄밉도록 맹랑한 데가 있다. 이 문제는 지금과 같은 문제 스타일로 출제될 수도 있고, 띄어쓰기 문제로 출제될 수도 있음에 유의해야 한다. '잘되다'도 마찬가지이다.

5. 〈해설〉 [올바른 어법의 이해]

'마음이 가라앉지 아니하고 들떠서 두근거리다.'라는 뜻을 가진 동사는 '설레다'이며, '설레이다'는 '설레다'의 잘못이다. '설레다'를 관형사형으로 활용할 경우, '설렌/설레는/설렐'과 같이 쓴다.

설레다: [1] 마음이 가라앉지 아니하고 들떠서 두근거리다. ¶ 그를 만나러 갈 생각에 벌써부터 마음이 설렌다. [2] 「1」 가만히 있지 아니하고 자꾸만 움직이다. ¶ 아이들이 너무 설레는 바람에 아무것도 할 수가 없었다. 「2」 물 따위가 설설 끓거나 일렁거리다.

〈더 알아두기〉

① 어쩔 수 없는 상황에서 미안함과 쑥스러움을 나타낼 때 '염치 불구하고', '체면 불구하고'와 같은 표현을 종종 쓴다. 그러나 이는 잘못된 표현으로 '염치 불고하고', '체면 불고하고'라고 써야 바르다. "몸살에도 불구하고 출근했다", "분양가를 인하했음에도 불구하고 미분양이 속출했다", "평일인데도 불구하고 엄청난 인파가 몰렸다" 등에서처럼 '~에도', '~음에도', '~ㄴ데도' 등과 어울려 '불구하다'가 자주 사용되기 때문에 '체면 불구하고'도 맞는 표현이라 생각하기 쉽지만 그렇지 않음에 유의해야 한다. '불고(不顧)'는 '아닐 불(不)'과 '돌아볼 고(顧)'로 이루어진 말로 한자 의미 그대로 '돌아보지 아니하다'는 뜻이다.

③ '겨울내'는 '겨우내'의 잘못이다. '가을내'는 '가으내'의 잘못임도 같이 알아 두자.

* 겨우내: 한겨울 동안 계속해서. ¶ 보약을 먹었더니 겨우내 감기 한 번 안 걸렸다.

* 가으내: 한가을 내내. ¶ 올해에는 가으내 가뭄이 들었다.

④ '오늘은 빵을 굽자마자 날개 **돋친** 듯 팔려 나갔다.'로 바루어야 한다. 돋아서 내밀다는 뜻의 동사는 '돋치다'이다. '돋다'에 강조의 의미를 더하는 접사 '-치-'가 붙은 꼴이다. "경찰관이 시끄럽게 찾아올 것을 생각하면 소름이 돋쳤기 때문이다.", "나쁜 소문일수록 날개 돋친 듯이 퍼져 나가기 마련이다"와 같이 쓰인다. 널리 쓰이는 "가시가 돋히다."라는 표현도 마찬가지다. 공격 의도나 불평불만이 있다는 뜻의 "가시가 돋다."를 강조해 이르는 말로 "하루라도 책을 읽지 않으면 입안에 가시가 **돋친다**."와 같이 표현하는 게 맞다. 우리말에 '돋히다'란 동사는 없다고 기억해 두면 된다.

6. 〈해설〉 [고전 산문의 이해]

저생이 한나라 채륜의 후손이라고 한 점으로 보아, 채륜이란 자가 종이를 만드는 일을 했을 것이라는 추측이 가능하다. 잘 팔리던 종이였을 것이란 추측의 근거가 충분치 않다. 실제로 채륜(50?~118?)은 중국의 공예가였다. 105년에 나무 껍질·삼 부스러기·넝마·그물 따위로 채후지(禁候紙)라고 하는 종이를 만드는 등, 그때까지의 제지법을 개량한 위대한 기술자이다.

〈더 알아두기〉

〈저생전〉은 이첨의 작품이다. 이첨(李詹, 1345~1405)은 고려 충목왕 때의 문장가다. 관인문학(官人文學)의 담당자로서 극심한 문학사적인 변환기에 살다 간 신흥 사대부 출신으로 왕조 교체가 이루어진 후에도 비교적 화려한 관직 생활을 했던 사람이다. 〈저생전〉은 종이를 의인화하여 자서전 식으로 써나간 것으로, 신하들의 직간(直諫)을 주제로 하여 세상 사람들을 경계하고, 나아가 위정자들에게 올바른 정치를 권유하는 교훈이 담긴 작품이다.

7. 〈해설〉 [논리적 오류의 이해]

'의도 확대의 오류'이다. 짧은 치마를 입었다고 해서 감기에 걸리고 싶었을 것이라고 상대의 의도를 확대 해석했다. 비슷한 예로 "밥을 많이 먹으면 뚱뚱해진다고 하는데, 네가 밥을 많이 먹는 걸 보니 뚱뚱해지고 싶은 것이로구나."정도가 있겠다. "밥을 많이 먹는다."는 사건의 결과만 보고 주체의 의도를 확대 해석하는 경우 오류가 발생할 수 있다.

〈더 알아두기〉

① '우물에 독을 넣는 오류'이다. 어떤 논증이 제시되기도 전에 그 논증을 미리부터 비난하기 위해 감정이 실린 말을 사용하는 오류를 말한다. 이 용어는 유대인의 박해로부터 유래하였다. 어떤 마을에 전염병이 돌자 유대인들이 우물에 독을 뿌렸다고 소문이 돌았고, 결국 유대인들을 학살하였다. 이 수법은 반론 가능성을 원천봉쇄하겠다는 의지의 표현으로도 사

용된다.

② '복합적 질문의 오류'이다. 논쟁에서 한 질문에 사실상 두 개의 질문을 담음으로써 발생할 수 있는 오류를 가리킨다. 복합적 질문은 '그렇다' 또는 '아니다'로 대답할 수 없는 물음이다. 이 경우 "당신은 과장 광고를 하였습니까?"라는 질문이 더 포함되어 있다.

④ '성급한 일반화의 오류'이다. 운동화를 신었다는 단편만 보고, 그녀의 성격이 털털하다고 성급하게 일반화를 한 것이다. '하나를 보면 열을 안다'라고 하지만, 사실 확실하게 알 수 있는 것은 '하나'뿐이다.

8. 〈해설〉 [글의 내용 파악]

사람은 서로 다르다. 여성과 남성의 차이, 키가 작거나 큰 사람의 차이, 머리가 검거나 노란 사람의 차이는 자연적인 것이다. 이런 것들은 서로 다르지만 불평등하다고 하긴 어렵다. 반면 제도적인 불평등은 신분, 재력, 성별이나 인종 등에 따라 법적으로 차별을 두는 것이다.

〈더 알아두기〉

① 형식적 평등을 말한다. 동일한 개인에게 동일한 기회를 부여하고 여기에 차별을 두지 않는 것을 평등으로 보는 관점이다. 모든 차별적 대우를 부정한다. 반면 실질적 평등은 개인의 차이에 따른 격차를 인정한다. 예컨대 10명에게 10개의 빵을 똑같이 분배하는 것이 형식적 평등이라면, 빵을 만든 자 혹은 보다 배고픈 자에게 더 많은 빵을 주는 것이 실질적 평등이라고 볼 수 있겠다. 위 글에서는 각자의 몫을 각자에게 골고루 분배한다는 것의 의미가 명확하지 않으므로 적절한 반응이라고 하기 어렵다. 사실 정확히 똑같은 양을 분배하는 완전 평등 자체가 실현 불가능한 것이다. 엄밀하게 따지면 ①의 설명은 형식적 평등에도 부합하지 않는다.

② '유전무죄 무전유죄'다. 이는 '법 앞의 불평등'이라고 할 수 있다.

④ 신분제도 자체가 인위적인 불평등을 전제로 하고 있다.

9. 〈해설〉 [글의 전개 방식의 이해]

매미가 유충에서 성충이 되기까지의 기간을 비교하여 그 기간이 모두 소수라는 공통점을 지적하고 있다. 대상의 속성과 관련한 개념으로 '소수'라는 개념을 제시한 것이다. 그것을 바탕으로 글쓴이는 대상의 속성이 갖는 의미를 구체적으로 예시하면서 설명하고 있다.

10. 〈해설〉 [현대시의 이해와 감상]

'청운사'의 모습을 원경으로 제시하고, 점차 근경으로 가까이 다가가는 시선의 이동을 보여준다. 마치 화자가 풍경화를 감상하듯 관조적인 태도로 자연을 바라보고 있다. 그러나 원경에서 근경으로의 화자 시선이 이동하는 것 자체가 자연의 환상성을 드러내지는 않는다. 실존하지 않는 '자하산'과 '청운사', 푸른빛 노루를 나타내는 '청노루'가 이 공간의 환상성을 드러내고 있다.

11. 〈해설〉 [글의 서술 방식에 대한 이해]

막걸리가 여러 가지 이유로 다양한 명칭으로 불리었음을 소개하고 있다. 특히 '농주'는 농사철 허기를 달래기 위해 막걸리를 마셨고, '제주'는 제사상에도 막걸리가 올라갔다는 것을 의미하는데, 이를 통해 막걸리의 명칭에 숨어 있는 우리 문화를 엿볼 수 있다.

12. 〈해설〉 [적절한 속담의 사용]

일본인 관광객의 모습에 비하면 우리나라 안내원 여자는 너무 멋쟁이다. 즉 일본인 관광객과 관광 안내원의 모습이 잘 어울리지 않는다. 이렇게 격에 어울리지 않는 상황을 나타내는 속담으로 '개발에 주석 편자'가 있다.

〈더 알아두기〉

기침에 재채기: 1. 어려운 일이 공교롭게 계속됨을 비유적으로 이르는 말. 2. 일마다 공교롭게도 방해가 끼어 낭패를 보게 됨을 비유적으로 이르는 말.

뒤웅박 신은 것 같다: 몹시 위태로워서 불안하고 조심스러움을 비유적으로 이르는 말 (비슷한 속담: 뒤웅박 신고 얼음판에 선 것 같다)

망건편자를 줍는다: 아무 잘못도 없이 매를 맞고 의관을 찢기고도 호소할 데

가 없어 남아 있는 망건편자만 줍는다는 말.

13. 〈해설〉 [올바른 사자성어 사용]

포복절도(抱腹絶倒)는 '배를 그러안고 넘어질 정도로 몹시 웃음.'을 의미한다. 같은 말로 '봉복절도(捧腹絶倒)'가 있다. '포복졸도' 등으로 잘못 쓰지 않는다.

〈더 알아두기〉

① '주구장창'은 '주야장천(晝夜長川)'의 잘못. '주야장천(晝夜長川)'은 '밤낮으로 쉬지 아니하고 연달아'의 뜻을 나타내는 말이다. 한편, '계속하여 언제나'의 뜻을 나타내는 '장창'이라는 단어가 있으나 이는 방언이다.

② '홀홀단신'은 '혈혈단신(孑孑單身)'의 잘못. '의지할 곳이 없는 외로운 홀몸'이라는 의미다. 비슷한 말로 '혈연단신(孑然單身)'이 있다. '홀몸'은 '배우자나 형제가 없는 사람'이고, '홑몸'은 '딸린 사람이 없는 혼자의 몸 혹은 아이를 배지 아니한 몸'을 의미한다.

③ '절대절명'은 '절체절명(絶體絶命)'의 잘못. '몸도 목숨도 다 되었다는 뜻'으로 어찌할 수 없는 절박한 경우를 비유적으로 이르는 말이다.

14. 〈해설〉 [높임법의 이해와 적용]

'계시다'는 '있다'의 높임말이다. '계다'에 '-시-'가 개입된 구성으로 보지 않는, 특수한 어휘에 의한 높임말이다. 할아버지, 즉 주체를 높이는 표현이다.

〈더 알아두기〉

① 선어말어미에 의해 높임법을 실현하고 있지만, 주체높임법에 해당한다. 'ㄹ'을 제외한 받침 있는 용언의 어간 뒤에는 '-시-'가 아니라 '-으시-'가 쓰인다.

  예 청중 여러분, 흥분하지 <u>마시고</u> 자리에 앉아 주세요.

      아버지는 또 <u>늦으시는군요</u>.

② '여쭈다'는 특수한 어휘에 의한 높임법이기는 하나, 객체높임법에 해당한다.

④ 상대높임법을 실현하고 있는 문장이기는 하다. 그러나 '그려'는 종결어미가 아니라, 청자에게 문장의 내용을 강조함을 나타내는 보조사이다.

15. 〈해설〉 [문장의 종류에 대한 이해]

문장의 종류는 어미의 분류와 밀접한 관련을 맺고 있다. 다시 말하면 '태희는 밥을 먹으면서, 음악을 들었다.'에서 어미 '-(으)면서'를 어떻게 분류하느냐와 이 문장을 어떻게 분류하느냐의 문제는 떼려야 뗄 수 없는 관계를 맺는다. 통상 '-(으)면서'는 대등적 연결 어미로 분류한다. 결국 ㄹ은 연결어미로 홑문장을 대등적으로 연결한 겹문장이라고 해야 맞는다.

〈더 알아두기〉

① ㄱ은 주어와 서술어가 한 번 나타나는 홑문장이다. '물이 얼음이'를 주격 중출문(≒이중주어문)으로 오해하기 쉽다. 그러나 '얼음이'는 보어(서술어가 '되다'이므로)이므로 그렇게 볼 수 없음에 유의해야 한다.

② ㄴ은 명사화 전성어미, '-기'가 붙어 만들어진 절이 주어로 쓰인 겹문장이다.

③ ㄷ은 연결어미로 홑문장을 대등하게 연결한 겹문장이다. '-지만'은 대등적 연결 어미로 분류한다. 참고로 대등적 연결 어미에는 다음과 같은 것들이 있음을 기억해 두자.

〈참고-대등적 연결어미〉

-순접: '-고, -고서, -(으)며, -(으)면서, -(으)ㄴ데, -거니와' 등

-역접: '-어/아도, -지만, -건만, -느니' 등

-나열: '-거나 ~ -거나, -든지 ~ -든지, -(으)락 ~ -(으)락' 등

16. 〈해설〉 [중세 국어의 특징]

《소학언해》는 1586년 교정청에서 처음으로 간행되었다. 16세기 후반기에 쓰인 국어의 모습을 보여주는 중요한 자료이다. 한자음 표기를 보면 '동국정운식 한자음'의 특징이 드러나지 않는다. 다음은 '동국정운식 한자음'에 대한 설명이다.

《동국정운》(1448)은 우리나라에서 관습적으로 사용하던 한자의 발음 체계를 중국의 한자 원음에 가깝게 고쳐서 정리한 책이다. 세종과 세조 때에

나온 〈석보상절〉, 〈월인천강지곡〉, 〈훈민정음 언해본〉의 한자음 표기는 모두 《동국정운》의 한자음을 표준으로 삼았는데, 이들 책에서 쓰인 한자음을 '동국정운식 한자음'이라고 한다. 조선에서 통용되던 실제의 한자음과는 거리가 먼 가상 한자음이었으므로, 세조 이후(1485)에는 거의 쓰이지 않았다. 동국정운식 한자음의 특징은 다음과 같다.

첫째, 중국의 원음에 가깝게 표기하기 위해, 순우리말 표기에서 초성에 대체로 사용하지 않는 'ㄲ, ㄸ, ㅃ, (ㅆ), ㅉ, (ㆅ), ㆆ, ㅿ' 등을 단어의 첫머리에 사용하였다. 예 挹흡, 洪黌

둘째, 한 음절은 초성, 중성, 종성을 반드시 갖추어 표기하였다.
　　예 虛헝, 斗둫

셋째, 종성이 /ㄹ/로 끝난 한자어에는 반드시 입성을 표기하기 위한 'ㆆ'를 붙였는데 이를 '이영보래'라고 한다. 예 日싏, 八밣

〈더 알아두기〉
① '몸이며 얼굴이며' 등에서 끊어적기가 보인다. 이어적었다면 '모미며 얼구리며'로 나타났을 것이다. 반면, '거시라, 비르소미오'에서는 이어적기를 확인할 수 있다. 끊어적었다면 '것이라, 비릇옴이오'로 나타났을 것이다.
② ㆆ종성체언 '슬ㅎ(살갗)'이 보인다.
③ '받ᄌᆞ온'에서 객체 높임 선어말 어미 '-ᄌᆞᆸ-'을 확인할 수 있다.

[현대어 풀이]
공자(孔子)가 증자(曾子)에게 일러 말씀하시되, 몸과 형체와 머리털과 살은 부모(父母)께 받은 것이라, 감(敢)히 헐게 하여 상하게 하지 아니함이 효도의 시작이고, 입신(立身)하여 도(道)를 행(行)하여 이름을 후세(後世)에 베풀어, 그로써 부모(父母)를 드러나게 함이 효도의 끝이니라.

17. 〈해설〉 [글의 자연스러운 배열]
'역고드름'이 생기는 과정을 설명하고 있는 글이다. 먼저 ㄷ을 보면 물이 '처음' 얼기 시작한다고 되어 있다. 따라서 가장 앞부분에 와야 한다. 물은 표면과 그릇 가장자리부터 얼기 시작하고, 그 얼음이 점점 늘어나다 보면, 표면 가운데만 얼지 않은 상태로 남게 된다는 ㄴ이 다음으로 온다. 얼음의 부피가 점점 커지게 되면, 얼음 표면 밑에 있는 물이 빠져 나갈 부분이 필요하다. 즉 표면 가운데 구멍으로 그 물이 빠져나오게 될 것이다. 따라서 ㄹ이 그 다음으로 온다. 구멍을 통해 밀려나온 물이 얼고, 또 그 구멍으로 다시 물이 밀려나오기를 반복하다보면 역고드름이 생겨난다는 ㄱ이 마지막으로 와야 한다.

18. 〈해설〉 [단어의 의미관계]
'항가꾸'는 '엉겅퀴'의 전남 방언이므로 두 단어는 방언의 차이에 의한 유의어이다. '천연두'는 질병에 대한 두려움이 연상되는 단어이며, 이를 완곡하게 표현한 단어로는 '손님(마마)' 혹은 '마마' 등이 있다.

〈더 알아두기〉
② '정구지'는 '부추'의 경상·전북·충청 방언이다. '수레'와 '카트'는 고유어와 외래어와 짝을 이루는 예다. 한자어나 외래어는 고유어에 비해 격식을 차린 표현이라고 인식하는 경향이 있다. 따라서 이는 문체나 격식의 차이에 의한 유의어로 볼 수 있다.
③ '담낭'과 '쓸개'는 전문어와 일상어의 차이에 의한 유의어다. 담낭은 간에서 분비되는 쓸개즙을 일시적으로 저장하고 농축하는 주머니를 말하는데 의학에서 주로 사용하고, '줏대'를 비유적으로 이르는 말인 '쓸개'는 일상에서 주로 쓰인다. 예컨대 '간도 쓸개도 없다.'는 일상어에 가깝다. 한편 '변소'는 '화장실'보다 불결한 느낌을 준다. 따라서 화장실이 완곡어이다.
④ 내포의 차이에 의한 유의어는 동일한 대상을 가리키는 경우, 한 단어는 중립적인데 반해 다른 한 단어는 특별한 내포를 가지고 쓰이는 경우를 말한다. '정치가'는 '정치꾼'에 비해 중립적인 표현인데 반해 정치꾼은 부정적인 어감이 들어 있다. 이는 내포의 차이에 의한 유의어다. 한편 '개야미'는 '개미'의 옛말이다.

19. 〈해설〉 [관점의 파악과 적용]
(나)의 글쓴이는 일반적으로 글을 읽을 때는 처음부터 끝까지 엄격하게 뜻을 새기며 읽으라는 주장을 펼치고 있다. 이에 비해 (가)의 글쓴이는 책이란 제각기 그것이 마땅히 다루어져야 하는 대로 다루는 것이 옳다고 하면서 글의 종류에 따라 읽는 방법도 다르게 해야 한다고 주장하고 있다.

〈더 알아두기〉
② 대충 읽지 말라는 말은 (나)의 강조하고 있는 바이므로 충고로서 적절하지 않다.
③ (가)의 글쓴이는 인간적 감정을 느끼라고 한 적이 없으므로 충고로서 적절하지 않다.
④ (가)의 글쓴이는 중간에 글의 내용을 되새겨 가며 읽으라고 한 적이 없으므로 충고로서 적절하지 않다.

20. 〈해설〉 [수필의 이해와 감상]
백향산은 당나라 시인 백거이의 호다. '백향산의 세간에 대한 관심'은 그가 사회, 정치의 실상을 비판하는 풍유시를 많이 지었음을 이른다. 그의 작품은 총 3800여 수에 이르며, 〈비파행〉과 〈장한사〉가 유명하다. 완사종은 완적의 자다. 그는 위나라 말 시인이며, 죽림칠현의 중심인물로 노장 사상에 깊이 빠졌다. 사회가 혼란하자 그는 술에 취해 미친 척을 하며 위기를 넘겼다. '미친 버릇'은 그의 이런 행실을 이르는 것이다.

현실을 초월하고 유유자적한 삶에 심취한 인물 유형은 '왕유'와 '도연명'이다. 왕유는 당나라 시인으로 이백(李白), 두보(杜甫)와 함께 중국의 서정시 형식을 완성한 3대 시인 가운데 하나로 꼽는다. 도연명은 중국 동진 말기부터 남조의 송대 초기에 걸쳐 생존한 시인으로, 6조(六朝) 최고의 시인으로 이름을 높였으며 맹호연, 왕유 등에게 영향을 줬다.

〈더 알아두기〉
①, ③ '온돌방'과 '가로수 밑' 두 공간이 대비되고 있다. '온돌방'은 글쓴이가 사색에 잠길 수 있는 개인적인 공간이다. 그러나 '가로수 밑'은 현실을 완전히 저버릴 수 없는 글쓴이의 내면 의식을 드러내고 있다.
② '兩人對酌山花開'은 이백의 시 〈山中與幽人對酌〉의 부분을 인용한 것이다.
兩人對酌山花開　一杯一杯復一杯　我醉欲眠君且去　明朝有意抱琴來.
둘이 마주 앉아 술 마시니 산꽃이 피고, 한 잔 한 잔에 거듭되는 또 한 잔이라.
나는 취해 졸리나니 그대는 우선 가게, 내일 아침 생각나거든 거문고 안고 오시게나.
〈獨坐敬亭山〉도 이백의 시로 전문은 다음과 같다.
衆鳥高飛盡　孤雲獨去閒　相看兩不厭　只有敬亭山.
뭇 새들 높이 날아 사라지고, 외로이 뜬 저 구름 한가로이 떠가는구나.
바라보아도 피차가 싫증나지 않는 건, 다만 저 경정산뿐일세그려.

교행직 단원별 모의고사 독해편(하)

1	④	2	③	3	④	4	④	5	③
6	④	7	④	8	③	9	②	10	①
11	①	12	④	13	④	14	④	15	④
16	①	17	④	18	④	19	④	20	④

1. 〈해설〉 [내용의 이해와 적용]

단어의 형성에 관한 글이다. 석주명 선생이 '부전나비'라는 말을 방식을 살펴보자. 나비의 모양이 어린 여자 아이들이 노리개로 차던 '부전'과 닮았다고 하여, 새로 발견한 나비의 이름을 '부전나비'라고 하였다. 이와 마찬가지로 '솔이끼'는 '솔' 모양을 닮은 이끼를 말하는 것이다. '접시꽃'은 '접시' 모양을 닮은 꽃이며, '짚신벌레'는 '짚신' 모양을 닮은 '벌레'이다. 반면, '돌미나리'는 '돌'의 모양을 닮은 '미나리'가 아니라 야생을 의미하는 접두사 '돌–'에 '미나리'가 결합된 파생어이다.

2. 〈해설〉 [생략된 내용의 추론]

〈보기2〉에 따르면 갑돌이와 병식이 모두 결과적으로는 성품의 탁월함을 보여 주었다. 그러나 그 과정에서 갑돌이와 병식이는 차이를 보인다. 내적인 갈등 없이 옳은 행동을 보여주는 갑돌이와는 다르게 병식이는 내적인 갈등을 겪는 것이다. 아리스토텔레스는 탁월한 성품은 훈련과 반복을 통하여 익히는 것이며, 늘 옳은 행동을 즐기며 하여야 성품이 탁월한 것이라고 하였다. 즉 아리스토텔레스의 관점에서 본다면 내적인 갈등이 없이 옳은 행동을 하고 싶어 하는, 그리고 옳은 행동에 감정적으로 끌리는 성향을 가지고 있는 갑돌이가 성품의 탁월함을 가진 것이다.

3. 〈해설〉 [관점의 이해와 적용]

〈보기1〉에서 콜베르는 납세자들의 불만은 최소화하는 방법을 써서 되도록 많은 세금을 걷는 것이 훌륭한 조세 원칙이라고 하였다. 반면 〈보기2〉는 세입과 세출이 서로 균형을 이루어야 한다는 입장을 보였다. 즉 정부는 필요 이상의 세금을 걷어서는 안 된다는 것이다. 따라서 〈보기2〉의 관점에서 〈보기1〉의 ㉠을 비판한 내용으로 가장 적절한 것은 ④이다.

4. 〈해설〉 [구체적 사례에의 적용]

'이원 체제 전략'은 소비자가 상품을 사려고 하는 권리를 값으로 지불하고, 실제 상품을 구입할 때 다시 값을 지불하는 것을 말한다. 즉 ○○놀이공원에서 받은 입장료는 소비자가 놀이 기구를 사용할 수 있는 권리를 얻기 위해 지불한 가격이고, 놀이공원이 받은 사용료는 놀이 기구의 실제 사용 금액에 해당하는 부분인 것이다.

5. 〈해설〉 [논지 전개 방식의 이해]

글쓴이는 표준어와 이에 따른 표준 발음법의 의미를 밝히고 표준 발음법을 다양한 사례를 통해 설명하고 있다. 따라서 위 글에 사용된 설명 방식은 ③이다.

6. 〈해설〉 [구체적 사례에의 적용]

긴소리를 가진 음절 '감다[감 : 따]'의 어간에 모음으로 시작하는 어미 '–으니'가 결합하여 '감으니[가므니]'로 발음하는 것은 국어의 표준 발음법에 따라 맞게 발음한 것이다.

〈더 알아두기〉 표준발음법 제7항

제7항 긴소리를 가진 음절이라도, 다음과 같은 경우에는 짧게 발음한다.

1. 단음절인 용언 어간에 모음으로 시작된 어미가 결합되는 경우

감다[감 : 따] – 감으니[가므니] 밟다[밥 : 따] – 밟으면[발브면]
신다[신 : 따] – 신어[시너] 알다[알 : 다] – 알아[아라]

다만, 다음과 같은 경우에는 예외적이다.

끌다[끌 : 다] – 끌어[끄 : 러] 떫다[떨 : 따] – 떫은[떨 : 븐]
벌다[벌 : 다] – 벌어[버 : 러] 썰다[썰 : 다] – 썰어[써 : 러]
없다[업 : 따] – 없으니[업 : 쓰니]

2. 용언 어간에 피동, 사동의 접미사가 결합되는 경우

감다[감 : 따] – 감기다[감기다] 꼬다[꼬 : 다] – 꼬이다[꼬이다]
밟다[밥 : 따] – 밟히다[발피다]

다만, 다음과 같은 경우에는 예외적이다.

끌리다[끌 : 리다] 벌리다[벌 : 리다] 없애다[업 : 쌔다]

[붙임] 다음과 같은 복합어에서는 본디의 길이에 관계없이 짧게 발음한다.

밀–물 썰–물 쏜–살–같이 작은–아버지

7. 〈해설〉 [생략된 내용의 추리]

아리스토텔레스와 우리의 중용은 다르다고 했다. 아리스토텔레스는 명백한 대칭과 균형을 중용으로 보았다. 반면 우리는 비대칭도 균형을 이룬다면 중용으로 보았다. 이를 팔씨름에 비유해보면, 아리스토텔레스는 두 팔이 모두 똑바로 서 있어, 완벽한 대칭과 균형을 이루는 것을 중용으로 본 데 반해, 우리는 비대칭, 즉 팔이 한쪽으로 기울었다고 하더라도 균형을 이루고 있다면 중용으로 본 것이다.

8. 〈해설〉 [문단의 요지 파악]

(라)는 사람들의 인재 등용과 관련한 인식을 옹호하고 있는 것이 아니라 비판하고 있는 문단이다. 즉 버려진 인재들이 버려질 만해서 버려진 것이 아님을 역설하고 있다.

9. 〈해설〉 [관점의 이해와 적용]

〈보기1〉은 박제가의 〈북학의〉의 부분이다. 그는 재화의 원활한 유통을 강조하였다. 한편 〈보기2〉의 허생은 매점매석이라는 방법을 통해 조선 경제의 취약함을 드러내고 있다. 조선의 경제 구조가 허약하고 규모가 작으며 유통망이 발달되지 못한 점을 이용하여 유통을 조절함으로써 가격을 상승시켜 이득을 취하였다. 이런 매점매석은 개인의 이익에는 유용할 수 있으나 나라 전체의 경제는 악화시킨다. 따라서 박제가는 〈보기2〉의 허생을 보고, 조선의 유통망 확대하고 유통을 원활히 할 것을 강조하였을 것이다.

10. 〈해설〉 [개념의 이해와 비교]

㉠에 시선의 비대칭성이 적용된다는 것은 첫째 문단의 종반부에 직접적으로 진술되어 있다. ㉡에 대해서는 그렇지 않다. 그렇지만 그것이 ㉡에는 '시선의 비대칭성'이 적용되지 않음을 의미하지는 않는다. 오히려 그 반대. 여러 곳에서 일어나는 사건이나 사람들의 행동을 중앙 통제실에서 동시에 관찰할 수 있다는 진술이 시선이 비대칭적임을 전제로 하기 때문이다.

11. 〈해설〉 [글의 이해]

유교 사회에서 혈연으로 이루어진 공동체를 중요시하면서 항렬을 정해 이름을 정하였고, 서구식 문화의 유입으로 발음이 단순한 이름이 선호되었다. 즉, 공동체의 삶의 양식이 변하면 이에 따라 이름 붙이는 관습도 함께 변화를 겪는 것이다. 따라서 이름을 붙이는 관습이 변하면 공동체 구성원의 삶의 양식도 함께 변한다는 내용은 적절하지 않다.

12. 〈해설〉 [글의 이해]

'대한'과 '민국'은 나라 이름을 따온 것이다. 이와 같은 이름 짓기 유형은 위 글에 나타나 있지 않다.

〈더 알아두기〉

①과 ②는 사람의 특성을 따와서 이름을 지었고, ③은 '초롱'이나 '아름'과 같이 우리 고유어를 사용하여 이름을 지은 것이다.

13. 〈해설〉 [관점의 이해와 적용]

톨스토이의 견해에 따르면 예술은 감정을 타인에게 전달하는 수단이며, 예술가가 표현하는 감정의 질은 좋아야 한다고 했다. 특히 연대감이나 형제애와 같이 '한 사회를 좋은 방향으로 이끌어나갈 수 있어야 한다.'고 했다. 이런 견해에서 가장 예술과 가까운 작품은 슬픔의 긍정적인 힘을 노래하고 있는 ④이다.

14. 〈해설〉 [관점의 이해와 적용]

예술과 감정의 연관을 긍정하는 측면에서 톨스토이와 콜링우드의 견해를 살

펴보면, 톨스토이는 예술을 통해 좋은 감정을 사회에 전달하여 사회를 긍정적인 방향으로 이끌어야 한다고 보았고, 콜링우드는 한 개인이 예술을 통해서 감정을 정리하는 것이 중요하다고 보았다. 영국의 시인, 키츠도 콜링우드와 예술을 바라보는 견해가 비슷하다. 불면의 밤을 보내며 완성한 시가 자신의 감정을 정리하고, 정화하였으면 그 시는 그 소임을 충분히 다 했다고 보는 것이다. 따라서 콜링우드가 다른 사람의 공감을 이끌어내기 어려운 경우 시를 태우는 것은 적절하다는 말을 했을 것이라는 추측은 적절하지 않다.

15. 〈해설〉 [개념 이해와 비유적 표현]

야콥슨의 설명에 따르면 시간의 개입이 완전히 배재된 정적인 상태를 정태라고 한다. 반면 공시태는 한 시기의 언어 상태를 기술하는 것이지만 그 언어가 변화하고 있다고 본다. 이와 같이 날아가는 화살을 언어라고 본다면, 순간적으로 변화하지 않는 상태를 유지한다고 보는 것은 '정태'이고 그 순간에도 이동성을 가지고 있다고 보는 것은 '공시태'이다.

16. 〈해설〉 [관점의 이해와 적용]

소쉬르에 따르면 공시태는 시간의 개입이 배제된 정적인 언어 상태이며, 통시태는 시간이 개입되어 한 상태에서 다른 상태로 이행하는 것이다. '좁쌀'의 의미인 중세 국어 '조뽈'을 '조ㅎ+뽈'로 분석하는 것은 시간의 개입이 배제된 것이다. 따라서 '조뽈'은 공시태이며 이러한 분석은 공시적 연구이다.

17. 〈해설〉 [내용의 개괄적 이해]

④의 내용은 '보는 문화가 읽는 문화를 대체해 가고 있다.'와 '보는 놀이가 머리를 비게 하는 것은 너무나 당연하다.'와 같은 진술과 모순되는 것이다. 왜냐 하면 '머리를 비게 한다.'는 것을 생각하지 않게 된다는 것으로 이해해도 무방하기 때문이다.

18. 〈해설〉 [글의 자연스러운 배열]

〈보기〉는 음성 언어의 문자화를 언급하고 있으니 적어도 (다)의 뒤에 오는 글을 일임을 알 수 있다. (다)의 마지막 문장이 그것을 언급하고 있기 때문이다. 그런데 〈보기〉는 상술 문단으로서 (라)의 마지막 문장을 상술하고 있다. 따라서 (라)의 뒤가 적절하다.

19. 〈해설〉 [글쓰기 전략의 이해]

저작권에 관한 글이다. 저작권의 개념을 '저작자는 자신의 저작물에 대해 권리'라고 정의하며 글을 시작하고 있다. 또 "공표된 저작물은 보도·비평·교육·연구 등을 위해서는 정당한 범위 안에서 공정한 관행에 합치되게 이를 인용할 수 있다."라는 저작권과 관련된 규정을 분석하며 인용의 요건(정당한 범위와 공정한 관행, 출처 명시 등)을 제시하고 있다.

20. 〈해설〉 [논지의 이해와 적용]

ㄱ출판사가 출간한 《나의 인생》은 다음과 같은 이유에서 표절이 된다. 첫째, A가 쓴 글이 주(主)가 되고 있다는 점이다. 정당한 인용이 되기 위해서는 B가 쓴 글이 주가 되어야 한다. 둘째, A의 작품을 인용해야 하는 필연성이 인정되어야 하지만 그렇지 않다는 점이다. 셋째, 사회적 통념에 비추어보아 타당하다고 여겨지는 인용이어야 하지만 그렇지 않다. 인용 부분을 표시하지도 않았으며, 출처를 명확히 명시하지도 않았다. 이와 같은 이유로 《나의 인생》은 A의 작품을 표절한 것이다.

〈더 알아두기〉

① 《나의 인생》에 A의 작품을 인용해야 하는 이유를 적더라도 《나의 인생》의 출간은 문제가 된다. 아니 복제하다시피 한 책을 두고 인용이라고 하는 것부터가 어불성설이다.

② B의 실명이 아닌 A의 실명을 명시해야 한다. 그러나 명시한다고 하더라도 정당한 이용이라고 볼 수 없다.

③ 삽화 또한 A의 작품에 사진으로 실린 것을 따라 그린 것이기 때문에 표절이다.

교행직 맞춤형 모의고사 15회 정답 및 해설

1	③	2	④	3	②	4	③	5	①
6	③	7	④	8	②	9	①	10	③
11	③	12	④	13	④	14	③	15	②
16	③	17	④	18	④	19	②	20	④

1. 〈해설〉 [표준 발음의 이해와 적용]

합성어 및 파생어에서, 앞 단어나 접두사의 끝이 자음이고 뒤 단어나 접미사의 첫음절이 '이, 야, 여, 요, 유'인 경우에는, 'ㄴ' 음을 첨가하여 [니, 냐, 녀, 뇨, 뉴]로 발음한다. 이 원칙에 따라 '눈요기[눈뇨기]'로 발음하는 것이 맞는다. ④의 경우도 바로 이 원칙에 따라 '식용유[시굥뉴]'로 발음해야 맞는다.

〈더 알아두기〉

① → 전별연[전 : 벼련]. 표준 발음법에서 '6·25[유기오], 3·1절[사밀쩔], 송별연[송 : 벼련], 등용문[등용문]'과 같은 단어에서는 'ㄴ(ㄹ)' 음을 첨가하여 발음하지 않는다고 했다. 이 조항의 연장선상에서 '전별연'도 'ㄴ(ㄹ)' 음을 첨가하여 발음하지 않는다.

② → 스물여섯[스물려섣]. 'ㄹ' 받침 뒤에 첨가되는 'ㄴ' 음은 [ㄹ]로 발음한다.

2. 〈해설〉 [현대시의 이해와 감상]

'그럴듯한 집'과 '못 하나, 그 위의 잠'의 대비적이라는 것은 맞는다. 전자는 아버지가 바라는 바이고, 후자는 그 소망이 이루어지지 못한 현실을 나타내기 때문이다. 그러나 이를 두고 과거로 돌아가고자 하는 아버지의 소망을 표현하고 있다고 하는 것은 잘못된 이해이다. 궁극적으로 이 대비는 가족이 안온하게 지낼 수 있는 공간의 마련, 그 아버지의 미래의 꿈을 표현하는 것이기 때문이다.

3. 〈해설〉 [개요의 수정과 보완]

본론의 전체적인 구성이 '1. 현황 제시, 2. 원인 분석, 3. 해결 방안'이라는 점에 주목해야 한다. 이 점을 고려하면 '개인 정보 유출로 인한 피해 양상'은 '현황'과 관련한 것이다. 그러니 개요를 보완하기 위해 그러한 내용을 추가하려고 한다면, 'Ⅱ-1.'에 추가하는 것이 맞는다.

4. 〈해설〉 [내용의 개괄적 이해]

조정에 앉아서 천자와 더불어 가부를 상의하는 사람이 재상이라고 했고, 어전에 서서 천자와 더불어 시비를 다툴 수 있는 사람이 간관이라고 했다. 또 재상은 그 도를 온전히 행하고 간관이 그 말을 다하면, 말이 행해지고 도 역시 행해진다고 했다. 따라서 ③은 '간관은 시비득실을 따져 숨김없이 논하는 것이, 재상은 그런 일을 실제적으로 수행하는 것이 주된 책무이다.'라고 해야 맞는다. 물론 이 말이 재상은 하나의 직무를 수행하는 데에 충실해야 한다는 말은 아니다.

5. 〈해설〉 [고전시가의 이해와 감상]

'천석고황(泉石膏肓)'은 '샘과 돌이 고황에 들었다.'라는 뜻으로, 자연을 사랑하는 마음이 고질병처럼 깊음을 비유하는 고사성어이다. 중국 당나라 때의 전유암이라는 은사(隱士)의 고사에서 유래되었다. 전유암은 당나라 고종 때 은사로 명망이 높았다. 그는 기산에 은거하여 허유가 기거하던 곳 근처에 살면서 스스로 유동린이라고 불렀다. 조정에서 여러 번 등용하려고 불렀으나 그는 나아가지 않았다. 나중에 고종이 숭산에 행차하였다가 그가 사는 곳에 들러 "선생께서는 편안하신가요?"라고 안부를 물었다. 전유암은 "신은 샘과 돌이 고황에 걸린 것처럼, 자연을 즐기는 것이 고질병처럼 되었습니다[臣所謂泉石膏肓, 煙霞痼疾者].)"라고 대답하였다는 것에서 유래한 말이다. '고황'은 심장과 횡격막 부위를 가리킨다. 옛날에는 병이 여기까지 미치면 치료할 수 없다고 여겼으므로, 고황은 불치병이나 고치기 어려운 고질병을 비유한다. 여기서 유래하여 '천석고황' 뒷 구절의 '연하고질(煙霞痼疾)'과 더불어 자연을 매우 사랑하는 성벽(性癖)이 고칠 수 없는 병처럼 굳어졌음을 비유하는 고사성어로 사용된다. ㉠에서 말하는 '병'은 바로 천석고황을 염두에 둔 표현이다.

〈더 알아두기〉

② '孤고臣신 去거國국'은 나라(한양)를 떠나는 외로운 신하라는 의미이니, 점점 임금이 계신 서울에서 멀어지는 신하의 외로움을 드러냄으로써 임금에 대한 그리움과 충성심을 표현한 것이다. '白빅髮발도 하도 할샤'는 '백발이 많기도 많구나'라는 뜻이니, 나라(임금)에 대한 근심이 많다는 뜻이다.

③ '삼각산(=북한산)'은 한양의 진산이다. 시조 등에 조선, 고국, 임금의 상징으로 자주 등장한다. 결국 연군지정(戀君之情)이 드러난 구절이다

④ '汲급長댱孺유'는 한 무제 때의 직간신(直諫臣)이다. 무제가 그를 회양 태수로 좌천시켰으나, 거기서도 선정을 베풀어 와치회양(臥治淮陽)이란 명성을 떨쳤다. 결국 송강 자신을 급장유에 빗대어 선정(善政)에의 포부를 드러낸 말이다.

6. 〈해설〉 [말하기의 태도 파악]

취재 기자는 암컷 모양을 하고 나타난 장수하늘소의 출현과 관련하여 환경 단체 관계자와 수목원 관계자의 의견을 각각 제시하고 있다. 그리고 기자는 다시 또 장수하늘소가 다시 나타났다는 사실과 수컷의 암컷화를 상기함으로써 사실을 있는 그대로 전달하면서 시청자의 관심을 불러일으키는 태도를 보여 주고 있다.

7. 〈해설〉 [단어의 사전적 의미]

'칙살스럽다'는 '하는 짓이나 말 따위가 잘고 더러운 데가 있다.'의 뜻으로 쓰는 말이다. ④의 풀이는 '변덕스럽다'의 뜻풀이에 해당한다.

〈더 알아두기〉

③ '잡도리하다'는 '단단히 준비하거나 대책을 세우다.', '잘못되지 않도록 엄하게 단속하다.', '아주 요란스럽게 닦달하거나 족치다.'의 뜻으로 쓰이는 단어다. 여기서는 마지막의 뜻으로 쓰인 것이다.

8. 〈해설〉 [유의 관계 문장의 이해]

②는 보조사 '만'과 '도'의 의 차이로 인해 반의 관계를 이루는 문장들이다. 유의문이 아니다.

〈더 알아두기〉

① 통사적 유의문이다. 의미의 초점이 다르기는 하지만 통상 유의문으로 본다.

③ 단형 부정이냐, 장형 부정이냐의 차이만 있다. 통상 유의문으로 본다.

④ 어휘적 유의문이다. '전답'과 '논밭'은 유의어이다.

9. 〈해설〉 [용언의 활용]

우선 ㉠은 '따라, 따르니'로 활용한다. 어말 어미 '-아/-어'로 시작되는 어미 및 선어말 어미 '-았-/-었-' 앞에서 규칙적으로 어간 모음 'ㅡ'가 탈락한다. 학교 문법에서는 규칙 활용으로 간주한다. '치르다'가 비슷하다. 〔예〕 그렇게 큰일을 **치렀으니** 몸살이 날 만도 하지.

다음 ㉡은 '푸르러, 푸르니'로 활용한다. 어간이 '르'로 끝나는 일부 용언에서 어미 '-어'가 '-러'로 변하는 경우이다. '러 불규칙 용언'이라 한다. '이르다[至]'가 비슷하다. 〔예〕 자정에 **이르러서야** 집에 돌아왔다.

마지막으로 ㉢은 '불러, 부르니'로 활용한다. '르'가 모음 어미 앞에서 'ㄹㄹ' 형태로 변하는 것인데, 이를 '르 불규칙 용언'이라 한다. '나르다'가 비슷하다. 〔예〕 그녀는 화분을 옥상으로 **날랐다**.

10. 〈해설〉 [문장 성분의 이해]

관형어가 만들어지는 방식은 크게 세 가지로 나뉘는데, 관형사, 체언 또는 체언의 곡용형, 용언의 활용형을 이용하는 방법이 그것이다.

먼저 관형사는 항상 관형어로만 쓰인다. 이때는 관형사가 불변화어(不變化語)이므로 어미나 조사가 연결되지 않은 채 그대로 관형어가 된다. 〔예〕 그 산이 더 아름답다./철수는 새 책을 샀다./그것은 무슨 까닭이냐? ㉢

도 그런 예이다.

다음으로 체언도 관형어로 쓰일 수 있는데, 이때는 관형격조사 '의'가 연결되는 것이 보통이다.

㉫ 충무공의 거북선은 <u>우리의</u> 자랑거리이다.

㉠이 그런 예이다. 그런데 체언(또는 용언의 명사형)이 다른 체언을 수식하는 관계는 관형격조사 '의'를 생략하고 두 체언을 나란히 연결하는 것만으로도 나타낼 수 있다.

㉫ 철수는 <u>동생</u> 책을 빼앗았다. / 밥을 <u>먹기</u> 전에 물을 들이켰다.

마지막으로 용언이 관형어로 쓰일 때는 항상 관형형어미 '-ㄴ', '-ㄹ'이 연결되어야 한다.

㉫ 부자인 아버지, 핀 꽃이 아름답다. 올 사람은 오너라. 아름다운 산. 이 밖의 관형사형 어미로는 '-는(일하는 사람)'과 '-던(먹던 밥)'을 더 들 수 있다.

③의 경우는 '명사+서술격 조사'의 구성으로 관형어를 이룬 경우이다. 동사가 관형사형 어미와 결합하여 관형어로 쓰인 것이 아니다.

---

11. 〈해설〉 [어법에 맞고 문맥에 어울리는 단어의 사용]

'수수께끼에 대한 답을 맞히다.'가 옳은 표현이고 '수수께끼에 대한 답을 맞추다.'라고 하는 것은 틀린 표현이다. '맞히다'에는 '적중하다'의 의미가 있어서 정답을 골라낸다는 의미를 가지지만 '맞추다'는 '대상끼리 서로 비교한다.'는 의미를 가져서 '답안지를 정답과 맞추다.'와 같은 경우에만 쓴다.

〈더 알아두기〉

① 어떤 행동을 할 의도나 욕망을 가지고 있음을 나타내는 연결 어미는 '-고자'이다. '-고져'를 쓰지 않는다.

② 어미 '-느냐'와 '-으냐'의 차이에 대한 이해가 필요하다. 먼저 '-느냐'는 '있다', '없다', '계시다'의 어간, 동사 어간 또는 어미 '-으시-', '-었-', '-겠-' 뒤에 붙어, 물음을 나타내는 종결 어미이다. 이와 달리 '-으냐'는 'ㄹ'을 제외한 받침 있는 형용사 어간 뒤에 붙어, 물음을 나타내는 종결 어미이다.

　㉫ - 무엇을 먹느냐?/누가 있느냐?/그때 학생이었느냐?/어디 가셨느냐?
　　 - 방이 넓으냐?/낚시가 그리도 좋으냐?

이러한 차이는 '-지 않다' 형태의 경우에도 비슷하게 적용된다. 즉 '-지 않다'의 경우는 '않다' 앞에 오는 주 서술어(본용언)의 품사를 따져 봐야 한다. 앞에 오는 말이 동사이면 '-느냐', 형용사이면 '-으냐'가 되기 때문이다. 그러니 '~그런 짓을 하다니 하늘이 두렵지 않으냐?'는 '~그런 짓을 하다니 하늘이 두렵지 않으냐?'로 고쳐야 맞는다.

④ '덮다'의 피동사로는 '덮이다'를 쓴다. '덮히다'라는 단어는 존재하지 않는다. 참고로 '마음이나 감정 따위를 푸근하고 흐뭇하게 하다'의 뜻으로는 '덥히다'를 쓴다. ㉫ 마음을 덥혀 주는 훈훈한 미담.

---

12. 〈해설〉 [논지의 파악]

글쓴이는 이성의 힘을 믿게 된 현대 사회에 이르러서도 비합리적인 미신에 휘둘리던 고대인과 같은 고민은 해결되지 않았다고 말하고 있다. 양상이 바뀐 것은 맞지만, 본질은 다르지 않다는 것이다.

---

13. 〈해설〉 [다른 사례에의 적용]

'새로운 점쟁이'란 합리적이고 과학적인 방법으로 세계의 카오스를 설명하거나 예측하려는 일을 하려는 사람들을 가리킨다. ④는 사주 자체가 합리적 이성을 바탕으로 한 것이거나 과학적인 지식을 바탕으로 한 것이 아니므로 적절하지 않다.

---

14. 〈해설〉 [서술상의 특징 이해]

사건의 진행 과정을 서술하면서 중심으로 삼은 것은 특정 인물이 처한 상황이 아니라 할머니와 외할머니, 즉 인물들 간의 갈등이다.

〈더 알아두기〉

① 어린 소년인 '나'의 시선을 통해 주변 인물들의 행동을 그려내고 있다.

② '뒤질라고 환장을 혔다' 같은 속어를 사용하여 분노로 가득한 할머니의 내면을 표출하고 있다.

④ 중심 사건인 두 할머니의 갈등이 벌어지기 이전의 사건들은 서술자가 직접 요약하여 전달하고 있다. 물론 중심 사건은 '할머니와 외할머니 간의 불화'이다.

---

15. 〈해설〉 [소재의 서사적 기능 이해]

내가 외할머니 편이 되기로 결심하게 되는 것이 아니라, 할머니의 구박 때문에 외할머니가 나의 편을 들게 되는 계기가 된다. '나'가 할머니로부터 구박을 받게 된 계기가 되는 것이기도 하다.

〈더 알아두기〉

① 완장을 둘렀다는 것은 권력자인 양 행세하는 것을 의미하므로, 완장은 삼촌이 유별나게 빨치산 활동을 하였음을 알려 준다.

　* 완장(腕章): 신분이나 지위 따위를 나타내기 위하여 팔에 두르는 표장(標章). '팔띠'로 순화.

③ 국군에 입대한 삼촌이 무사하게 돌아오기를 기다리는 할머니의 기대가 헛되게 되었음을 확인해 준다.

④ 삼촌을 죽인 공산 세력에 대하여 가지게 된 극도의 적개심을 드러내기 위해 사용된 단어이다.

---

16. 〈해설〉 [문장 표현의 이해]

어미 '-어서'가 수단이나 방법을 나타내는 연결 어미로 쓰이는 일이 있다. '그는 <u>걸어서</u> 학교에 다닌다./짐을 양손에 <u>나눠서</u> 들었다.'가 그런 예이다. 그렇지만 ㉢은 그러하지 않다. 이때의 어미 '-어서'는 시간적 선후 관계를 나타내는 연결 어미에 해당한다. 비슷한 예로는 '인부들이 짐을 <u>덜어서</u> 다른 차에 실었다.' 정도를 들 수 있다.

〈더 알아두기〉 필연적 인과(원인)와 주관적 인과(이유)

㉠ 어제는 몸이 아프니까 학교를 결석했다.
　　→ 어제는 몸이 아파서 학교를 결석했다. [원인]

㉡ 네가 형이어서 동생한테 양보해라.
　　→ 네가 형이니(까) 동생한테 양보해라. [이유]

두 부사형 연결어미의 차이는 아주 미묘하다. 우선 '-어서'는 필연적인 인과 관계(=원인: 객관적인 근거가 있는 것)를 나타낼 때 주로 쓰인다. 반면 '-으니까'는 주관적인 인과 관계(=이유: 상황에 따른 주관적 근거)를 나타낼 때 주로 쓰인다. 즉 ㉠의 경우 몸이 아프다는 것은 학교에 결석하는 원인에 해당하기 때문에 어미로 '-어서'를 써야 한다. 반면 ㉡의 경우 형이라는 것이 동생에게 양보하는 이유는 될 수 있어도 원인이 될 수는 없기 때문에 어미로 '-(으)니(까)'를 써야 한다. 그러니까 주관적 인과(관계)를 필연적 인과(불가피한 원인)인 것처럼 보이게 하고 싶으면, 전략적으로 '-(으)니까'를 써야 마땅한 자리에 '-어서'를 쓰면 된다. "왜 날 만나주지 않는 거야?/공무원 시험 준비하느라고 바쁘니까, 아니 바빠서."

---

17. 〈해설〉 [구체적 사례에의 적용]

본음과 임시의 음 이론을 적용할 필요가 있는 것은, 접변이 일어날 경우에 한정된다. 접변이 일어나지 않는다면, 그런 이론은 거론할 필요가 없는 것이다. '남자'는 접변 현상이 일어나지 않는다.

① 굳이[구지] : 구개음화에 해당한다.

② 좋고[조코] : 자음이 축약되는 유기음화 현상에 해당한다.

③ 먹는[멍는] : 비음화 현상에 해당한다.

---

18. 〈해설〉 [한국문학사의 이해]

박태원의 〈천변풍경〉은 1930년대 어느 해 2월부터 다음 해 정월까지 청계천변에 사는 사람들의 일상을 그리고 있는 소설로, 특별한 주인공 없이 50개의 절로 이어진 개별 삽화가 나열되고 있다. 발표 당시 작가의 주관을 배제한 채 영화의 카메라와 같이 대상 세계를 그려 내어 '리얼리즘의 확대'를 가져온 작품이라는 평과, '세태소설'적 경향의 정점에 있는 작품으로, '본격

소설'의 결여 형태라는 부정적 평가를 받았다. 가족사 소설과는 거리가 멀다.

〈더 알아두기〉

① 염상섭의 〈삼대〉(1932) : 한국 신문학사를 통해 대표적인 사실주의 작품으로 평가된다. 1930년대 서울의 이름난 만석꾼 조씨 일가를 무대로 하여 조부와 아버지, 그리고 아들, 이 삼대(三代)가 일제 식민통치하에서 몰락해 가는 양상, 당시 청년들의 의식과 고뇌 등을 사실주의적인 수법으로 그려낸 작품이다.

대지주이며 재산가인 **조부 조의관**은 양반행세를 하기 위해서는 족보까지 사들일 정도로 명분과 형식에 얽매인 봉건적 구 세대의 전형이다. 한편, **아버지 이상훈**은 신문물을 수용하고 새로운 일을 시도하는 등 근대적인 것을 표방하지만, 이는 겉으로 드러나는 면모일 뿐이다. 실제로 그는 애욕에 사로잡혀 축첩을 하고 재산을 탕진하는 등 이중생활을 하는 인물로서 의식은 봉건적 사고방식에 사로잡혀 있는 과도기적 인간형이다. 마지막으로, **아들 조덕기**는 선량한 인간성의 소유자이나, 조부와 어버지의 부조리함에서 완전히 탈피하지 못한다. 그는 조부의 유언대로 가산을 지키는 일에 자신의 역량을 한정시키는 소극적이고 우유부단한 인간형으로 그려진다. 이러한 삼대의 이야기는 조부의 죽음과 함께 재산상속 문제가 중요하게 대두되고, 이와 관련하여 주변인물들의 추악상이 드러남으로써 절정을 이룬다.

한편, 서사의 다른 한 축을 이루는 젊은 사회주의자들 간의 불신과 갈등이 잔인한 테러로 이어지면서 소설의 긴장감을 강화시킨다. 친구 병화의 소개로 덕기가 돌보고 있는 필순은 불의의 테러로 아버지를 잃는다. **사회주의자 병화**가 추구하는 인간에의 길, 필순 아버지의 불행한 일생 등을 통해서 새로운 삶을 전개하려는 의도, 변모해 가는 역사적·사회적 상황하에서의 세대교체가 분명하게 드러난다.

② 김남천의 〈대하〉(1939) : 현대소설사에서 본격적인 의미의 가족사소설의 형태를 취하고 있는 대표적인 작품이다. 이 소설은 봉건적인 사회체제가 붕괴되기 시작하는 개화기를 배경으로, 성천 두무골이라는 조그만 마을에 살고 있는 밀양 박씨 박성권의 가족들의 상호관계와 그 시대적 변이 과정을 그려놓고 있다.

③ 채만식의 〈태평천하〉(1938) : 지주이자 고리대금업자인 윤직원을 주인공으로 하여 그의 가치관과 생활 양태, 그의 가문의 내력, 그에 딸린 가족의 가치관과 생활 양태를 시대상과 관련하여 묘사, 풍자한 작품이다.

염상섭의 「삼대」와 매우 비슷한 점을 가지고 있다. 한 가족 내의 여러 세대에 속한 인물의 사고와 행동을 그린 점에서도 그렇고, 각 세대를 평가하는 작가의 관점도 그러하다. 윤직원은 한말 세대로서, 새로운 시대의 물결을 싫어하고 오직 자신의 생명과 재산을 보호하는 데만 관심을 가진 인물로 일제치하를 만족스럽게 여기며, 반민족적·반사회적 행동을 일삼는다. 작가는 이 인물을 희화하며 매도하고 있다.

윤직원의 아들 창식은 개화기 세대로서, 일정한 가치관을 상실하고 주색에 빠진 타락한 인물이다. 손자인 종학은 식민지 세대로서, 할아버지나 아버지의 가치관과 생활 방식을 부정하고 사회주의운동에 참여하는 인물이다. 이 세 인물은 각 세대의 전형적인 인물로 이 작품 속에서 작가는 종학을 제외한 모든 등장인물을 부정적으로 묘사하고 있다.

19. 〈해설〉 [고전시가의 종합적 이해]

(가)에서는 '어른님', (나)에서는 '너', (다)에서는 '고운 임'을 기다리지만, 당장은 만날 수 없는 안타까운 마음이 형상화되어 있다.

〈더 알아두기〉

① 세 작품 모두에서 임을 만날 수 없다는 시련이 나타나기는 하지만, 이를 이겨내는 태도를 제시하고 있다는 설명은 (가)에만 해당된다.

③ 세 작품 모두 현재의 외로움은 드러나 있다 하더라도 불안감이라 보기는 어렵고, 이와 대비되는 과거의 행복했던 기억도 드러나 있지 않다.

④ 현실과 이상의 괴리는 나타나지만, 사회적 이념은 세 작품 모두에서 보이지 않는다.

20. 〈해설〉 [고전시가의 발상과 표현 이해]

㉠과 〈보기〉의 차이는 얄미운 개에 대응하는 방식에서 나타난다.

〈더 알아두기〉

① ㉠도 이미 순우리말로 구성되어 있다.

② 음절수가 다르긴 하지만, 오히려 ㉠이 더 규칙적이다.

③ ㉠에도 〈보기〉에도 개를 표면적인 청자로 내세우지는 않았다.

[참고] 시조 작품 해설

(가) 황진이, 〈동짓달 기나긴 밤을~〉

조선조 중종 때부터 선조 때까지의 이름난 기생 황진이의 작품으로, 당대의 명창이었던 선전관(宣傳官) 이사종(李士宗)을 그리며 불렀던 것으로 추정되는 시조이다. 추상적인 시간을 물리적인 실체인 것처럼 인식하는 발상과 표현의 참신성이 두드러진다. '동짓달 기나긴 밤'과 '어론님 오신 날 밤'이 임의 부재와 현존을 기준으로 각각 부정적 시산과 긍정적 시간으로 대비되고 있다. 임이 부재한 공간을 비극적으로 인식하고 그것을 극복하는 방법을 시적 상상 속에서 찾은 것이다. '서리서리'와 '구비구비' 등의 의태어, '허리'와 '춘풍', '이불' 등의 어휘로부터 발산되는 감각적 분위기가 시의 주제 의식에 아주 적절히 부합한다.

(나) 작자 미상, 〈어이 못 오던가~〉

작자 미상의 사설시조로서 이 노래의 화자는 오지 않는 임을 다그치고 원망하고 있다. 다시 말해 이 시의 화자는 네가 돌아오지 않는 것이 이런 저런 외부의 객관적인 조건 때문이냐고 '질문'을 하는 게 아니라, 너는 어찌 그리 나에게 조그만 성의도 보이지 않느냐고 '질책'을 하고 있는 것이다. 이 시조의 중장에서는, 성→담→집→뒤주→궤라는 공간의 연쇄가, 넓이로는 점점 좁아지고 폐쇄의 강도로는 점점 강해지는 방향으로 이루어지고 있다. 이러한 공간적 연쇄는 상대방과의 단절감을 극대화하여 보여주고자 하는 전략의 소산으로 볼 수 있겠다. 참고로 '필(必) 자형으로 결박'한다는 구절을 통해, 많고 많은 장애물 중에서 가장 큰 장애물은 궤 안에 숨어 있는 '너' 자신일지도 모를 일이라는 해석도 있다. '반드시 필(必) 자'가 마음[心]이 끈[丿]으로 묶여 있는 형상이기 때문이다.

(다) 작자 미상, 〈개를 여남은이나 기르되~〉

작자 미상의 사설시조로서 애정 문제로 인한 조바심을 개에다 전가하고, 속상한 마음을 마지막 행에서 내뱉는 (용렬해 보이는) 여성 화자의 행위가 자연스럽게 웃음을 자아내는 작품이다. 중장에서는 의성어와 의태어가 개의 거동 하나 하나를 사실적으로 묘사하는 데 동원되어 생동감을 더하고 있고, 특히 종장의 표현을 통해서는 그 얄미워하는 심리가 소박한 정서로 표출되고 있다. 한편 이 노래의 화자는 '두 명의 임'을 상대하는 것으로 설정되어 있어, 범상한 인물은 아닐 것이고 유락적 공간 속의 인물일 것이라는 추정도 있다.

교행직 맞춤형 모의고사 16회 정답 및 해설

1	④	2	④	3	③	4	②	5	②
6	①	7	②	8	②	9	③	10	①
11	②	12	②	13	④	14	①	15	③
16	④	17	③	18	④	19	②	20	②

1. 〈해설〉 [국어사의 이해]

중세국어에서 '빋'은 현대국어의 '값'과 '빚'의 두 뜻을 가졌는데, 근대국어에 와서 '값'의 뜻은 없어지고 말았다고 해야 맞는다. 그리고 '빋쌋다'의 '쌋다'는 본래 '그만한 값이 있음[値]'을 뜻했는데, 현대국어에 와서 '비싸다'는 '고가(高價)'를 의미하게 되었다.

참고로 근대국어 어휘의 의미 변화와 관련하여 꼭 알아 둘 것은 다음과 같다. 중세국어에서 '어엿브-'는 '불쌍하고 가련함'[憐憫] 정도를 의미했는데, 근대국어에서는 '아름답고 곱다'[美麗] 정도의 의미로 바뀌었고, '어리-[愚]'는 '어리석다'의 의미에서 현대국어와 같은 의미(=어리다)로 바뀌었다. 또한 중세국어에서 '사랑ㅎ-'는 '思'와 '愛' 두 뜻이 있었는데, 근대국어에서는 '愛'만 남았다.

〈더 알아두기〉

① 중세국어에서 'ㅚ(양성모음), ㅐ(양성모음), ㅔ(음성모음)'는 글자 구조 그대로 이중모음이었다. 이들이 현대국어와 같은 단모음으로 변화한 것은 근대국어에서의 일이다. 참고로 중세국어에서 단모음은 다음 7개였다. 양성모음 'ㅗ, ㆍ, ㅏ', 음성모음 'ㅜ, ㅡ, ㅓ', 중성모음 'ㅣ'가 그것이다.

② 중세국어는 성조(聲調)를 가지고 있는 이른바 성조언어였다. 한글문헌에서 성조는 방점으로 표기된다. 곧 낮은 성조인 평성(平聲)은 0점, 높은 성조인 거성(去聲)은 1점, 낮았다가 높아지는 성조인 상성(上聲)은 2점을 그 음절표기의 글자 왼쪽에 찍는다. 표기상으로는 16세기 일부 문헌에 방점이 폐지되는 경향이 나타나다가, 임진왜란 이후 17세기에 방점 폐기가 일반화하였다. 현대국어에서는 경상도방언 또는 영남방언에 이른바 성조방언(聲調方言)이 흔적으로 남아 있는 정도다.

③ 중세국어의 경우 주격조사는 모음 뒤에서도 'ㅣ'(단, 체언 말음이 ㅣ이면 생략된다)가 사용되었다. 현대국어의 '가'는 중세국어 말기에 생성된 것으로 추정되고 있다.

2. 〈해설〉 [훈민정음의 이해]

상형의 원리상으로 '상설부상악지형(象舌附上腭之形)'에 해당하는 자음자들은 설음(舌音)에 속한다. 기본자로는 'ㄴ', 가획자로는 'ㄷ, ㅌ'을 들 수 있고, 이체자로는 'ㄹ'을 들 수 있다. ④에서 거론하고 있는 기본자, 가획자, 이체자는 '상설근폐후지형(象舌根閉喉之形)'의 제자 원리에 따라 만들어진 아음(牙音)들이다.

〈더 알아두기〉

① 훈민정음에서 자음자의 첫 번째 제자 원리는 '상형'의 원리였다. 이때 본뜸의 대상이 된 것이 자연물이 아니라 인간의 신체, 그중에서도 발음기관의 모양이었다. 예를 들어 'ㄱ'은 [k]를 발음할 때의 혀 모양을 본 따 만든 것이고 'ㄴ'은 [n]을 발음할 때 이루어지는 혀의 모양을 본 딴 것이다. 다른 자음자들도 이와 비슷하다. 'ㅁ'은 입의 모양을, 'ㅅ'은 이의 뾰족한 모양을, 'ㅇ'은 목구멍의 둥근 모양을 본떴다.

② 자음자의 두 번째 제자 원리는 획을 하나씩 더하는 '가획'의 원리이다. 'ㄱ→ㅋ, ㄷ→ㅌ, ㅂ→ㅍ, ㅈ→ㅊ' 등이 그러하다. 이것은 소리를 낼 때 좀 더 거세어지는 특징을 획이 하나 늘어나는 것으로 반영하는 방식에 해당한다. 즉 'ㅋ'은 'ㄱ'보다 거센 소리임을, 'ㅌ'은 'ㄷ'보다 거센 소리임을 나타낸 것이다.

③ 모음자, 즉 중성 글자 역시 상형 문자이다. 자음자와 달리 우주 만물의 기본 요소인 하늘과 땅과 사람을 상형한 것이다. '훈민정음' 제자해에서는 이들의 소리 관계를 다음과 같이 설명하고 있다. 먼저 'ㆍ'는 하늘이 둥근 것을 상형하였는데, 이것을 발음할 때 혀는 움츠러든다. 그래서 소리가 깊다. 제자의 순서가 가장 앞선 것은 하늘이 자시(子時)에 열리기 때

문이다. 'ㅡ'는 땅이 평평한 것을 상형하였는데, 이것을 발음할 때 혀는 조금 움츠러든다. 그래서 소리가 깊지도 얕지도 않다. 제자의 순서가 두 번째인 것은 땅이 축시에 열리기 때문이다. 'ㅣ'는 사람이 서 있는 모양을 상형하였는데, 이것을 발음할 때 혀는 움츠리지 않는다. 그래서 소리는 얕다. 제자의 순서가 세 번째인 것은 사람이 인시에 생기기 때문이다.

3. 〈해설〉 [맞춤법의 이해]

단어의 의미로 보아 '짧(다랗)-'이 어간이므로 '짧다란'으로 적어야 한다고 생각하기 쉽다. 한글맞춤법 제21항에 따르면, 명사나 혹은 용언의 어간 뒤에 자음으로 시작된 접미사가 붙어서 된 말은 그 명사나 어간의 원형을 밝히어 적는다고 하고 있기 때문이다. 그러나 예외적으로 겹받침의 끝소리가 드러나지 아니하는 '짤따랗다'와 같은 경우는 소리대로 적는다고 제시하였다. 이에 따라 '짤따랗다(짤따래, 짤따란, 짤따랗소)'가 옳은 표현이다. 바로 이 예외적 원칙이 적용된 다음 예들을 꼭 기억해 두어야 한다.

예) 할짝거리다　널따랗다　널찍하다　말끔하다
　　말쑥하다　말짱하다　실쭉하다　실큼하다
　　얄따랗다　얄팍하다　짤따랗다　짤막하다

〈더 알아두기〉

① '농사일'의 발음은 [농사일]이다. 당연히 '농삿일'이 아니라 '농사일'로 적는다. 비슷한 예로 '인사말[인사말], 머리말[머리말]' 등을 기억해 두어야 한다. 또 이와 아울러서 '사삿일[사산닐], 예삿일[예 : 산닐], 혼삿말[혼산말], 고삿말[고 : 산말]' 등은 사정이 다름도 반드시 기억해 두어야 한다. 표기와 발음 모두 자주 출제되는 단어들이다.

② 부사의 끝음절이 분명히 '이'로만 나는 것은 '-이'로 적고, '히'로만 나거나 '이'나 '히'로 나는 것은 '-히'로 적는다. '버젓이'는 '이'로만 나는 것에 해당한다. 받침이 'ㅅ'으로 끝나는 단어에 이런 사례가 많다는 점을 기억해 두자.

예) 가붓이, 깨끗이, 나붓이, 느긋이, 둥긋이, 따뜻이, 반듯이, 산뜻이, 의젓이 등.

④ 한글 맞춤법 제34항에서는 다음과 같이 규정하고 있다. "모음 'ㅏ, ㅓ'로 끝난 어간에 '-아/-어, -았-/-었-'이 어울릴 적에는 준 대로 적는다. [붙임 1] 'ㅐ, ㅔ' 뒤에 '-어, -었-'이 어울려 줄 적에는 준 대로 적는다." 결국 모음 탈락과 관련한 어문 규정이다. 규정의 본문과 '붙임 1'의 조건이 미묘하게 다르다는 점에 유의해야 한다. 즉 전자의 경우는 필수적(必須的)인 반면, 후자는 수의적(隨意的)이다. 즉 '어울릴 적에는 준 대로'는 반드시 준 대로 적어야 한다는 말이고, '줄 적에는 준 대로'는 만약 줄어들면 그렇게 써도 된다는 말이다. 이런 규정을 두고 오묘하다고 해야 하나? 하여튼 예를 들어 쉽게 설명하면 이렇다. '가다'는 반드시 '가았다'가 아닌 '갔다'로 적어야 한다. 반면 '개다'는 '개었다'로 적어도 되고, '갰다'로 적어도 된다. 또 '서다'는 반드시 '서었다'가 아닌 '섰다'로 적어야 한다. 반면 '세다'는 '세었다'로 적어도 되고, '셌다'로 적어도 된다. 이런 맥락에서 '자리를 개 없는다.'도 되고, '자리를 개어 없는다.'도 된다. 어간 '개(옷이나 이부자리 따위를 겹치거나 접어서 단정하게 포개다.)-'에 연결어미 '-어'가 결합한 것이기는 하지만 반드시 '개어'로 적어야 하는 것은 아니다.

4. 〈해설〉 [문장의 유형 이해]

우선 〈보기〉에 제시된 문장과 ④를 구별할 줄 알아야 한다. 〈보기〉의 문장은 설명대로 관형사절을 안은문장이다. 이 경우 '그녀가 결혼했다는'은 명사구 보문으로서 명사인 '소문'을 보충한다. 이와 달리 ④는 인용절을 안은문장이다. 이 경우 '그녀가 이혼했다고'는 인용절이며 '소문'이 아닌 '하다'를 보충한다. 결국 인용절은 동사구 보문이며, 명사구 보문인 관형사절과 구별됨을 확인할 수 있다.

다음은 〈보기〉에 제시된 문장과 ①, ③을 구별할 줄 알아야 한다. 〈보기〉에 주어진 문장은 '긴 관형사절'을 안은문장에 해당한다. 관형사절이 만들어지는 과정에서 원래 문장의 종결어미가 그대로 유지되고 있어서 그렇다. ②

가 그러하다. 이와 달리 ①, ③의 경우는 '짧은 관형사절'을 안은문장에 해당한다. 관형사절이 만들어지는 과정에서 원래 문장의 종결어미가 탈락하고 있어서 그렇다.

5. 〈해설〉 [어법에 맞고 자연스러운 문장]

'하사(下賜)'는 '임금이 신하에게, 또는 윗사람이 아랫사람에게 물건을 줌'의 뜻이다. ②의 주어가 '임금'이 아닌 '장군'이어도 자연스러운 표현인 이유다. 참고로 '어사(御賜)'는 '임금이 아랫사람에게 돈이나 물건을 내리는 일을 이르던 말이다.

〈더 알아두기〉

① '사단(事端)'과 '사달'은 구별해서 써야 하는 말이다. '사고나 탈'의 의미로는 '사단'이 아니라 '사달'을 써야 맞는다. '사단(事端)'은 '사건의 단서, 또는 일의 실마리'라는 뜻으로 쓰는 말이다.

③ '권말(卷末)'은 '책의 맨 끝'의 뜻이다. 논문의 말미를 이르는 말로는 자연스럽지 않다. 또 흔히 '인덱스'라고 하는 '색인(索引)'은 책 속의 내용 중에서 중요한 단어나 항목, 인명 따위를 쉽게 찾아볼 수 있도록 일정한 순서에 따라 별도로 배열하여 놓은 목록을 이르는 말이다. 논문에도 쓸 수 없는 말은 아니지만, 대개 책을 대상으로 하여 쓰는 말이다.

④ '추증(追贈)하다'는 '나라에 공로가 있는 벼슬아치가 죽은 뒤에 품계를 높여 주다'의 뜻으로 쓰는 말이다. 살아 있는 사람을 대상으로 하여 쓸 수 있는 단어가 아니다. '추서(追敍)하다'도 비슷하다. 이 단어는 '죽은 뒤에 관등을 올리거나 훈장 따위를 주다'의 뜻으로 쓰는 말이다. 우리나라의 경우 긴급 상황에서 살신성인의 정신을 실천하다가 사망하거나 위급한 상황에서 국민의 생명과 재산을 보호하기 위하여 자신을 희생하여 사회 전체의 귀감이 된 사람, 생전에 큰 공을 세워 국민의 존경을 받으며 덕망을 갖춘 사람에게 준다. 역시 살아 있는 사람을 대상으로 하여 쓸 수 있는 단어가 아니다.

6. 〈해설〉 [삶의 태도 파악]

주옹은 일을 도모해 감에 있어 후환을 생각해야 하고, 욕심을 부리지 말아야 한다고 했다. 그래야만 위태로운 지경에 빠지지 않을 수 있기 때문이라고 했다. 삶의 태도가 ①과 비슷하다. 김삼현은 조선 숙종 때 시인이다. 장인 주의식과 함께 관직에서 물러나 강호에 은거, 시작으로 소일(消日)했다. 부귀공명을 탐하지 말고 안분지족(安分知足), 안심입명(安心立命)하라는 내용이다. 초장과 중장은 진서(晉書)에 나오는 '貧賤常思富貴 富貴必踐危機(가난하고 몸이 천하면 항상 재물이 많고 몸이 귀해지기를 바라며, 몸이 귀해지고 재물이 많으면 반드시 위태로운 고비를 겪게 된다)'를 암인(暗引)한 것이다.

〈더 알아두기〉

② 탄로가다. 눈의 백색 이미지와 봄바람의 속성을 대비하여 다시 청춘을 되찾고 싶은 욕망을 드러냈다. 백발을 '희무근 서리'로 표현한 것도 참신하다. 늙음을 탄식하는 노래이긴 하지만 감상적이거나 애상적이지는 않다. 오히려 해학미를 띤 여유롭고 긍정적인 심리가 나타나 있다.

③ 남명(南冥) 조식은 평생 벼슬을 하지 아니하고 숨어 살았다. 여러 차례 벼슬을 사양하였으며, 명종이 승하했다는 소식을 듣고 이 시조를 지었다고 전한다. 작자는 산중에 들어가 은거하면서 벼슬을 하지 않았으므로 '구름 낀 볏뉘', 즉 임금의 작은 은혜조차 받은 적이 없지만, 임금께서 돌아가셨다고 하니 백성으로서 슬픔을 감출 수가 없다는 심정을 표현하고 있다. 임금에 대한 충심을 표현한 것으로 볼 수도 있겠으되, 당쟁의 와중에서 고달팠던 명종에 대한 안타까움과 당쟁에서 득세한 무리들이 판을 치는 세상에 대한 일종의 반감 같은 것이 깔려 있음에 주목할 수도 있다.

④ 두꺼비, 파리, 백송골 등을 의인화하여 약육강식의 사회와 양반들의 비굴하고 허세에 가득 찬 모습을 풍자하고 있다. '두꺼비'는 '부패한 관리'를, '파리'는 '힘없는 선비 혹은 백성'을, 그리고 '백송골'은 '두꺼비보다 높은 중앙 관리'를 상징한다. 즉 양반(두꺼비)이 서민(파리)을 수탈하다가 강한 세력(송골매)에게 발각될 위기에 처하자 황급히 피하려다 실수를 하고도

자기 합리화를 꾀하는 모습을 우화적으로 익살스럽게 표현하고 있다.

7. 〈해설〉 [발상과 표현의 이해]

발상과 표현의 측면에서 보았을 때, '두려워 서두르면 조심하여 든든하게 살지만, 태연하여 느긋하면 반드시 흐트러져 위태로이 죽나니'은 역설적 표현에 해당한다. 앞 구절과 뒤 구절이 상식에 반하는 내용이기 때문이다. ②도 비슷하다.

〈더 알아두기〉

① 반복과 변주에 해당한다. 흔히 말하는 aaba의 의미 구조를 보여준다. aaba의 발상과 표현은 '우러라 우러라 새여 자고 니러 우러라 새여' 등에서 처럼 우리 시가에 흔히 등장한다.

③ 연쇄법에 해당한다. 연쇄법은 앞 구절의 끝부분을 다음 구절의 첫머리에 다시 반복하여 말을 이어가는 수사법이다.

　　예 어이 못 오던가 무슴 일노 못 오던가 / 너 오는 길에 무쇠 성(城)을 쓰고 성안에 담 쓰고 담 안에 집을 짓고 집 안에 두지 놓고 두지 안에 궤(櫃)를 쓰고 그 안에 너를 필자형(必字形)으로 결박ㅎ여 너코 쌍배목 뫼걸쇠 金거북 자물쇠로 슈긔슈긔 잠가 잇더냐 네 어이 그리 아니 오더냐 / 흔 해도 열두 들이오 흔 들 셜흔 늘의 날 와 볼 흘니 없스랴.

④ 과장법이 쓰였다. 과장법(誇張法)은 사물의 수량·성질·상태나, 표현하려는 내용을 실제보다 더 높이거나 줄여서 나타내는 기교이다. 실제보다 더 크고 강하게 나타내는 것을 향대 과장(向大誇張)이라 하고, 더 작고 약하게 나타내는 것을 향소 과장(向小誇張)이라고 한다.

8. 〈해설〉 [가전체 문학의 이해]

이 작품은 임춘의 가전체 소설 〈국순전〉이다. 임춘은 이 작품을 통해서 인생과 술의 관계를 문제 삼고 있다. 즉, 인간이 술을 좋아하게 된 것과 때로는 술 때문에 타락하고 망신하는 형편을 풍자하고 있다. 그리고 이 작품은 인간과 술의 관계를 통해서 임금과 신하의 관계를 조명해본 것이다. 당시의 여러 가지 국정의 문란과 병폐, 특히 벼슬아치들의 발호와 타락상을 증언하고 고발하려는 의도의 산물로 볼 수 있는 것이다.

②는 전기소설(傳奇小說)에 부합하는 설명이다. 전기소설이란 근대적인 의미의 소설이 수립되기 이전, 중국 및 우리나라의 산문문학에서 널리 유행하였던 서사 장르의 하나. '전기'라는 말은 '奇'를 '傳'한다, 즉 '기이한 것'을 '기록한다.'는 뜻에서 만들어진 것이다. 그러므로 전기 소설이라 불리는 작품들에는 현실적으로 믿기 어려운 괴기하고 신기한 내용들이 중점적으로 표현되며 머릿속에서만 일어나는 것이 가능한 공상적인 사건들, 현실적 인간 세계를 벗어나 천상과 명부(冥府)와 용궁 등에서 전개되는 사건들, 초인적 능력을 발휘하는 인간이나 자연물 등이 그 내용의 중심을 이룬다. 고대의 서사물에 있어 전기적 요소란 서사물을 형성하는 주요 요소 중 하나였으며, 원시적 서사 형태인 신화, 민담, 전설 등을 이루는 중심적인 내용에도 대체로 전기적인 요소가 많이 내재되어 있다.

9. 〈해설〉 [현대소설의 종합적 이해]

"미송이가 그렇게 나는 희망을 키우는 만큼 그의 눈에 비친 하늘은 분명 어둠을 맞는 핏빛 노을이 아니라 내일 아침을 기다리는, 오색찬란한 무지개빛이리라. 그와 마찬가지로 지금 차창 밖을 내다보고 있는 현구의 눈에 비친 아버지의 고향도 반드시 어둠을 기다리는 그런 상처 깊은 고향이기보다는 내일 아침을 예비하는 다시 오고 싶은 고향일 수도 있으리라."에 주목해야 한다. 이때 '노을'은 낮이 기울어지는 저녁 무렵의 황혼이라는 의미만을 가지는 것이 아니다. 그것은 '오색찬란한 무지개빛'을 떠올리게 한다. 이 점에서 중심인물의 내면이 비관적이라고만 하기 어려운 것이다.

〈더 알아두기〉

① "참말로 동족끼리 찍고 뿔고 그기 무신 도깨비 놀음입니꺼. 성님도, 저 유복자 치모도 다 그 희생자들 아닝교."과 "그것을 좌익 폭동의 상처라 해도 좋고 굶주림이라 해도 좋다."를 연관하여 살피면 알 수 있는 내용이다.

② "산 위에 걸린 쌘구름이 노을빛에 물들어 있었다."와 그 다음에 이어지는 내용을 통해 알 수 있는 내용이다.

④ '폭동'이나 '굶주림'이 부정적인 것이라면, '미숙이'의 '종이비행기'는 긍정적인 것이라 할 수 있다.

10. ⟨해설⟩ [현대시의 종합적 감상]

이 시에 등장한 화자는 시인이란 직업으로 살아가는 궁핍한 가장(家長)이다. 세파에 시달리면서 가장으로서 가솔을 제대로 건사하지 못하는 스스로의 처지를 자탄하고 있다. ①도 비슷하다. 가장으로서 궁핍한 처지에 있고, 세파 시달리며 고뇌하고 있다는 점이 그러하다.

11. ⟨해설⟩ [시구의 함축적 의미 파악]

'일반청의미(一般淸意味)'는 자연의 참된 의미라는 뜻이다. "月到天心處 風來水面時 一般淸意味 料得少人知 (달이 하늘 한 가운데에 이르고 바람이 스쳐 갈 적에 '일반 청의미'를 헤아려 얻는 지혜로운 사람이 적도다.)". 소강절(邵康節)의 ⟨청야음(淸夜吟)⟩에서 따온 말이다. 결국 ⓛ은 "자연의 참된 의미를 어느 분이 알 것인가?"라는 뜻이다. 자신은 그것을 누리고 있지만, 세상 사람들은 그렇지 못하다는 뜻이니 ②는 온당하지 않은 해석이다.

12. ⟨해설⟩ [시구의 함축적 의미 파악]

'십장홍진(紅塵)'은 번거롭고 속된 세상을 비유적으로 이르는 말이다. 결국 어수선한 세속을 의미하는데, 그것이 열 길이나 쌓였다고 했다. 그것이 녹수와 청산으로 가려져 있다는 뜻이다. 옳고 그름을 따지는 말다툼 소리라는 뜻인 ⓐ 역시 어수선한 세속을 뜻한다. ⓐ를 막아주는 것은 폭포 소리이다. 즉 둘은 시적 화자가 꺼리는 대상이라는 점에서도 일치한다.

⟨더 알아두기⟩ 최치원의 ⟨제가야산독서당(題伽倻山讀書堂)⟩

狂奔疊石吼重巒	돌 사이 세찬 물에 온 산이 부르짖어
人語難分咫尺間	곁에 사람 말소리도 알아듣기 어려워라.
常恐是非聲到耳	옳다 그르다 시비 소리 귀에 들까 늘 두려워
故敎流水盡籠山	일부러 흐르는 물로 온 산을 에워쌌네.

* 작품 개관
- 갈래 : 7언 절구
- 연대 : 신라 말기
- 성격 : 상징적, 현실 비판적
- 표현 : 대구법, 의인법
- 구성 : 기승전결의 4단 구성
- 주제 : 산중에 은둔하고 싶은 심정, 자연을 통해 현실적 고뇌 극복, 자연 속에 침잠해 세속과 거리를 두고자 함.

* 분석과 이해

최치원은 당나라에서 외국인을 등용하기 위해 실시한 과거 시험인 빈공과에 급제하여 중국에까지 문명을 떨친 당대 최고의 문장가였다. 그래서 작자는 흔히 우리나라 한문학의 비조라고 일컬어진다. 귀국 후 최치원은 시무책을 올리며 흔들리던 국정의 쇄신을 꾀해 보기도 했으나 결국 현실과 뜻이 맞지 않아 말년에는 가야산에 은거하다가 일생을 마쳤다고 전해진다. ⟨제가야산독서당(題伽倻山讀書堂)⟩은 7언 절구로, 세상을 등진 화자의 모습을 잘 그리고 있다. 작자의 심리 상태를 극명하게 표현하기 위해 자연과 속세를 이분법적으로 인식하고 있는데, 이 시에서의 자연은 인간 세상사의 속됨을 차단하기 위한 대상이다. 자연의 물소리와 대조되는 것은 '是非聲(시비성)'이다. 그리고 이 시에서 '물'의 이미지는 속세와의 단절을 의미하고 주제를 함축적으로 나타낸 시어는 '흐르는 물[流水]'이다. 이 시는 현실적으로 패배한 지식인 최치원의 내면적 갈등이 효과적으로 형상화된 작품으로 이해할 수 있다.

13. ⟨해설⟩ [현대 문학사의 이해]

실제로 이런 분량으로 출제되지는 않을 것이다. 그럼에도 이렇게 자세한 설명으로 이루어진 답지를 제시하는 것은 문제 풀이 과정에서 비전공자인 수험생들이 어느 정도 문학사에 대한 감각을 갖출 수 있기를 바라기 때문이다. ④의 전반부는 1960년대 문학에 대한 설명으로 적절하다. 그러나 후반부는 1970~80대 문학에 대한 설명에 해당한다.

14. ⟨해설⟩ [다의어의 이해]

⟨보기⟩의 '쓰다'는 '어떤 일을 하는 데에 재료나 도구, 수단을 이용하다'의 뜻으로 쓰였다. ①의 '쓰다'는 '합당치 못한 일을 강하게 요구하다'의 뜻으로 쓰였다. 둘은 다의 관계를 이룬다.

⟨더 알아두기⟩

② '원서, 계약서 등과 같은 서류 따위를 작성하거나 일정한 양식을 갖춘 글을 쓰는 작업을 하다.'의 뜻으로 쓰였다. 동음이의 관계이다.

③ '시체를 묻고 무덤을 만들다.'의 뜻으로 쓰였다. 동음이의 관계이다.

④ '몸이 좋지 않아서 입맛이 없다.'의 뜻으로 쓰였다. 동음이의 관계이다.

15. ⟨해설⟩ [형태소의 이해]

이 문제와 관련하여 알아 둘 것은 소위 특이형태소라는 것이다. 예컨대 '아름답다'의 '아름-'은 '-답다'와만 결합한다. 이런 형태소를 특이형태소라고 한다. '오솔길, 앙갚음, 안간힘, 무두질, 새삼스럽다, 착하다, 부질없다' 등의 어근이 바로 그런 예이다. 따라서 '아름다운'이나, '아름답겠죠'의 '아름-'를 하나의 형태소로 인정해야 하는 것이다. 즉 '아름다운 사람은 머문 자리도 아름답겠죠?'를 형태소 단위로 분석하면, '아름-/다(답)-/-운/사람/-은/머물-/-ㄴ/자리/-도/아름-/답-/-겠-/-지-/-오'(14개)가 된다.

⟨더 알아두기⟩

④ '집에 어서 가.'와 같은 문장의 형태소 분석에서 꼭 알아둘 일은 용언이 문장에 쓰일 때에는 반드시 어미와 결합한다는 것이다. 그런 관점에서 '가다'의 어간 '가-'만이 문장에 쓰일 수는 없는 것이며, 어미 '-아'가 형태소 분석에 포함되는 것이다. '어서 와.'와 같은 경우도 비슷해서 '어서/오-/-아'로 분석한다.

16. ⟨해설⟩ [연결어미 구성의 통사적 제약 이해]

'-으러'는 'ㄹ'을 제외한 받침 있는 동사 어간 뒤에 붙어 가거나 오거나 하는 동작의 목적을 나타내는 연결 어미이다. 따라서 ④는 '친구가 지난번에 잃은 것을 찾으려고 많은 애를 썼다.'로 고쳐 쓰거나 '친구가 지난번에 잃은 것을 찾으러 왔다.'와 같이 고쳐 써야 맞는다. 안은문장과 안긴문장의 시제가 자연스러우냐의 문제와는 상관이 없다.

17. ⟨해설⟩ [문단의 요지 파악]

(다)문단의 중심 내용은 '미시적 방법론을 중심으로 발전한 사회 복지의 성과와 문제점'이다. 사회 복지 방법론과 인접 학문의 관계를 언급하고 있지만, 그것은 앞의 문제점을 지적하기 위한 것일 뿐이다.

18. ⟨해설⟩ [개념의 이해]

이 글에서 설명하고 있는 '미시적 방법론'과 '거시적 방법론'의 차이점은 다음과 같이 정리할 수 있다.
- 미시적 방법론: 개인적, 임상 분야의 전문성
- 거시적 방법론: 사회적, 정부의 정책 및 정책 과정

19. ⟨해설⟩ [문단의 자연스러운 배열]

이런 문제 유형에서는 가장 확실한 단서를 포착하는 것을 문제 풀이의 출발점으로 삼아야 한다. 이 점에서 지시적 어구로 시작하는 문단에 주목할 필요가 있다. 즉 (가)의 '이 제도는~'에 주목하면, 그 앞에는 징벌적 손해 보상 제도를 소개하는 내용이 와야 맞는다. 즉 '(다)→(가)'를 주목해야 하는 것이다. 또 (가)의 마지막 부분을 보면 이 제도에 대한 찬반양론이라는 논의가 이루어지고 있으니, 그 다음에는 그것에 대한 논인인 (라)가 이어져야 자연스럽다.

한편 이 글의 서두에서는 금전적 제재 수단이라는 화제를 도입하고 있는데, 이 화제를 상세화하여 제시한 것이 (나)이다.

20. 〈해설〉 [문맥적 의미의 파악]

"현행법상 불법 행위에 대한 금전적 제재 수단에는 민사적 수단인 손해 배상, 형사적 수단인 벌금, 행정적 수단인 과징금이 있으며~"라는 구절에 주목할 필요가 있다. ⓒ은 이 중에서 '형사적 수단인 벌금'을 염두에 둔 표현이기 때문에, '불법 행위에 대한 행정적 제재 수단으로서의 성격을 말한다.'라는 해석은 적절하지 않다. 그것은 '형사적 수단인 벌금'이 아니라 '행정적 수단인 과징금'에 해당하는 진술이기 때문이다.